网店运营管理与营销推广（第2版）

李 军 编著

清华大学出版社
北京

内 容 简 介

全书共 14 章,依次讲述了互联网时代的电子商务模式、进货与管理发布产品、淘宝网店内促销策略、在淘宝网付费推广、管理员工与维护客户关系、建立物流渠道、网店大数据分析、移动营销新时代、微信运营与推广攻略、微博运营与推广攻略、短视频的推广及营销、社群运营与实用技巧、朋友圈运营与促销攻略、二维码营销攻略等内容。

全书采用通俗易懂的语言、翔实生动的案例介绍运营技巧,以激发网上开店学习者的学习兴趣,为普通大众、新媒体人、企业和商家提供了一条行之有效的网店掘金之路。

本书既可以作为企业、商家、营销人员的学习用书,也可以作为各大院校市场营销类、企业管理类、电子商务类、传媒类专业的网店营销课程的教学用书。

本书封面贴有清华大学出版社防伪标签,无标签者不得销售。
版权所有,侵权必究。举报:010-62782989,beiqinquan@tup.tsinghua.edu.cn。

图书在版编目(CIP)数据

网店运营管理与营销推广/李军编著. —2 版. —北京:清华大学出版社,2021.10
ISBN 978-7-302-59242-6

Ⅰ. ①网… Ⅱ. ①李… Ⅲ. ①网店—运营管理 Ⅳ. ①F713.365.2

中国版本图书馆 CIP 数据核字(2021)第 191804 号

责任编辑:魏　莹
装帧设计:李　坤
责任校对:李玉茹
责任印制:曹婉颖

出版发行:清华大学出版社
网　　址:http://www.tup.com.cn, http://www.wqbook.com
地　　址:北京清华大学学研大厦 A 座　　邮　编:100084
社 总 机:010-62770175　　邮　购:010-62786544
投稿与读者服务:010-62776969, c-service@tup.tsinghua.edu.cn
质量反馈:010-62772015, zhiliang@tup.tsinghua.edu.cn

印 装 者:天津鑫丰华印务有限公司
经　　销:全国新华书店
开　　本:169mm×230mm　　印　张:19.75　　字　数:316 千字
版　　次:2018 年 6 月第 1 版　2021 年 11 月第 2 版　　印　次:2021 年 11 月第 1 次印刷
定　　价:79.00 元

产品编号:089078-01

前　言

随着网民购物习惯的改变，网络购物相关规范的逐步建立及网络购物环境的日渐改善，中国网络购物市场已经进入成熟期。网上开店与经营看上去简单，其实整个过程涉及许多知识。想经营好网店，成为优秀卖家，不仅需要经营者的一腔热情，而且需要熟悉开网店的整个流程，掌握科学的管理方法，懂得有效的营销技巧。只有做好充分准备，才能让自己的网店从众多的网店中脱颖而出，赢得顾客和市场，最终走向成功。

本书在编写过程中，根据初学者的学习习惯，采用由浅入深、由易到难的方式讲解，为读者提供了一个全新的学习和实践操作平台，并且无论从基础知识安排还是实践应用能力的训练，本书都充分考虑了用户的需求，可以帮助初学者快速达到理论知识与应用能力的同步提升。

全书结构清晰，内容丰富，主要包括以下 6 个方面的内容。

1. 电子商务与商品管理

本书第 1～2 章，介绍了电子商务与商品管理方面的知识，企业与企业之间的电子商务、消费者与消费者之间的电子商务、线下商务与互联网之间的电子商务、供应方与采购方通过运营者达成产品或服务交易的电子商务、揭秘进货渠道、网店商品管理与发布、在线交流与商品发布技巧等方面的知识及相关运营与推广经验。

2. 淘宝网店推广促销策略

本书第 3～4 章，介绍了淘宝网店推广促销方面的策略知识，包括淘宝网店促销策略、在淘宝网付费推广等方面的知识及相关运营与推广经验。

3. 管理员工与维护客户关系

本书第 5 章，介绍了管理员工与维护客户关系的相关方法，包括管理员工、挖掘新客户与维护老客户并存、售前与售后客服、维护客户与客户服务实用技巧的相关知识。

4. 物流渠道与数据分析

本书第 6～7 章，介绍了物流渠道与数据分析等方面的知识，包括建立物流渠道、网店大数据分析等方面的知识。

5. 移动营销技巧

本书第 8 章，介绍了移动营销技巧，包括正确认识移动营销、移动营销传播、建立移动营销流量库等方面的知识与实战经验。

6. 新媒体运营与推广策略

本书第 9~14 章，介绍了新媒体营销的方法，主要包括微信运营与推广攻略、微博运营与推广攻略、短视频的推广及营销、社群运营与实用技巧、朋友圈运营与促销攻略、二维码营销攻略，帮助读者快速掌握运营新媒体的技巧。

本书由李军组织编写，参与本书编写工作的有袁帅、文雪等。

我们真切希望读者在阅读本书之后，可以开阔视野，增长实践操作技能，并从中学习和总结操作的经验和规律，达到灵活运用的水平。鉴于编者水平有限，书中纰漏和考虑不周之处在所难免，热忱欢迎读者予以批评、指正，以便我们日后能为您编写更好的图书。

编 者

目 录

第1章 互联网时代的电子商务模式 1

1.1 企业与消费者之间的电子商务 2
1.1.1 平台简介 2
1.1.2 平台优缺点与面临的困难 3
1.1.3 B2C 模式案例 4

1.2 企业与企业之间的电子商务 5
1.2.1 平台简介 5
1.2.2 平台优缺点 9
1.2.3 B2B 模式案例 9

1.3 消费者与消费者之间的电子商务 11
1.3.1 平台简介 11
1.3.2 平台优缺点 13
1.3.3 C2C 模式案例 14

1.4 线下商务与互联网之间的电子商务 15
1.4.1 平台简介 15
1.4.2 平台优缺点 17
1.4.3 O2O 模式案例 18

1.5 供应方与采购方通过运营者达成产品或服务交易的电子商务 19
1.5.1 平台简介 19
1.5.2 平台优缺点 20
1.5.3 BOB 模式案例 20

第2章 进货与管理发布产品 21

2.1 揭秘进货渠道 22
2.1.1 在阿里巴巴网站批发 22
2.1.2 在淘宝供销平台进货 24

2.1.3 其他进货渠道 25

 2.2 网店商品管理与发布 30

  2.2.1 淘宝网工具 30

  2.2.2 了解商品信息 31

  2.2.3 发布商品 31

  2.2.4 商品上下架 34

  2.2.5 商品信息修改 35

 2.3 秘籍分享——在线交流与商品发布技巧 35

  2.3.1 使用千牛工作台添加与管理联系人 35

  2.3.2 使用千牛工作台与买家进行交流 37

  2.3.3 使用千牛工作台查看店铺数据 38

  2.3.4 拟定商品标题 38

  2.3.5 制定合理的商品价格 40

  2.3.6 选择商品发布的最佳时间 41

第 3 章　淘宝网店促销策略 43

 3.1 赠品促销 44

  3.1.1 赠品促销的优点 44

  3.1.2 选择赠品的注意事项 45

  3.1.3 赠品促销的设计规则 45

  3.1.4 如何选择合适的赠品 46

 3.2 积分促销 48

  3.2.1 什么是积分促销 48

  3.2.2 积分促销的优缺点 49

 3.3 特价促销 50

  3.3.1 什么是特价促销 50

  3.3.2 特价促销的优缺点 51

 3.4 包邮促销 51

 3.5 优惠券促销 52

 3.6 抢购促销 53

目录

第 4 章　在淘宝网付费推广 55

4.1　试用中心 56
4.1.1　试用中心报名要求 56
4.1.2　试用中心试用流程 57
4.1.3　如何申请参加活动 57

4.2　加入淘宝直通车 58
4.2.1　淘宝直通车概述 59
4.2.2　直通车广告展位 60
4.2.3　直通车推广方式 60

4.3　钻石展位 61
4.3.1　钻石展位的类型 61
4.3.2　智钻准入要求 63
4.3.3　新建智钻推广计划 63
4.3.4　钻石展位合适的定向 64

4.4　淘宝"天天特价" 64
4.4.1　准入要求 65
4.4.2　报名参加天天特价 66

4.5　聚划算 67
4.5.1　商品团 67
4.5.2　品牌团 69
4.5.3　聚名品 69
4.5.4　聚新品 69
4.5.5　竞拍团 70

4.6　淘宝客推广 70
4.6.1　淘宝客准入规则 70
4.6.2　淘宝客推广类型 71

第 5 章　管理员工与维护客户关系 73

5.1　管理员工 74
5.1.1　怎样管理员工 74
5.1.2　员工管理原则 75
5.1.3　制定员工管理制度 77

5.2 挖掘新客户与维护老客户并存 79
　　5.2.1 潜在需求的特征 79
　　5.2.2 如何寻找客户群 80
　　5.2.3 维护老客户 82
5.3 售前与售后客服 84
　　5.3.1 客服服务的意义 84
　　5.3.2 客服必备的知识和能力 85
　　5.3.3 客服沟通原则 88
　　5.3.4 售前客服工作内容 89
　　5.3.5 售后客服工作内容 90
　　5.3.6 客服人员的工作模式 91
　　5.3.7 客服人员的招聘与选择 91
　　5.3.8 客服人员的激励方法 94
5.4 秘籍分享——维护客户与客户服务实用技巧 96
　　5.4.1 遇到退换货的处理办法 96
　　5.4.2 理性对待中差评 97
　　5.4.3 处理投诉的原则和基本方法 98
　　5.4.4 影响客户回头率的因素 98
　　5.4.5 巧妙应对不同类型的顾客 99
　　5.4.6 售中服务 100

第6章 建立物流渠道 101

6.1 选择送货方式 102
　　6.1.1 邮政业务 102
　　6.1.2 快递公司 103
　　6.1.3 物流托运 105
6.2 包装商品 108
　　6.2.1 服饰类商品 108
　　6.2.2 首饰类商品 108
　　6.2.3 化妆品、香水、护肤品 109
　　6.2.4 食品 109
　　6.2.5 易碎商品 110

        6.2.6 数码电子产品 110
        6.2.7 书刊类 111

第 7 章 网店大数据分析 113

    7.1 网店经营现状分析 114
        7.1.1 基本流量数据分析 114
        7.1.2 基本运营数据分析 115
    7.2 常用数据分析工具 117
        7.2.1 使用工具进行实时流量分析 117
        7.2.2 使用工具进行实时商品分析 118
        7.2.3 使用工具进行实时交易分析 120
    7.3 网店商品分析 121
        7.3.1 商品销量分析 121
        7.3.2 商品关联分析 121
        7.3.3 单品流量分析 123
    7.4 客户分析 124
        7.4.1 客户购物体验分析 124
        7.4.2 客户数据分析 126
        7.4.3 客户特征分析 127
        7.4.4 客户行为分析 128
    7.5 秘籍分享——网店数据分析技巧 129
        7.5.1 如何进行店铺健康诊断 130
        7.5.2 店铺动态评分低有哪些影响 130
        7.5.3 可以提高 DSR 评分又不会花费较多成本的技巧 131

第 8 章 移动营销新时代 133

    8.1 正确认识移动营销 134
        8.1.1 移动营销概述 134
        8.1.2 了解移动营销的主要参与者 135
        8.1.3 移动营销的发展历程 136
        8.1.4 移动营销的未来趋势 137
    8.2 移动营销传播 138
        8.2.1 移动互联与营销商机 138

	8.2.2	适合移动营销的行业	139
	8.2.3	手机在移动营销中的功能	141
	8.2.4	在移动互联网必做的事	143

8.3 建立移动营销流量库 144
    8.3.1 常用的移动营销方式 145
    8.3.2 HTML5 营销的优点与缺点 147
    8.3.3 App 程序开发与营销定位 150
    8.3.4 App 程序推广渠道 151

第 9 章 微信运营与推广攻略 155

9.1 认识微信营销 156
    9.1.1 什么是微信营销 156
    9.1.2 微信营销的特点 156
    9.1.3 微信营销的基本原则 158
    9.1.4 运营微信的意义 159

9.2 微信推广运营的方法 161
    9.2.1 微信公众号做好内容定位 161
    9.2.2 微信尽快完成认证 161
    9.2.3 灵活利用所有线上线下推广渠道 162
    9.2.4 搭建自定义回复接口 162
    9.2.5 策划大量有奖互动活动 162

9.3 微信营销攻略 163
    9.3.1 树立良好口碑 163
    9.3.2 打破文字营销的束缚 163
    9.3.3 丰富营销内容、把握推送频率 164
    9.3.4 注重"意见领袖型"营销 164
    9.3.5 利用微信打造企业"一条龙"服务平台 164
    9.3.6 完善售后服务 164

9.4 微信公众号运营秘籍 165
    9.4.1 微信公众平台的营销方式 165
    9.4.2 微信公众账号的推广策略 165
    9.4.3 微信公众平台内容写作的要素 166
    9.4.4 微信公众账号营销的基础注意事项 167

    9.4.5　品牌微信运营大忌 168
    9.4.6　微信公众号精准营销的三大办法 169

第10章　微博运营与推广攻略 171

  10.1　认识微博营销 172
    10.1.1　微博概述 172
    10.1.2　微博的特点 173
    10.1.3　微博营销的价值 173
  10.2　微博营销策略 174
    10.2.1　基本设置技巧 175
    10.2.2　推广内容的技巧 177
    10.2.3　标签设置的技巧 178
    10.2.4　提高粉丝量的技巧 180
    10.2.5　发布硬广告的技巧 180
    10.2.6　互动营销的技巧 181
    10.2.7　品牌营销的技巧 181
    10.2.8　话题营销的技巧 183
  10.3　微博运营的常见误区 185
    10.3.1　营销信息展示碎片化 185
    10.3.2　将微博平台作为唯一的营销渠道 185
    10.3.3　片面追求流量而不顾实际的宣传效果 186
    10.3.4　对微博发布内容漫不经心 187
    10.3.5　认为每天发帖就算完成运营任务 187
    10.3.6　微博适用所有企业及产品 188
    10.3.7　奖品多又好，促销必成功 188

第11章　短视频的推广及营销 189

  11.1　认识短视频营销 190
    11.1.1　短视频营销概述 190
    11.1.2　短视频营销的特点 190
    11.1.3　短视频营销的方式 191
    11.1.4　短视频营销的现状及问题 192
    11.1.5　短视频营销展望及建议 193

11.2 短视频推广引流 194
    11.2.1 基于用户需求提升关注度 194
    11.2.2 使用妙招提升短视频推广效果 199
    11.2.3 通过好内容赢得用户的更多点赞 207
  11.3 短视频营销策略 213
    11.3.1 快速传播内容引爆品牌营销 213
    11.3.2 收割抖音流量抓住短视频红利 216
    11.3.3 提高产品曝光度和打造口碑 219

第 12 章 社群运营与实用技巧 227

  12.1 全面认识社群运营 228
    12.1.1 什么是社群运营 228
    12.1.2 构成社群的五个要素 229
    12.1.3 社群运营的特点 233
    12.1.4 社群运营的优势 235
    12.1.5 社群运营的方式 238
  12.2 社群运营管理 239
    12.2.1 日常管理 239
    12.2.2 促活管理 242
    12.2.3 裂变管理 245
  12.3 社群营销变现 249
    12.3.1 社群变现的模式 250
    12.3.2 社群变现的路径 252
  12.4 粉丝运营实用技巧 254
    12.4.1 使用网络工具，增强粉丝凝聚力 254
    12.4.2 加强与粉丝的互动，增加粉丝 255
    12.4.3 互联网时代，如何运营好自己的粉丝 256
    12.4.4 电商营销如何玩转粉丝运营 257

第 13 章 朋友圈运营与促销攻略 259

  13.1 朋友圈吸粉助微信公众平台营销成功 260
    13.1.1 朋友圈吸粉营销布局 260
    13.1.2 朋友圈吸粉营销技巧 261

13.1.3 朋友圈里的广告也能吸粉 263
13.2 朋友圈好友信任的建立方式 264
   13.2.1 关怀式 264
   13.2.2 幽默式 265
   13.2.3 服务式 265
   13.2.4 热点式 266
   13.2.5 原创式 267
   13.2.6 分享式 267
   13.2.7 精准式 267
   13.2.8 社群式 269
13.3 商品营销软文写作技巧 270
   13.3.1 好的标题成功了一半 270
   13.3.2 图文并茂的写作方式 274
   13.3.3 描述商品的第一印象 274
   13.3.4 如何抓住好友的心理 276
   13.3.5 如何突出商品价格 277
   13.3.6 制造吸引顾客的情景 278
   13.3.7 展示企业品牌文化 278
   13.3.8 晒出成功交易单 279
   13.3.9 制造神秘气氛 280
   13.3.10 充分利用明星效应 280

第14章 二维码营销攻略 281

14.1 认识二维码营销 282
   14.1.1 二维码概述 282
   14.1.2 二维码的作用 282
   14.1.3 二维码的分类 284
   14.1.4 二维码营销的具体实施步骤 286
   14.1.5 二维码在商业上的十大用途 287
14.2 制作与使用二维码 290
   14.2.1 生成与美化二维码 290
   14.2.2 使用二维码促进销售 292
14.3 二维码营销秘籍 294

14.3.1　使用二维码营销能实现哪些功能 294
　　　14.3.2　如何利用二维码进行营销 296
　14.4　二维码营销案例 297
　　　14.4.1　美诺彩妆财富币创意二维码 297
　　　14.4.2　Emart 超市隐形二维码 298
　　　14.4.3　《最美的》街头巨型创意二维码 299
　　　14.4.4　维多利亚内衣"诱惑"二维码 300
　　　14.4.5　Turquoise Cottage 酒吧用二维码做入场印章 300

第1章

互联网时代的电子商务模式

互联网时代意味着我们的传播更有效率,也意味着市场营销模式可以有更多的选择和变化。互联网是一种新型的平台,用户在网上可以自由地参与活动、交流、对话,这与传统的媒体和其他市场营销的渠道有非常大的区别。

Section 1.1 企业与消费者之间的电子商务

企业与消费者之间的电子商务是直接面向消费者销售产品和服务的商业零售模式。企业直接将产品或服务推上网络,并提供充足资讯与便利的接口吸引消费者选购。企业与消费者之间的电子商务模式是我国最早产生的电子商务模式,以 8848 网上商城正式运营为标志。

1.1.1 平台简介

企业与消费者之间的电子商务(Business to Consumer,B2C)的付款方式是货到付款与网上支付相结合,而大多数企业的配送选择物流外包方式以节约运营成本。随着用户消费习惯的改变以及优秀企业示范效应的促进,网上购物的用户不断增长。此外,一些大型考试如公务员考试也开始实行 B2C 模式。如图 1-1 所示为 B2C 电商平台的组成模块。

图 1-1

B2C 电子商务网站由 3 个基本部分组成:为顾客提供在线购物场所的商场网站、负责为客户所购商品进行配送的配送系统,以及负责顾客身份确认和货款结算的银行及认证系统。

好的 B2C 网站最主要的功能，也是共性的功能，从使用角度来讲主要包括以下几个方面，如图1-2所示。

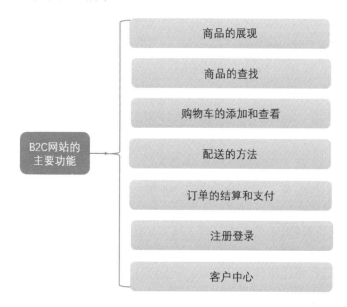

图 1-2

- 商品的展现：告诉用户本网站主要卖什么东西、价钱是多少；
- 商品的查找：让用户快速找到自己感兴趣的东西；
- 购物车的添加和查看：告诉用户你已经挑选过什么东西；
- 配送的方法：告诉用户如何才能把商品拿到手；
- 订单的结算和支付：告诉用户应该付多少钱和付款的方式；
- 注册登录：获得用户有效信息；
- 客户中心：告诉用户都买过什么东西，帮助、规则、联系方式等相关页面展现。

1.1.2 平台优缺点与面临的困难

B2C 网站的优点：品种齐全、种类繁多、一站购物，由于有客户评价机制，通常客服服务态度很好，是网购的首选。

B2C 网站的缺点：商家鱼龙混杂，其中不乏存在黑店。

B2C 网站的常见问题：货不对板(外观、颜色、质量或者其他)，更严重的甚至是消费者被骗(已付款，可货迟迟不发)。

B2C 网站面临如图 1-3 所示的困难。

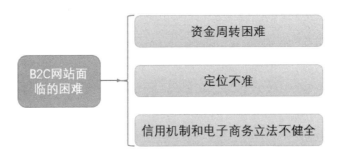

图 1-3

(1) **资金周转困难**。除了专门化的网上商店外，消费者普遍希望网上商店的商品越丰富越好，为了满足消费者的需要，B2C 电子商务企业不得不花大量的资金去充实货源。而绝大多数 B2C 电子商务企业都是用风险投资支撑起来的，往往把电子商务运营的环境建立起来后，账户上的钱已所剩无几了，这也是整个电子商务行业经营艰难的主要原因。

(2) **定位不准**。一是商品定位不准，许多 B2C 企业一开始就把网上商店建成一个网上超市，网上商品多而全，但因没有比较完善的物流配送体系的支撑而受到严重的制约；二是客户群定位不准，虽然访问量较高，但交易额小；三是价格定位偏高，网上商店追求的是零库存，有了订单再拿货，由于订货的批量少，得不到一个很好的进货价。

(3) **信用机制和电子商务立法不健全**。有的商家出于成本和政策风险等方面的考虑，将信用风险转嫁给交易双方，有的商家为求利益最大化发布虚假信息、扣押来往款项、泄露用户资料，有的买家提交订单后无故取消，有的卖家以次充好等现象常常发生，而这些现象就是导致消费者对网上购物心存疑虑的根本原因。

1.1.3　B2C 模式案例

"天猫"(英文 Tmall，也称天猫商城)原名淘宝商城，是一个综合性购物网站。2012 年 1 月 11 日上午，淘宝商城正式宣布更名为"天猫"。2012 年 3 月 29 日，天猫发布全新 Logo 形象。2012 年 11 月 11 日，天猫借光棍节大赚一笔，宣称 13 小时卖 100 亿，创世界纪录。天猫是淘宝网全新打造的 B2C 网站，整合了数千家品牌商、生产商，为商家和消费者之间提供一站式解决方案：提供 100%品质保证的商品、7 天无理由退货的售后服务，以及购物积分返现等优质服

第1章 互联网时代的电子商务模式

务。2014年2月19日,阿里集团宣布天猫国际正式上线,为国内消费者直供海外原装进口商品。如图1-4所示为天猫商城网页。

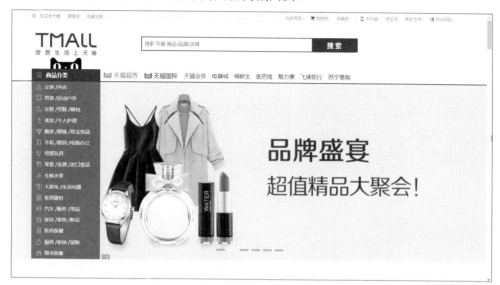

图1-4

Section 1.2 企业与企业之间的电子商务

企业与企业之间的电子商务是指企业与企业之间通过专用网络或Internet,进行数据信息的交换、传递,开展交易活动的商业模式。它将企业内部网和企业的产品及服务,通过B2B网站或移动客户端与客户紧密结合起来,通过网络的快速反应,为客户提供更好的服务,从而促进企业的业务发展。

1.2.1 平台简介

企业与企业之间的电子商务(Business to Business,B2B)是指进行电子商务交易的供需双方都是商家(或企业、公司),它们使用互联网的技术或各种商务网络平台完成商务交易。电商平台的组成模块如图1-5所示。

图 1-5

B2B 电子商务的常规流程包括以下 8 个步骤。

第一步，商业客户向销售商订货，首先要发出"用户订单"，该订单应包括产品名称、数量等一系列有关产品的数据。

第二步，销售商收到"用户订单"后，根据"用户订单"的要求向供货商查询产品情况，发出"订单查询"。

第三步，供货商在收到并审核完"订单查询"后，给销售商返回"订单查询"的回答，基本上是有无货物等情况。

第四步，销售商在确认供货商能够满足商业客户"用户订单"要求的情况下，向运输商发出有关货物运输情况的"运输查询"。

第五步，运输商在收到"运输查询"后，给销售商返回运输查询的回答，如有无能力完成运输，及有关运输的日期、线路、方式等要求。

第六步，在确认运输无问题后，销售商即刻给商业客户的"用户订单"一个满意的回答，同时要给供货商发出"发货通知"，并通知运输商运输。

第七步，运输商接到"运输通知"后开始发货，接着商业客户向支付网关发出"付款通知"。

第八步，支付网关向销售商发出交易成功的"转账通知"。

笔者根据对当前比较成功的 B2B 行业网站的分析研究，总结了 10 种 B2B 行业网站经营模式，如图 1-6 所示。

第1章 互联网时代的电子商务模式

图 1-6

1. 以提供产品供应采购信息服务为主要经营模式的 B2B 行业网站

这类网站要建立分类齐全、产品品种多、产品参数完善、产品介绍详细的产品数据库,尤其注重产品信息的质量,要不断更新,将更多最新、最真实、最准确的产品信息及时发布,全面提升采购体验,吸引更多采购商和供应商来网站发布信息、浏览查找信息。网站主要的收入来源是向中小供应商企业收取会员费、广告费、竞价排名费、网络营销基础服务费等。

2. 以提供加盟代理服务为主要经营模式的 B2B 行业网站

产品直接面对消费者的企业,通常会找加盟商、代理商来销售产品,一般这种企业的经营模式为"设计+销售"类型或"设计+生产+销售"类型。此类网站都是围绕品牌公司、经销商的需求来设计功能和页面,比如服装网站,就要做好动态、图库、流行趋势等行业资讯内容,全面收集服装品牌信息,建立数量大、准确度高的加盟商、代理商数据库。这类网站的盈利模式主要是收取品牌企业的广告费、会员费,其中广告费会占大部分比例。

3. 以提供生产代工信息服务为主要经营模式的 B2B 行业网站

以生产外包服务为主的行业特点为:此类 B2B 行业网站盈利模式为收工厂

的钱，为工厂寻找更好的订单，可以提供实地看厂拍照，确保收费的主推工厂生产实力信息的真实、丰富和准确。

4．以提供小额在线批发交易服务为主要经营模式的 B2B 行业网站

经营这类网站，要非常了解零售商的需求，要建立完善的在线诚信体系、完善的支付体系，产品种类丰富、信息详细。

5．以提供大宗商品在线交易服务为主要经营模式的 B2B 行业网站

这类网站的盈利模式主要是收取交易佣金、提供行业分析报告、举办行业会议等。买卖双方诚信审核、支付的安全性、物流的快捷等问题，可采用第三方合作伙伴来解决，要进入这类网站首先要选好行业，其次门槛也比较高，可以在一些新兴的市场发展。

6．以提供企业竞争性情报服务为主要经营模式的 B2B 行业网站

团队核心管理层里要有行业背景，否则找不到信息来源，大型企业不愿意买账。网站适合那些从这类网站辞职的分析员，以及行业协会、商会、贸易商等同行业具有一定行业背景的人来开办。市场需求比较大，很多行业都允许几个网站生存。盈利模式包括会员费、报告销售、咨询、期刊、会议、广告费等。

7．以商机频道+技术社区服务为主要经营模式的 B2B 行业网站

技术社区的盈利模式包括招聘求职服务、技术会议服务、培训学校广告、软件广告服务、设备广告等。更重要的是为商机栏目增加用户黏性，运营时要服务好技术新手和技术高手，让高手在社区展示自己和产品，并能获得精神满足；让新手在这里能学知识，向技术高手提问，这样技术社区才能有内在的推动力，获得长远的、持续不断的发展。网站一般包括问答、博客、图库、招聘求职、下载、个人空间、微博、会议等栏目。

8．以 B2B 行业网站服务为主要经营模式

广告一定要注意控制成本，开始不要印刷得太多，同时多采用线下渠道来推广，一般都是在全国各地的展会上免费派发，以及通过快递免费派发给目标读者和广告客户，找到更认可纸媒的客户，发行一定要精准。盈利模式为封面、前彩页广告、内插页、页眉、页脚、书签、总目录右边等广告位，还可以提供访谈、软文等推广服务。

9. 以行业网站展览、会议服务为主要经营模式的 B2B 行业网站

一般这类网站在举办会议的时候,需要与行业高层建立好关系,包括协会、地方政府、高校、科研院所,举办会议的时候,需要它们捧场,会议才能变得更高端,才会有更多企业高层参会。可以结合 B2B 行业社区来运营,通过社区吸引行业用户的关注,然后将这些用户集中在一起开会,解决一些问题。

10. 以 B2B 行业网站+域名空间+网站建设+搜索引擎优化服务为主要经营模式

要做好这类网站,要求团队有企业网站建设操作经验、行业网站运营经验、企业网站搜索引擎优化排名经验。一些有企业网站建设背景、企业网络营销推广服务背景的公司可以选择这种模式来建设 B2B 行业网站,盈利模式也比较成熟,只是很多公司由于缺少 B2B 行业网站运营背景,结果 B2B 行业网站就成了一个摆设,并未发挥实质性的推广作用。

1.2.2 平台优缺点

B2B 平台的优点包括以下几个方面:

- 开展电子商务,将使企业拥有一个商机无限的发展空间,这也是企业谋生存、求发展的必由之路,它可以使企业在竞争中处于更加有利的地位。B2B 电子商务将会为企业带来更低的价格、更高的生产率、更低的劳动成本以及更多的商业机会。
- 透过 B2B 的商业模式,不仅可以降低企业内部资讯流通的成本,而且可以使企业与企业之间的交易流程更快速,减少更多成本的耗损。

B2B 平台的缺点包括以下几个方面:

- 网站构造、布局千篇一律,都是资讯、行情、品牌、供求、求购、展会这些栏目。
- 盈利模式单一,没有新意,几乎都是会员、广告位、关键字等。
- 不注重企业真实需求,未站在企业出发点,一味考虑赚钱。
- B2B 平台涉及行业、类目众多,但是平台自身对此并没有专业人才。
- 内容丰富,但安全及诚信问题仍无法保证。
- 售后问题不能有效保证和处理。
- 采购交易中的税务问题无法很好地解决。

1.2.3 B2B 模式案例

马云于 1999 年创办了 1688 网站,即阿里巴巴的前身。1688 现为阿里集团

的旗舰业务,是中国领先的小企业国内贸易电子商务平台。作为阿里集团旗下子公司,1688 在电子商务体系中代表企业的利益,为全球数千万的买家和供应商提供商机信息和便捷安全的在线交易,也是商人们以商会友、真实互动的社区,如图 1-7 所示。

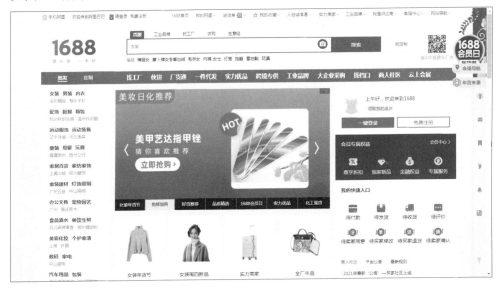

图 1-7

1688 以批发和采购业务为核心,通过专业化运营完善客户体验,全面优化企业电子商务的业务模式。1688 已覆盖原材料、工业品、服装服饰、家居百货、小商品等 16 个行业大类,提供原料采购、生产加工、现货批发等一系列的供应服务。

随着中国电商整体环境的进步,B2B 电商在这几年也获得了突飞猛进的发展。除了继续保持和扩大在线交易的规模,通过电子商务改变中国商品传统流通格局外,1688 网站也在这两年推出了一系列的纵深化服务,把业务重心进一步聚焦到为零售商提供深度服务体验上来。1688 在未来将会为广大中小零售商提供更多深度供应链服务,提供更多源头品质货源,让线上的卖家和线下的零售店主都能感受到更适合自己需求的个性化电商服务。

Section 1.3 消费者与消费者之间的电子商务

本节导读　消费者与消费者之间的电子商务,竞标物品是多样化而毫无限制的。商品提供者可以是邻家的小孩,也可能是顶尖跨国大企业;货品可以是自制的糕饼,也可能是名家的真迹名画;且并不局限于物品与货币的交易,在这虚拟的网站中,买卖双方可选择以物易物,或以人力资源交换商品。

1.3.1 平台简介

消费者与消费者之间的电子商务(Consumer to Consumer,C2C),是通过为买卖双方提供一个在线交易平台,使卖方可以主动提供商品上网拍卖,而买方可以自行选择商品进行竞价的经营模式。

C2C 是指消费者与消费者之间的互动交易行为,这种交易方式是多变的。例如,消费者可在某一竞标网站或拍卖网站中同时线上出价而由价高者得标;或由消费者自行在网络新闻论坛或 BBS 上张贴布告以出售二手货品,甚至是新品。诸如此类因消费者间的互动而完成的交易,就是 C2C 的交易。

C2C 网站的购物流程如图 1-8 所示。

图 1-8

(1) 搜索和浏览宝贝。

(2) 联系卖家。找到宝贝后就该联系卖家了,和卖家取得联络,多了解宝贝的细节,询问是否有货,等等。多沟通能增进对卖家的了解,避免很多误会。

(3) 出价和付款。当和卖家达成共识后,即可下单购买。

(4) 收货和评价。当拿到商品之后，可以确认收货以及对卖家的服务做出评价。这是消费者的权益，如果对商品很不满意，可以申请退货或者换货，细节方面请与卖家联系。

C2C 网站的盈利模式包括以下几种。

1. 会员费

会员费也就是会员制服务收费，是指 C2C 网站为会员提供网上店铺出租、公司认证、产品信息推荐等多种服务组合而收取的费用。由于提供的是多种服务的有效组合，比较适应会员的需求，因此这种模式的收费比较稳定。费用第一年交纳，第二年到期时需要客户续费，续费后再进行下一年的服务，不续费的会员将恢复为免费会员，不再享受多种服务。

2. 交易提成

交易提成不论什么时候都是 C2C 网站的主要利润来源。因为 C2C 网站是一个交易平台，它为交易双方提供机会，就相当于现实生活中的交易所、大卖场，从交易中收取提成是其市场本性的体现。

3. 广告费

企业在网站上有价值的位置放置各种类型广告，根据网站流量和网站人群精确标定广告位价格，然后再通过各种形式向客户出售。如果 C2C 网站具有充足的访问量和用户黏度，广告业务会非常大。但是 C2C 网站出于对用户体验的考虑，均没有完全开放此业务，只有个别广告位不定期开放。

4. 搜索排名竞价

C2C 网站商品的丰富性决定了购买者搜索行为的频繁性，搜索的大量应用决定了商品信息在搜索结果中排名的重要性，由此便引出了根据搜索关键字竞价的业务。用户可以为某关键字提出自己认为合适的价格，最终由出价最高者竞得，在有效时间内该用户的商品可获得竞得的排位。只有卖家认识到竞价会为他们带来潜在收益，才愿意花钱使用。

5. 支付环节收费

支付问题一向是制约电子商务发展的瓶颈，直到阿里巴巴推出了支付宝，才在一定程度上促进了网上在线支付业务的开展。买家可以先把预付款通过网上银行打到支付公司的个人专用账户，待收到卖家发出的货物后，再通知支付公司把货款打入卖家账户,这样买家不用担心收不到货还要付款,卖家也不用担心发了货而收不到款。而支付公司就按成交额的一定比例收取手续费。

1.3.2 平台优缺点

1. 优点

C2C 网站的优点包括如图 1-9 所示的 4 点。

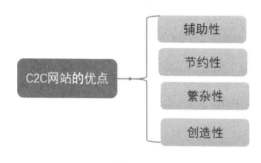

图 1-9

1) 辅助性

C2C 电子商务对于人类的日常活动来说,是一种互换有无、互相方便的买卖关系,是对人类正常购买行为的辅助。

2) 节约性

C2C 电子商务的节约性体现在生活资源的节约上。真正的 C2C 交易主要是二手商品,对二手商品的再次利用本身就是对地球资源的节约,是人类当前消费模式的一种矫正。当然,信息搜寻成本的节约和买卖过程的节约也是 C2C 节约性的体现。

3) 繁杂性

无论是 C2C 中的消费者信息,还是 C2C 上的海量虚拟商品信息以及少量的消费者言论评价信息,都说明了 C2C 的繁杂性。另外,C2C 交易形式的随意性和多元性也是 C2C 繁杂性的体现。

4) 创造性

C2C 电子商务模式不是专业化的模式,是广大消费者具有创意的交易形式。在 C2C 交易中,网络消费者可以选择复古朴拙的物物交换,可以选择普通的议价交换,也可以选择刺激的拍卖方式等。当然,网络消费者之间还可以创造出新的交易形式。

2. 缺点

C2C 网站的缺点包括如图 1-10 所示的 3 点。

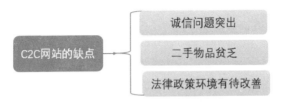

图 1-10

1) 诚信问题突出

美国最大的 C2C 网站 Ebay 表示每 25000 件交易就会发生一次诈骗案件。

2) 二手物品贫乏

二手商品少或二手商品可利用性不高。

3) 法律政策环境有待改善

目前，针对 C2C 网站的相关法律还不够完善，需要国家进一步立法。

1.3.3 C2C 模式案例

淘宝网是亚太地区较大的网络零售商圈，由阿里巴巴集团在 2003 年 5 月创立。淘宝网是中国深受欢迎的网购零售平台，拥有近 10 亿的注册用户数，每天有超过 6000 万的固定访客，同时每天的在线商品数已经超过 8 亿件，平均每分钟售出 4.8 万件商品，如图 1-11 所示。

随着淘宝网规模的扩大和用户数量的增加，淘宝也从单一的 C2C 网络集市变成了包括 C2C、分销、拍卖、直供、众筹、定制等多种电子商务模式在内的综合性零售商圈。

淘宝充分赋予大数据个性化，利用粉丝、视频、社区等工具，搭台让卖家唱戏。通过优酷、微博、阿里妈妈、阿里影业等阿里生态圈的内容平台，淘宝紧密打造从内容生产到内容传播、内容消费的生态体系。

根据用户的需求，除了进行中心化供给和需求匹配，并形成自运营的内容生产和消费传播机制以外，淘宝还会基于地理位置，让用户商品和服务的供给需求能够获得更好的匹配。

第1章 互联网时代的电子商务模式

图 1-11

Section 1.4 线下商务与互联网之间的电子商务

本节导读

线下商务与互联网之间的电子商务(O2O)的优势在于把网上和网下的优势完美结合。通过网购导购机制，把互联网与地面店完美对接，实现互联网落地。让消费者在享受线上优惠价格的同时，又可享受线下贴身的服务。同时，O2O 模式还可实现不同商家的联盟。

1.4.1 平台简介

线下商务与互联网之间的电子商务(Online To Offline，O2O)，是指将线下的商务机会与互联网结合，让互联网成为线下交易的平台，这个概念最早来源于美国。O2O 的概念非常广泛，既涉及线上，又涉及线下，如图 1-12 所示。

O2O 电子商务模式需具备五大要素：独立网上商城、国家级权威行业可信网站认证、在线网络广告营销推广、全面社交媒体与客户在线互动、线上线下一体化的会员营销系统。

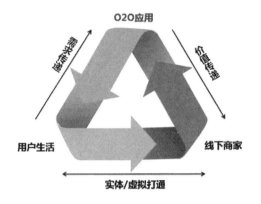

图 1-12

与传统的消费者在商家直接消费的模式不同,在 O2O 平台商业模式中,整个消费过程由线上和线下两部分构成。线上平台为消费者提供消费指南、优惠信息、便利服务(预订、在线支付、地图等)和分享平台,而线下商户则专注于提供服务。在 O2O 模式中,消费者的消费流程可以分解为如图 1-13 所示的 5 个阶段。

图 1-13

第一阶段:引流

线上平台作为线下消费决策的入口,可以汇聚大量有消费需求的消费者,或者引发消费者的线下消费需求。常见的 O2O 平台引流入口包括消费点评类网站,如大众点评;电子地图,如百度地图、高德地图;社交类网站或应用,如微信、微博。

第二阶段:转化

线上平台向消费者提供商铺的详细信息、优惠政策(如团购、优惠券)、便利服务,方便消费者搜索、对比商铺,并最终帮助消费者选择线下商户,完成消费决策。

第三阶段：消费

消费者利用线上获得的信息到线下商户接受服务，完成消费。

第四阶段：反馈

消费者将自己的消费体验反馈到线上平台，有助于其他消费者做出消费决策。线上平台通过梳理和分析消费者的反馈，形成更加完整的本地商铺信息库，可以吸引更多的消费者使用在线平台。

第五阶段：存留

线上平台为消费者和本地商户建立沟通渠道，可以帮助本地商户维护消费者关系，使消费者重复消费，成为商家的回头客。

1.4.2 平台优缺点

O2O 的优点包括以下 5 个方面：

- O2O 模式充分利用了互联网跨地域、无边界、海量信息、海量用户的优势，同时充分挖掘线下资源，进而促成线上用户与线下商品和服务的交易，团购就是 O2O 的典型代表。
- O2O 模式可以对商家的营销效果进行直观的统计和追踪评估，规避了传统营销模式推广效果的不可预测性。O2O 将线上订单和线下消费结合，所有的消费行为均可以准确统计，进而吸引更多的商家进来，为消费者提供更多优质的产品和服务。
- O2O 在服务业中具有优势，价格便宜，购买方便，且折扣信息等能及时获知。
- O2O 将拓宽电子商务的发展方向，由规模化走向多元化。
- O2O 模式打通了线上线下的信息和体验环节，让线下消费者避免了因信息不对称而遭受的"价格蒙蔽"，同时实现线上消费者的"售前体验"。

O2O 的缺点包括以下 4 个方面：

- 网络推广的覆盖面若不能达到一定程度，消费者的数量是有限的。手机应用的使用率与下载量直接相关，若没有一定的客户群体，交易量也难以保证。
- 网络展品与现实产品的差异。O2O 消费的是线下产品，但对于首次消费的顾客，他们要仅凭图片想象产品。而每个人的心理预期不同，其对产品的要求自然参差不齐，如果商品不能满足消费者的最低要求，就将失去这一客源。

- 对服务的期待和线下服务不到位带来的心理落差。除了商品方面，线下服务最主要的一点就是商家的服务态度，良好的服务可以弥补商品的不足，但恶劣的服务却无法被商品如美食等弥补。
- 商家产品、服务的优劣直接影响了 O2O 软件的推广。线下商家的产品和服务是 O2O 软件的根基，如果商家的产品和服务不过关将直接影响消费者对于软件的二次使用。

1.4.3　O2O 模式案例

作为中国领先的生活服务电子商务平台，美团公司拥有美团、大众点评、美团外卖等消费者熟知的 App，服务涵盖餐饮、外卖、生鲜零售、打车、共享单车、酒店旅游、电影、休闲娱乐等 200 多个品类，业务覆盖全国 2800 个县区市。

为了更好地服务用户，美团除了严格的商家审核之外，还投入千万元进行呼叫中心建设，同时率先推出"7 天内未消费，无条件退款""消费不满意，美团就免单"和"过期未消费，一键退款"等一系列消费者保障计划，构成了完善的"团购无忧"消费者保障体系，为用户提供最贴心的权益保障，免除消费者团购的后顾之忧，让消费者轻松团购，放心消费。如图 1-14 所示为美团 App 首页截图。

图 1-14

第 1 章 互联网时代的电子商务模式

Section 1.5 供应方与采购方通过运营者达成产品或服务交易的电子商务

现如今发挥巨大作用的 B2B 模式,由于网站构造、布局、盈利模式的限制性,大部门传统企业不懂电商,不能自行投入电商行业,企业渴求电子商务模式升级。BOB 模式的出现,将会解决企业从电子商务平台化向电子商务运营化转型的需求。

1.5.1 平台简介

供应方(Business)与采购方(Business)通过运营者(Operator)达成产品或服务交易的电子商务(Business-Operator-Business,BOB),核心目的是帮助那些有品牌意识的中小企业或者渠道商们能够有机会打造自己的品牌,实现自身的转型和升级。

BOB 模式是由品众网络科技推行的一种全新的电商模式,它打破了以往电子商务固有的模式,提倡将电子商务平台化向电子商务运营化转型,不同于 C2C、B2B、B2C 等商业模式,其将电子商务以及实业运作中的品牌运营、店铺运营、移动运营、数据运营、渠道运营五大运营功能板块升级和落地,如图 1-15 所示。BOB 主要助力传统行业转型电商行业,使批发产业得以跟上互联网商业模式。

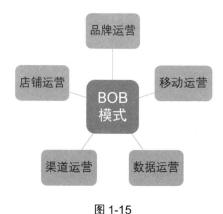

图 1-15

1.5.2　平台优缺点

BOB 模式的优点包括以下 4 点：
- BOB 模式能帮助具有品牌意识，同时又没有相关技术及精力自行打造品牌的中小企业和渠道商们实现自身的转型和升级。
- 涵盖了过往的 C2C、B2B、B2C 模式，把这些模式的优势整合起来。
- 能对供应链各环节进行运营管理，起到优化供应链的作用。
- 在当今政府大力扶持电子商务的时代背景下，BOB 模式响应政府号召，是引领国内批发产业升级的先驱，获得多方认可。

BOB 模式的缺点包括以下 3 点：
- BOB 模式诞生时间短，由于大众对其不了解，知名度和传播度暂时比过往的模式低。
- 模式中需要强大的系统协作和数据整合能力，运营商需要有掌控多方资源的强大实力。
- 出于行业特点，不同行业对供应商模式要求会有所不同，模式中的细节要求会很专业和复杂。

1.5.3　BOB 模式案例

品众网是广州市品众网络科技有限公司旗下的平台，是由公司独资运营的垂直电子商务网站。其定位为国内第一家实现 BOB 模式的电商供应链运营平台，是全国可信网站示范单位。网站凝聚了高达 110 万名会员，并构建起华南、华中、华东、东北、西北 5 大代理加盟平台，同时拥有近 30 万家优质线上分销商，15 万家线下中小批发、零售服装分销商。它以网上服装批发交易为核心，打造全新的、最安全的服装批发交易平台。

品众网汇聚了广州白马、十三行、沙河、虎门、深圳、浙江等服装批发市场以及产业市场的货源，服装款式多样，包含众多的品牌女装、男装、T 恤、连衣裙、牛仔裤等优质货源，也是国内较大的外贸服装批发平台。

进货商家支持少量多次、少量多款补货，更有一件起批、一件代发等多种进货方式，能较大限度地减少库存积压风险，实现省钱省时的高效模式。平台拥有专业的客服团队，全天候在线，支持 7 天无理由退换货，卖货无忧。

第 2 章

进货与管理发布产品

作为网上开店的新手,如果想要盈利,找到成本低廉的货源是赚取利润的重要因素之一;在商品发布之前,卖家需要先准备商品的实物图片与资料,然后逐步发布商品。本章将详细介绍进货与管理发布商品的知识。

Section 2.1 揭秘进货渠道

阿里巴巴国际交易市场为全球领先的小企业电子商务平台，让商家足不出户也能找到好货源；供销平台是指由淘宝研发提供的，用于帮助供应商搭建、管理及运作其网络销售渠道，帮助分销商获取货源渠道的平台。本节将介绍在阿里巴巴网站批发、在淘宝供销平台进货以及其他进货渠道的相关知识。

2.1.1 在阿里巴巴网站批发

注册阿里巴巴账号后，用户即可在阿里巴巴网站上采购需要售卖的商品。下面介绍在阿里巴巴批发进货的操作方法。

第1步 登录阿里巴巴官网，搜索到准备进货的商品，在详情页选择商品颜色、大小以及进货数量，单击【立即订购】按钮，如图2-1所示。

图 2-1

第2步 进入填写收货地址页面，填写信息，单击【确认收货信息】按钮，如图2-2所示。

第 2 章　进货与管理发布产品

图 2-2

第 3 步　进入提交订单页面,单击【提交订单】按钮,如图 2-3 所示。

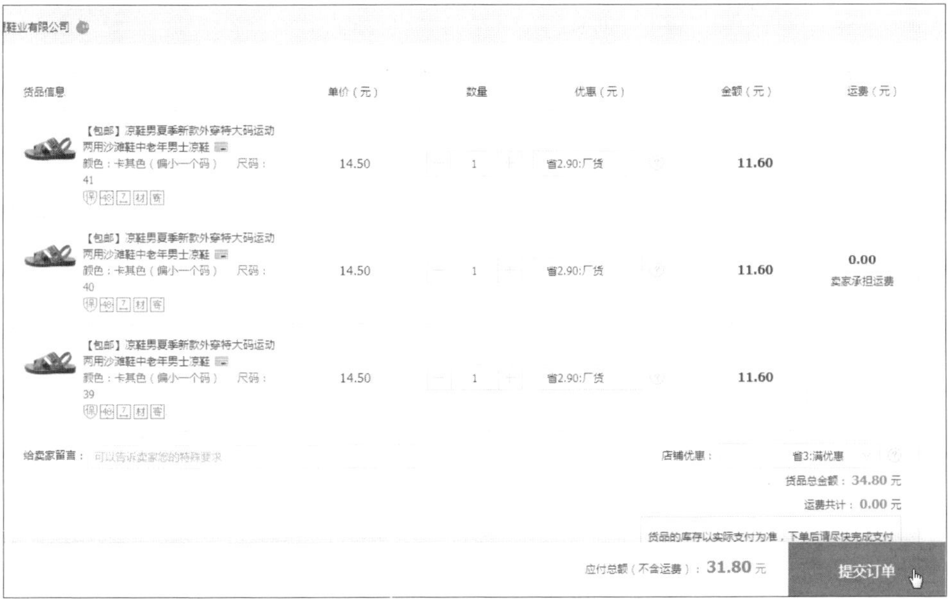

图 2-3

第 4 步　进入付款页面,选择支付宝付款方式,单击【去付款】按钮,然后打开手机支付宝扫码付款,即可完成在阿里巴巴进货的操作,如图 2-4 所示。

图 2-4

2.1.2 在淘宝供销平台进货

加入淘宝供销平台后,即可在供销平台搜索货源,方便各类商家销售商品。下面介绍在供销平台搜索货源的操作方法。

第1步 在浏览器中输入 "http://gongxiao.tmall.com/" 网址,在网站首页中的【搜索】文本框中输入产品名称,单击【搜索】按钮,如图 2-5 所示。

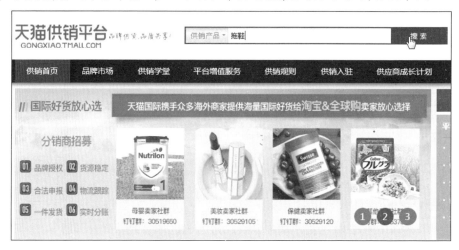

图 2-5

第 2 步　平台会整合所有适合的商品信息，用户可以通过筛选和排序功能，选择合适的产品，如图 2-6 所示。

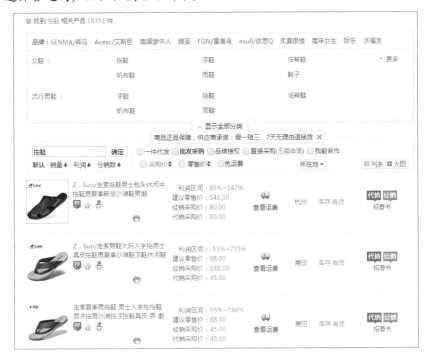

图 2-6

2.1.3　其他进货渠道

除了在阿里巴巴网站批发和在淘宝供销平台进货外，卖家还可以在批发市场进货、在厂家直接进货、在大批发商处进货、在品牌代理处进货、购买外贸尾单货、寻找品牌积压的库存、在海外代购、购买网络代销商品以及在 B2B 电子商务批发网站进货等，如图 2-7 所示。

1．在批发市场进货

不管是实体店铺还是网店的商品，大多数的卖家都是从批发市场进货的。虽然厂家是一手货，价格中的利润也比较高，但这些厂家一般是不与小成本客户合作的。而且批发市场中的产品多种多样，能够小成本批发，比较适合新开的网店。

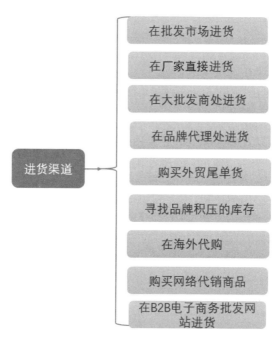

图 2-7

在批发市场进货需要注意以下事项：
- 初次进货切忌贪多，以防压货。
- 要多看多问，不要轻易"下手"。
- 付款前要仔细检查货品的外观、数量等。
- 在调换货的问题上要与批发商谈好，以免日后纠纷。
- 钱货要当面清点，避免遭受损失。
- 对自己中意的店铺留下联系方式，便于下次进货。
- 遇到好的批发商，一定要让老板相信你是做生意的，是可以长久合作的，从而给你最低价格。

2. 在厂家直接进货

正规的厂家货源充足、信用度高，如果长期合作的话，一般都能争取到产品调换服务。但是一般而言，厂家的起批量较高，不适合小批发客户。如果卖家有足够的资金储备，有分销渠道，并且不会有压货的危险，则适合这种厂家直接进货的方式。

其优点在于，价格有优势。缺点在于，资金、库存有压力，产品单一。这种方式适合有一定的经济实力，并有自己的分销渠道的人群。

3. 在大批发商处进货

大批发商一般直接由厂家供货，货源比较稳定。不足之处是他们已经做到一定规模，订单较多，服务难免有时跟不上。而且他们一般都有固定的回头客，不怕没有客户，你很难和他们谈条件，除非进货的次数多了，成为他们的一个大客户，才可能有特别的折扣或优惠。

还有一些比较糟糕的问题是，大批发商的发货速度和换货态度往往不如人意。订单多，发货慢一点倒也可以理解，只要能提前一点订货就可以解决。真正棘手的问题在于换货，收到的货物有时难免有些瑕疵，所以事先要做好充分的沟通与协商。

4. 在品牌代理处进货

卖家也可以联系正规的专卖店，寻求与他们合作。但是相对来说，直接联系品牌经销商，需要更多的资金以及很大的进货量。越是大品牌，价格折扣就越高，真正赚的钱是完成销售额后拿的返利。但如果你的店铺已经发展到一定程度，想走正规化路线，这将会是个不错的选择。

其优点在于，货源稳定，渠道正规，商品不易断货；缺点在于，产品更新慢，价格相对较高，利润低。

5. 购买外贸尾单货

外贸尾单货，是指正式外贸订单多余的货品(大部分是服装类产品)，一般也直接称其为外贸产品。

真正能从生产厂商进到外贸尾单货的网店店主并不多，大部分还是到批发市场里去淘货。由于外贸尾单货很好卖，所以批发市场里真尾单货和假尾单货齐上阵，都说自己是尾单货，实际上是真假难辨。下面将详细介绍辨别真假尾单货的方法。

- 看质量：真正外贸尾单货的质量和正品一样，这需要有经验才能辨别，或者手上有真货可作比较。
- 看做工：外贸尾单货的做工一般都比较精细，无论是肩膀、袖口，还是腰身接缝处的条纹走向和对接，都严丝合缝，没有任何偏差。
- 看包装：真正外贸尾单货的外包装不一定精美，那些包装精美、所有配件齐全的商品反而值得怀疑。
- 看商标：真正外贸尾单货的商标都是最后才贴上去的，有的甚至没有，这并不代表商品不好或者质量有问题，而恰恰说明了真货的严谨性。
- 看水洗标：真正的外贸尾单货服装上都有英文的水洗标，且应该是在衣服的夹缝中，如果没有水洗标或者在夹缝外面缝水洗标通常都是假货。
- 看尺码：真正外贸尾单货的尺码不一定齐全，尤其是牛仔裤和鞋子。
- 看瑕疵：有些外贸尾单货是有瑕疵的，通常瑕疵不明显，不容易看出来。

6. 寻找品牌积压的库存

不少品牌商品虽然在某一区域属于积压品，但在其他区域完全可能成为畅销品。由于网上店铺的顾客来自全国甚至世界各地，因此卖家如果能经常以最低价格淘到厂家或商家积压的品牌服饰、鞋子等商品，拿到网络上销售，一定能获得丰厚的利润。

虽然品牌商品在网上是备受关注的分类之一，很多买家都通过搜索的方式直接寻找自己心仪的品牌商品；但是在寻找积压库存品牌商品的过程中，也要调研和分析市场，否则收购他人的库存后，如果销售不出去，会立即变为自己的库存，进而使网店赔钱。

7. 在海外代购

如果卖家在海外有亲戚朋友，就可以由他们帮忙，进到一些国内市场上看不到的商品或是价格较高的产品；如果你在边境工作、生活，就可以办一张通行证，自己亲自出国进货，这样售卖的商品就很有特色或是有价格优势。

如果自己家里有亲戚朋友在海外从事某种特色商品的制造或销售，就可以直接拿到网上销售，网上一般很少有这样的产品，这样你的利润会很大。

由于比起普通网络购物多一道"代购"手续，海外代购的不可控因素更多，即使发票在手，也有可能是"真发票，假货品"，因此找寻海外代购的卖家要注意以下几点。

- 对于化妆品代购，有些人在网上回收正版化妆品的瓶子，灌入假的内容，重新包装，当作正品卖出去，千万要小心。
- 尽量要求卖家从国外直接邮寄到你的手上并附购物小票，不要从买家处中转，这能确保该物品的确是从国外购买的，也能防止调包。
- 有些商品看上去很便宜，但一定要问清楚是不是最终价，有些卖家以低价吸引你购买商品，之后增加运费、关税、代购费，总计下来，可能比专柜的价格还要高。
- 从国外寄回来的物品如果在货运途中丢失，请及时联系快递公司。无论是什么物品丢失，都会按照申报价值和邮件保险进行赔偿。

8. 购买网络代销商品

网络代销是指某些提供网上批发服务的网站或者能提供批发货源的销售商，

第 2 章　进货与管理发布产品

与想做网店代销的卖家达成协议,为其提供商品图片(而不是实物)等数据,并以代销价格提供给网店代销人销售。

一般来说,网店代销人将批发网站提供的商品图片等数据放在自己的网店上,销售出商品后通知批发网站为其代发货。销售商品只从批发网站发出到网店代销人的买家处,网店代销人在该过程中看不见所售商品。网店代销的售后服务也由网络代销的批发网站行使与支持。比较适合代销的商品如下。

- 返修少的商品:这样代销网店降低承担自己买家的商品寄回货源商处再也收不到的风险或货源商不兑现售后服务的风险。
- 售价低、竞争小的商品:积压少量货款,降低资金风险,获得更多利润,提高回报率。
- 功能简单的商品:这能避免代销店因看不到实物,无法为买家解决问题的尴尬。
- 有实体专卖店的品牌商品:这样的商品,对买家来说网上可参照性强,更容易看到网购的实惠。

网络代销的利与弊:网店代销可以免费为网店提供货源,方便了一些想开店但没有资金的初级卖家,这是它的最大好处。但越来越多的代销网站只注重销量,不注重渠道的管理,所以导致代销容易造成代销客户之间恶意竞争,影响正规卖家的销售和利润,同时容易对产品品牌造成影响。

9. 在 B2B 电子商务批发网站进货

B2B 电子商务批发是最近几年兴起的进货方式,可以在全国范围内找寻货源。为了适应更灵活多变的网上交易,做到更轻松快速地补货,越来越多的淘宝卖家开始瞄向 B2B 电子商务批发网站平台。淘宝卖家经营的商品多以款多量小为主,如果进太多的货,不一定都能销售出去,反而积压了库存,占用了资金。

B2B 电子商务批发网站一般会按照买家询价的产品进行分类目聚合,帮助有采购需求的卖家将信息推广给对应产品的供应商,提升报价率和成交量,进而实现降低进货成本的目的,帮助用户快捷方便地进货。

需要注意的是,网购有风险,淘宝卖家在 B2B 电子商务批发网站平台上选择供应商时,还需要注意挑选有官方资质认证的诚信会员,选择通过支付宝等第三方平台进行交易才更能保障货款的安全。

Section 2.2 网店商品管理与发布

本节导读　在商品发布之前，卖家需要先准备商品的实物图片与资料，然后逐步发布商品。为了更好地与买家进行沟通，卖家还应该掌握淘宝工具——千牛工作台的使用方法，以及编辑宝贝的工具的使用方法。本节将详细介绍淘宝网工具、了解商品信息、发布商品等内容的相关知识。

2.2.1 淘宝网工具

千牛(原阿里旺旺卖家版)为阿里巴巴官方出品的卖家一站式工作台，其核心是为卖家整合店铺管理工具、经营资讯消息、商业伙伴关系，借此提升卖家的经营效率，促进彼此间的合作共赢。

使用浏览器搜索"千牛"，进入官方网页，单击【下载千牛】按钮，进行安装即可，如图2-8所示。

图 2-8

安装后即可启动千牛工作台程序，该程序首页如图2-9所示。

图 2-9

2.2.2 了解商品信息

我们在发布商品之前，首先需要准备商品的相关资料，主要包括经过处理的商品图片、关于商品的介绍内容等。对于商品图片，建议保存为 JPG 格式，这里提示一点，就是淘宝详情页面默认最宽能够显示 750 像素的图片，如果全屏显示，可以显示 950 像素的图片，但一般情况下，都是采用左右双栏，所以在处理图片时，最好将宽度控制在 750 像素。

对于商品描述内容，可以先在记事本等程序中撰写并整理好，然后直接保存为文本文档，当发布商品时，打开文档复制内容就可以了。

另外，一个店铺中通常会发布数量较多的商品，为了避免商品资料混乱，还应该采用合理的结构进行保存，通常来说，要将不同商品的相关资料分类保存到不同的文件夹中。

2.2.3 发布商品

商品图文资料准备完成后，就可以进行宝贝发布了。下面介绍发布商品的操作方法。

第1步 登录淘宝并进入【卖家中心】页面，在【宝贝管理】区域，单击【发布宝贝】链接，如图 2-10 所示。

图 2-10

第 2 步 跳转到商品发布页面，选择要发布的商品类别，单击下方的【下一步，发布商品】按钮，如图 2-11 所示。

图 2-11

第 3 步 进入要发布的宝贝基本信息页面，在这里需要设置商品的属性，一定不要填错，否则会导致宝贝下架，如图 2-12 所示。

第 4 步 在商品的属性、标题、价格、规格、图片和物流信息都设置完成后，还要对售后保障信息和其他信息进行设置，然后单击【提交宝贝信息】按钮，如图 2-13 所示。

第 2 章　进货与管理发布产品

图 2-12

图 2-13

第 5 步　跳转至"宝贝已经成功发布"页面，如图 2-14 所示，通过以上步骤即可完成发布商品的操作。

图 2-14

2.2.4 商品上下架

商品的上下架可以通过淘宝千牛卖家中心的【出售中的宝贝】页面进行管理，也可以通过千牛工作台进行管理。进入【出售中的宝贝】页面，勾选准备下架的商品，单击【立即下架】链接即可将商品下架，如图 2-15 所示。

图 2-15

下架的宝贝可以在【仓库中的宝贝】页面中找到。进入【仓库中的宝贝】页面，勾选准备上架的商品，单击【立即上架】链接即可将商品上架，如图 2-16 所示。

图 2-16

2.2.5 商品信息修改

买家在店铺中浏览商品并提交订单后，卖家可在千牛卖家中心查看订单信息。如果买家与卖家交流后，卖家需要修改订单商品的价格、地址等，也可以通过千牛工作台实现。进入【出售中的宝贝】页面，在准备修改信息的商品右侧单击【编辑商品】链接，即可进入商品信息编辑页面，如图 2-17 所示。

图 2-17

Section 2.3 秘籍分享——在线交流与商品发布技巧

本节导读　本节将详细介绍使用千牛工作台添加与管理联系人、与买家进行交流、查看店铺数据、拟定商品标题、制定合理的商品价格、选择商品发布的最佳时间等在线交流与商品发布的技巧。

2.3.1 使用千牛工作台添加与管理联系人

联系人管理是网店客户管理中十分重要的一环，完善的联系人管理可以为店铺发展更多的忠实客户和老客户，提高店铺的回购率。当联系人数量较多时，也需对其进行分类管理，便于区分。

第1步 登录千牛工作台，在左上方的搜索文本框中输入淘宝账号，单击名称右侧的【添加】按钮，如图2-18所示。

第2步 弹出【添加好友成功】对话框，单击【完成】按钮，如图2-19所示。

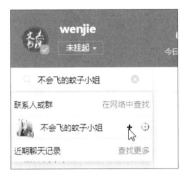

图2-18

图2-19

第3步 完成查找和添加联系人的操作，如图2-20所示。

第4步 右键单击好友名称，在弹出的快捷菜单中选择【移动好友】菜单项，如图2-21所示。

图2-20

图2-21

第5步 弹出【选择组】对话框，单击【添加组】按钮，如图2-22所示。

第6步 新建一个名为"新建组"的组，选中该组，单击【确定】按钮，如图2-23所示。

第7步 可以看到好友已经移至"新建组"组中，如图2-24所示。

图 2-22　　　　　　　　　　　图 2-23

图 2-24

2.3.2　使用千牛工作台与买家进行交流

千牛工作台是卖家与买家进行沟通的主要平台，提供了同时与多个买家进行聊天的功能。在千牛工作台上还可以实时查看当前聊天对象的信息，包括买家信息、商品信息和订单信息等。

卖家与买家主要通过聊天窗口进行交流。在千牛工作台的接待中心界面单击好友名称，打开与该好友的聊天窗口，使用输入法输入内容即可，如图 2-25 所示。

图 2-25

单击聊天窗口下方的 T 按钮，在打开的【字体】下拉列表中设置聊天字体；在【字号】下拉列表中设置字号，也可根据需要分别为文字添加加粗、倾斜、下划线效果；单击【颜色】按钮，在打开的下拉列表中选择文字的颜色，设置完成后再次单击 T 按钮，隐藏字体格式设置栏。

2.3.3 使用千牛工作台查看店铺数据

打开千牛工作台，在左侧的首页列表中的【数据中心】选项下单击【生意参谋】链接，如图 2-26 所示，进入【生意参谋】页面。

图 2-26

使用生意参谋查看店铺数据，有利于卖家实时掌握店铺销售环境，并根据数据分析情况做出相应的决策，如图 2-27 所示。

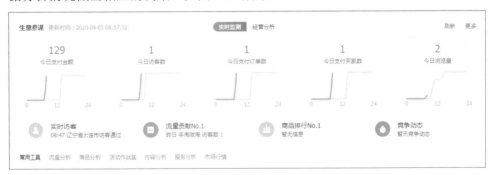

图 2-27

2.3.4 拟定商品标题

在淘宝网以"女包"为关键词进行搜索，所有名称里包含"女包"两个字的商品都会出现在搜索结果里。因此，商品名称里一定要有对商品属性的简单描述。

要想让宝贝被顾客搜索到，应该重点优化宝贝的标题。在影响淘宝站内搜索结果排名的诸多要素中，宝贝标题描述绝对是最重要的一个。商品标题一定要包含商品关键词，因为买家在搜索时首先使用的就是商品关键词。在这个基础上再增加其他关键词，可以使商品在搜索时得到更多的入选机会。至于选择什么关键词来组合最好，需要卖家通过分析市场、商品竞争程度和目标消费群体的搜索习惯来最终确定，从而找到最合适的组合方式。

但应该注意的是，商品名称关键词是不能乱用的。淘宝网对商品命名有很多规则，如果违反了这些规则，商品就会被删除甚至受到处罚。

编写商品标题时，最重要的就是把商品最核心的卖点用精练的文字表达出来。以下是在商品标题中突出卖点的一些技巧，如图2-28所示。

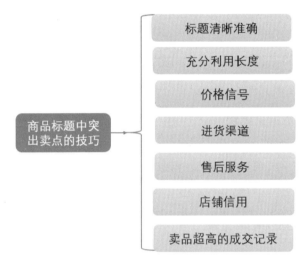

图 2-28

1. 标题清晰准确

商品标题不能让潜在客户产生误解，应该准确而且清晰，让买家能够在一扫而过的时间内轻松读懂。

2. 充分利用长度

淘宝规定宝贝的标题最长不能超过60个字节，也就是30个汉字，在组合理想的情况下，包含越多的关键字，被搜索到的概率就越大。

3. 价格信号

价格是每个买家都会关注的内容之一，也是最能直接刺激买家形成购买行为的因素。所以，如果店里的宝贝具备一定的价格优势，或是正在进行优惠促销活动，如"特价""清仓特卖"等，完全可以用简短有力的词在标题中注明。

4. 进货渠道

如果店铺的商品是厂家直供或从国外直接购进的，可在标题中加以注明，以突出商品的独特性。

5. 售后服务

因为在网上不能看到实物，许多买家对于某些宝贝不愿意选择网上购物，因此，如果能提供有特色的售后服务，例如"无条件换货""全国联保"等，这些都可以在标题中明确地注明，以便吸引买家前来购买。

6. 店铺信用

如果店铺加入了金牌卖家或者其他一些认证服务，那么可以在商品标题中注明，这些都会增强买家与卖家的交易信心。

7. 卖品超高的成交记录

如果店中某件商品销量在一段时间内较高，可以在标题中注明"月销上千""明星推荐"等文字，善用这些能够调动人情绪的词语，对店铺的生意是很有帮助的。这样会令买家在有购买意向时，极大降低对此商品的后顾之忧。

2.3.5 制定合理的商品价格

商品价格一般是根据淘宝市场的整体基本价格来制定，然后根据自身情况的不同，以及自己的定位，再考虑其他方面的条件。

如果用户的进价成本偏高，就需要适当地给出一个较高的价格。但是如果卖家的产品在当前热销，就不一定要定高价了。如果卖家是想积累一部分老客户，那最好将价格定低一些。如果客户积累到一定程度了，这时候需要赚钱，就可以将价格定高。

在这里还需要说明一点，店铺产品的价格还应该根据不同情况进行一定的波动，比如旺季可以适当抬高价格，淡季就可以适当调低价格来做促销。在积压了很多产品、有可能会影响卖家将来销售的时候，需要降低利润销售，甚至零利润销售。此外，打折、促销也是用户调整产品价格的一个很好的手段。

最后在定价的时候不能忘记考虑其他一些因素，比如卖家付出的时间成本、广告成本、运输成本、人力成本等。所以定价是一个更多的结合自身情况来做的事情，在这里需要强调的是，如果没有充足的资金，一味地低价是自取灭亡。

2.3.6 选择商品发布的最佳时间

很多网店新手总是认为新品宝贝的上线时间越早越好，宝贝一到货，就迫不及待地发布信息，上架商品。其实不然，选对商品发布的时间，才能让顾客第一时间搜到用户的宝贝。下面介绍选对商品发布时间的 3 点技巧，如图 2-29 所示。

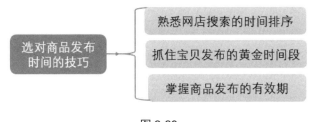

图 2-29

1. 熟悉网店搜索的时间排序

当买家搜索淘宝商品时，淘宝网会根据商品上架的时间来排序，淘宝网里的商品离上架结束时间越近，排的位置就越靠前。也就是说，剩余时间越短，商品就越靠前，因此，就越容易被买家看到。

了解了网店搜索时间排序，就应该充分利用这种时间排序。因此，新到货的宝贝不要同时发布，最好分批次发布，这样一来宝贝就有多次机会排在搜索的时间排序的最前面了。

2. 抓住宝贝发布的黄金时间段

因为各种因素的干预，买家上网也是存在一个黄金时间段的，只有在黄金时间段发布宝贝，才能够增加宝贝的浏览量，从而提高成交率。因此，发布宝贝还要考虑什么时候上网的人最多。

即便是抓住黄金时间段发布宝贝信息，但为达到最佳的效果，在具体操作中，还是要注意，在黄金时段内也要每隔半小时左右发布一种新商品。这样做的原因也是为了在整个黄金时段内，卖家都有商品获得靠前的搜索排名，为网店带来可观的浏览量。

3. 掌握商品发布的有效期

无论是淘宝搜索的时间排序，还是宝贝发布的黄金时段的掌握，都与商品发布的有效期有关。就淘宝而言，一般设有 7 天、14 天等多种商品发布有效期供卖家选择，方便卖家管理自己的商品。

1) 7天有效期

选择上架周期为较短的7天有效期的卖家,一般基于如下考虑:因为买家浏览商品的时候默认排序就是按时间算,所以上架时间越短,网店里的宝贝就有更多的机会排在搜索列表的前面,从而提高宝贝的浏览量。

2) 14天有效期

选择上架周期为较长的14天有效期的卖家,一般基于如下考虑:选择的时间越长,就越不用担心商品因过了有效期下架后又需要批量上架,不至于手忙脚乱,错过时机。

第3章

淘宝网店促销策略

在网上购物的顾客预算有限,并且网上有如此众多的商家,卖家想要吸引买家消费变得愈加困难。为了摆脱这种困境,卖家纷纷制定相应的促销策略,通过各种促销活动来吸引买家点击。

Section 3.1 赠品促销

本节导读

促销就是营销者向消费者传递有关自己产品的各种信息，说服或吸引消费者购买其产品的过程，以达到扩大销售量的目的。促销能在短期内显著提高品牌的销售额，也能增加品牌的知名度。促销虽好，但不能每天都用，如果全部商品都在促销，这也没有什么意义。

3.1.1 赠品促销的优点

赠品是一个非常有效的营销策略，它在对抗竞争品牌、开辟新市场的情况下可以快速促进销售，又能有效地应对竞争。促销赠品实际上是对顾客的一种额外馈赠和优惠。赠品是争取顾客购买商品、提升业绩成长的法宝，也是品牌之车提速的动力所在。此策略若运用得当，很有可能吸引顾客踊跃购买。

顾客总是期望在交易中获得更多的价值，赠品就是为了迎合这一消费心理而设计出的营销策略。在整个赠品策略中，赠品的选择最为重要，它甚至关系到整体销售的成败。有时候当一个聪明的卖家选择了一个好的赠品时，顾客对赠品的喜爱甚至超过了产品本身。赠品促销具有如下优点，如图 3-1 所示。

图 3-1

- 可以提升品牌和网站的知名度；
- 鼓励人们经常访问网店以获得更多的优惠信息；
- 能根据消费者索取赠品的热情程度总结分析营销效果和产品本身的反应情况等。

3.1.2 选择赠品的注意事项

赠品促销应注意以下几点：
- 不要选择次品、劣质品作为赠品，这样做只会适得其反。
- 明确促销目的，选择适当的能够吸引消费者的产品或服务。
- 注意时间和时机，注意赠品的时间性，如冬季不能赠送只在夏季才能用的物品。另外，在危机公关等情况下也可考虑不计成本的赠品活动以挽回形象。
- 注意自己的预算和市场需求，赠品要在能接受的预算内，不可以因过度赠送赠品而造成营销困境。
- 选择顾客需要的赠品，这是最重要的。如果赠品是顾客用不着的，那么这件商品也就没有任何吸引力，更谈不上提升交易的价值了。所以，卖家应认真思考目标顾客需要什么，然后根据他们的需要来选择赠品，只有顾客需要的才对他们有吸引力。
- 提供的赠品需要有足够的价值。所谓足够的价值，即不高不低，合适就好。这需要你自己去把握，价值过低或者过高都不能取得好的效果。价值太低，无法吸引顾客；价值太高，这将增加卖家更多的成本。虽然顾客都渴望得到更高价值的赠品，但实际上，如果提供价值高得离谱的赠品，也会引起顾客的猜疑，有些顾客会觉得你的利润空间太高，然后降低了主产品在他们心中的价值，可能就干脆放弃购买了。
- 在选择赠品时，需要关注竞争对手，看看他们的营销策略是怎样的。你的赠品必须比销量最好的竞争对手的赠品的价值高，必须比他们好，这样才能打败他们。顾客购买商品时，通常会货比三家，比较的对象一般来说就是销量好的那些卖家。
- 要注意赠品与商品的相关性，选择的赠品和商品有关联，这样很容易给顾客带来对商品最直接的价值感。如果赠品与商品相互依存并配合得当，其效果最佳。
- 顾客的喜好难以捉摸，正所谓众口难调，选择一个让大家都喜欢的赠品并不容易，此时卖家可以在预算范围内多准备几样赠品，供买家选择。

3.1.3 赠品促销的设计规则

赠品促销的设计规则包括以下几点：
- 赠品要让人容易获得，容易获得才可以激发大家参与的欲望，促销的

"势"才容易造出来,否则赠品让人感觉与自己无缘,那你的赠品只能算是"样品"。最好让参与的每一个人都能感到可以获得,"可遇而不可求"是赠品应该回避的。

- 赠品与众不同,效果也会与众不同。
- 赠品的使用率要高。
- 送就送在明处,因为消费者是冲着产品去的,赠品是你给消费者的一个购买诱因。"礼轻仁义重"——你可以增加消费者的认同感,让消费者认为你对消费者是真诚的,这比通过广告等别的方式提高消费者对你的忠诚度要省钱得多。
- 别忘记,赠品也有季节性。一样东西一送到底,将消费者不同季节的需求丢到一边,这样的错千万不要犯,因为消费者对赠品的要求也是有季节性的。
- 给赠品取一个好听的名字,也使买家更容易记住你的品牌。一个好的赠品名字会激发消费者美好的联想,这种联想不但可以对促销起到好的效果,而且可以在促进促销之后持续长远的销售,因为美好的影响是有延续性的。给赠品起个吸引人的名字,可以加快推动商品的流通,同时也增加了品牌的附加价值。好的命名胜过好宣传,对销售相当有利。不过千万不要让赠品的名字抢了产品的风头。
- 把企业或店铺的信息告诉买家。很多卖家一方面为自己的品牌传播苦恼,一方面又老是忽略赠品这个载体。在你的赠品上印上你的店铺标识,印上可爱的电话号码和二维码都是顺手就能做到的事情,让消费者每次用你的赠品时,都能想到你的店铺。

3.1.4 如何选择合适的赠品

一些卖家至今还存在着一种对赠品促销的错误看法,他们认为,我送赠品给你,是你在占我的便宜,我给你什么,你就拿什么,还挑三拣四的干吗!所以他们对于促销赠品的设计和策划一向是很不以为然的。这就是为什么我们在很多促销活动中时常看到那些千篇一律的钥匙扣、指甲刀、纸相架的原因。如果在赠品设计和策划上太过随意的话,送了也是白送。

1. 赠品分类

目前市场上的赠品,按照与销售产品的关系,可以分为以下 3 大类,如图 3-2 所示。

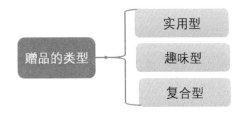

图 3-2

1) 实用型
- 本产品。赠品系销售产品的同一个产品,可能只是容量大小的区别,实际上是价格折让的表现形式。
- 同类产品。赠品系与销售产品属于同一类别的产品,满足消费者的相同需求。
- 关联产品。赠品系与销售产品具有关联性的产品,在功能上具有补充性,或者出自同一企业,品牌一致。
- 无关产品。赠品与销售产品毫无关系。

2) 趣味型
- 相关产品。赠品满足消费者的趣味性需求,与销售产品有一定关系。
- 无关产品。赠品满足消费者的趣味性需求,与销售产品毫无关系。

3) 复合型
- 以实用为主。赠品兼具实用性和趣味性,能同时满足两种需求,以实用为主,给消费者的核心利益是实用的,但附加利益有趣味性,比如裤子形状的笔袋等。
- 以趣味为主。赠品兼具实用性和趣味性,能同时满足两种需求,以趣味为主,给消费者的核心利益是趣味的,但附加利益有一定的实用性,比如配有钥匙扣的小绒布玩具等。

2. 选择赠品的原则

赠品种类选择的基本原则包括以下几个方面,如图 3-3 所示。

1) 促销目的:短线速销、长期效果
- 短线速销,刺激提前消费和冲动消费,可以选择实用型的产品本身、实用型的无关产品(高价值)以及趣味型产品。
- 长期效果,要通过促销达到持续销售的目的,可以选择实用型的同类产品、实用型的关联产品、趣味型的相关产品以及复合型产品。

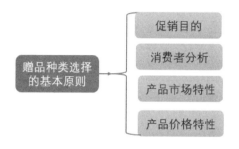

图 3-3

2) 消费者分析：购买者和使用者是否分离
- 购买者和使用者一致，常用方法：实用型、复合型。
- 购买者和使用者不同，常用方法：趣味型、复合型。

3) 产品市场特性：快速消费品、耐用消费品
- 快速消费品，常用方法：实用型、趣味型、复合型。
- 耐用消费品，常用方法：实用型——关联产品、实用型——无关产品、趣味型、复合型。

4) 产品价格特性：低溢价、高溢价
- 低溢价产品，常用方法：实用型、趣味型、复合型。
- 高溢价产品，常用方法：实用型——同类产品、纯实用型——关联产品、实用型——无关产品、趣味型、复合型。

Section 3.2 积分促销

积分作为一种有效巩固和激励顾客多次购买的促销手段，在商家促销中得到广泛使用。因为用户有重复购买产品或者服务的需求，获得老客户的再次消费的成本要远远低于重新开发新客户的成本。本节将详细介绍有关积分促销的知识。

3.2.1 什么是积分促销

淘宝的会员关系管理系统为卖家提供了会员管理的功能，通过该功能可为新老买家设置会员等级和会员优惠等。当然，卖家也可将买家的消费额转化为消费

积分，当积分累积到一定数量时，即可换购或抵价商品，以此刺激买家再次消费。如图 3-4 所示为某店铺的会员积分促销说明。

图 3-4

积分促销与其他促销方式最大的差别在于时间上的拖延。消费者必须先购买商品，再收集点券、优待券或购物凭证，在一定的时间后，达到了符合赠送的数量，才可获得赠品或者抵扣一定的金额。

通常，如果消费者参加了某一积分促销活动，就会积极地去收集点券、标签或购物凭证以兑换赠品，此时，自然不愿意转而购买其他品牌的商品。

3.2.2 积分促销的优缺点

1. 优点

运用积分促销的重要因素在于，消费者可持续不断地参与。积分促销有下列优点。

(1) 在建立品牌形象的广告活动中，其效果反映了低成本的促销的确可取代高预算的广告投资。而且这一活动的方式及赠品，往往可以成为广告宣传的话题，以吸引消费者对产品的注意。

(2) 低成本的促销，可视为较大型且持续性的广告促销活动中的一个环节。活动中的赠品，也可用来强化品牌广告。

(3) 在同类同级商品中可创造产品差异化。当各品牌间没有什么明显差异，而令消费者难以选择时，举办集点优待活动，正好可塑造品牌特色，尤其在零售上对实际销售更有益处。

(4) 因持续大量购买，顾客存货较多，因而可扩大商品使用率或突破季节性的限制，使消费者自由地享用。

2. 缺点

积分促销的缺点包括以下几点。

(1) 该方法对大多数的消费者不具吸引力。因为如今大多数人没有耐心，也不愿意只为了换得一个赠品而慢慢地等待、收集，人们往往需要即刻实现的满足感。

(2) 并非所有商品都适合此活动方式，如非经常性购买的商品就毫无效果。

(3) 此法往往要花相当长一段时间来搜集点券，而这往往会令顾客大失所望。为此提醒策划人注意，活动时间不宜拖延太长，以避免参与者失望。

(4) 此活动使商品单独陈列的机会变少，因为零售店没有多大兴趣。结果往往是对经销成果的促进帮助不大，付出与收获形成差距。

Section 3.3 特价促销

特价促销是指在短期内的直接降价促销，用低于平常的零售价来吸引顾客，以促进销售。这是商家使用最频繁的促销工具之一，也是影响顾客购物最重要的因素之一。

3.3.1 什么是特价促销

特价是指在节假日、店庆、购物活动等时间段，定时或定量为部分产品推出的特价优惠。策划特价促销活动时，一般需要在商品价格上体现出价格的前后对比、活动时间以及商品数量等，让买家可以清楚地看到优惠，进而促进商品的销量。图3-5所示为特价产品的页面。

特价促销的活动时间以1~2周为宜，要考虑顾客正常的购买周期，若时间太长，价格可能难以恢复到原位。同时要给出明确的特价到期倒计时提醒，使买家有紧迫感，促使买家下单。

第 3 章 淘宝网店促销策略

图 3-5

3.3.2 特价促销的优缺点

特价促销的优点包括以下几点：
- 资金快速回笼。
- 商品在临保期间卖掉了，降低了亏损的风险。
- 对产品进行了一下宣传，顾客知道这个产品了，打开了市场。

特价促销的缺点包括以下几点：
- 赚的钱少了。
- 降低了产品的档次，之前的顾客会觉得产品过一阵子就有促销，不会在变回之前的价格时购买。
- 低价来买产品的顾客素质不如原价产品的素质，回头客不一定会多。

Section 3.4 包邮促销

包邮，简单地讲，即定价包括商品的价格和邮费，拍下后不用补邮费差价。尤其是现在的电子商务平台，都会以包邮来吸引客户前来购买。商家承担运费，有可能是先出运费，也有可能是确认收货后找客服报销。

包邮是一种刺激买家一次性购买大量商品的促销形式。例如淘宝网中某些零食店,当买家在店铺里购买总价格超过一定金额的时候,即可享受包邮服务,如图 3-6 所示。

图 3-6

包邮的价格设置不可过高,这样买家为了免除邮费,通常会选择足量商品。需要注意的是,该方法只针对利润较少的商品,如果商品利润足够,则可以采用直接免邮的方式进行促销,这样可以留住更多的买家。

Section 3.5 优惠券促销

 优惠券起源于 19 世纪 20 年代末的法国,但是"优惠券"得到广泛应用和发展却是在美国。优惠券可降低产品的价格,是一种常见的消费者营销推广工具。电子优惠券是优惠券的电子形式,现在的淘宝店铺几乎都有优惠券促销活动,用来吸引买家更多地消费。

赠送优惠券是一种可以激励买家再次进行购物的促销形式。优惠券的种类很多,如抵价券、折扣券、现金券等。优惠券中一般需标注消费额度,即消费到指定额度可使用该优惠券。同时,在优惠券下方还可以将优惠券的使用条件、使用时间、使用规则等进行介绍。优惠券必须清楚地展示在店铺中,或明确指示优惠券的领取地址,让到店消费的买家一眼就能看到优惠券的信息,才能发挥更好的促销效果。图 3-7 所示为某店家的优惠券。

图 3-7

相对于纸质媒体资源的局限性，电子优惠券依托互联网发展，消费者能通过强大的网络搜索实现海量的信息查询，同一优惠信息可通过多种路径搜索获取，信息平台提供按行业类别、商圈分布、价格范围、人气指数等关键字的搜索，这种交叉性搜索满足了消费者信息比较的需求，提高了同一优惠信息的浏览量。一些商家还会同时提供多种优惠信息，满足不同需求的目标消费者，也给商家带来了更多收益的可能性。优惠信息的收藏和分享以及订阅电子优惠券邮件也扩大了电子优惠券的传播途径。电子优惠券是以消费者的主动请求为前提，是消费者在自我感知到有此类消费需求的时候，为寻求价值剩余而产生的行为。消费者从被动地接受人工派发的纸质优惠券发展到主动在互联网上搜索优惠信息、获取电子优惠券，付出了收集信息的成本，包括时间成本及机会成本；而被动地接受纸质优惠券就不存在搜寻成本带来的刺激效应，使电子优惠券的使用率大大高于传统优惠券。

Section 3.6 抢购促销

抢购的特征为同一时段内消费者集中性购买，消费者一次性购买超过平常卖出量的几倍甚至几十倍；消费者之间互相争抢购买，拼网速、拼眼疾手快，购买时兴奋、情绪高涨；与此同时，消费者要登录网上银行、支付宝、财付通进行快速付款，提高了点击率和登录量。本节将详细介绍抢购促销的相关知识。

抢购是一种可以刺激消费者购物行为的有效方式。现在很多网店都会不定期推出商品秒杀活动，即提供固定数量的商品，在指定时间开启通道供用户抢购，如"1元秒杀""10元秒杀""前3分钟半价"等。由于抢购的优惠巨大，因此不仅会吸引老买家，还会吸引未使用过该商品的新买家，引起买家的广泛关注，这样既推广了品牌，又带来了更多潜在的消费者，如图3-8所示。

图 3-8

第4章

在淘宝网付费推广

　　为了使网店迅速成长起来,卖家应该积极参加一些淘宝网的付费推广活动,如淘宝官方推出的淘宝直通车、天天特价、免费试用、钻石展位和聚划算等。本章将详细介绍参加淘宝官方活动的知识。

Section 4.1 试用中心

淘宝试用中心是一个由商家提供试用品供买家试用的场所，其中聚集了大量试用机会和试用商品，试用者试用商品后可以提交全面真实的试用报告，为消费者提供购买建议。卖家可以通过试用中心对店铺和宝贝进行宣传和推广，提高品牌影响力。

4.1.1 试用中心报名要求

试用中心的活动可以推广品牌，提升品牌影响力，获得更多潜在买家和宝贝收藏，是比较受卖家青睐的一种推广方式。淘宝网试用中心也对不同的卖家设置了不同的报名要求。

1) 店铺要求
- 集市店铺：一钻以上/店铺评分 4.6 以上/加入消保。
- 商城店铺：店铺综合评分 4.6 分以上。
- 店铺无严重违规及售假处罚扣分。

2) 商品要求
- 试用品必须为原厂出产的合格全新且在保质期内的产品。
- 试用品总价值(报名价×数量)需不低于 1500 元，价格不得虚高。
- 试用品免费发送给消费者，消费者产出试用报告，商品无须返还卖家。
- 大家电入驻菜鸟仓库、天猫物流宝及天猫国际的商品会采用名单发放的形式，不会生成订单，请商家按试用后台名单发货。
- 凡是报名参加试用活动的商品，在无线端系统会自动设置收藏店铺申请条件，商家无须设置；PC 端系统不做申请条件设置。
- 如报名包含多个 SKU(Stock Keeping Unit，库存量单位，即库存进出计量的基本单元，该库存量单位可以是以件、盒、托盘等)的商品，系统会随机选择 SKU 下单，建议双方协商发货，如果协商不了，商家需按照报名的 SKU 发货。为避免损失，建议下架其余不期望参加活动的 SKU，谨慎报名。

4.1.2 试用中心试用流程

当店铺满足淘宝试用中心的条件后,即可申请参与试用,图 4-1 所示为试用流程。

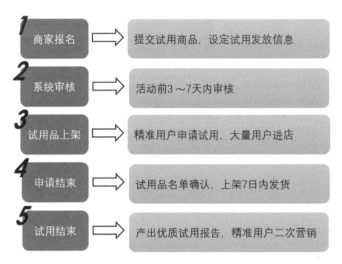

图 4-1

4.1.3 如何申请参加活动

根据实际情况和需要,卖家报名申请要参加的活动,申请通过后即可获得在试用中心展示的机会。下面以参加免费试用活动为例,介绍参与淘宝试用中心的方法。

第1步 进入千牛卖家工作台页面,在【营销中心】栏中单击【我要推广】超链接,如图 4-2 所示。

图 4-2

第2步 打开推广页面,在【常用入口】栏中单击【试用中心】选项的 GO 按钮,如图 4-3 所示。

图 4-3

第3步 进入商家报名页面，单击【报名免费试用】按钮即可报名，如图 4-4 所示。

图 4-4

Section 4.2 加入淘宝直通车

本节导读　淘宝直通车是由阿里巴巴集团下的雅虎中国和淘宝网进行资源整合，推出的一种全新的搜索竞价模式，是淘宝网店店主经常使用的一种推广自家店铺的方式。下面将详细介绍淘宝直通车推广方面的知识。

4.2.1 淘宝直通车概述

直通车是为淘宝卖家量身定制的一款功能，是一款按点击付费的效果营销工具，实现宝贝的精准推广。淘宝直通车推广在给宝贝带来曝光量的同时，精准的搜索匹配也给宝贝带来了精准的潜在买家。

使用淘宝直通车推广，一次点击让买家进入卖家的店铺，可产生一次甚至多次的店铺内跳转流量，这种以点带面的关联效应可以降低整体推广的成本和提高整店的关联营销效果。同时，淘宝直通车还给用户提供了淘宝首页热卖单品活动、各个频道的热卖单品活动，以及不定期的淘宝各类资源整合的直通车用户专享活动。

在【营销中心】栏中单击【我要推广】超链接，打开淘宝推广页面，在其中单击【淘宝/天猫直通车】超链接，如图 4-5 和图 4-6 所示。

图 4-5

图 4-6

即可进入淘宝直通车页面，如图 4-7 所示。

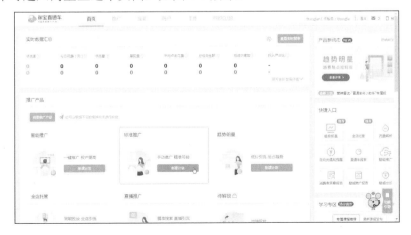

图 4-7

4.2.2 直通车广告展位

直通车展位是淘宝网上出现在搜索宝贝结果页面的右侧(12 个单品广告位和 3 个页面推广广告位)和宝贝结果页的最下端(5 个广告位)。搜索页面可一页一页往后翻,展示位依此类推。如图 4-8 所示为搜索宝贝结果页面右侧的直通车广告展位。

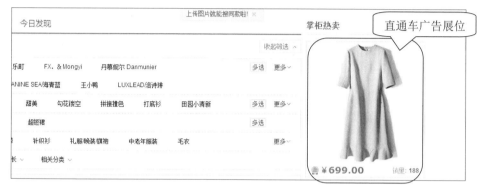

图 4-8

4.2.3 直通车推广方式

在淘宝网中,直通车推广方式包括宝贝推广、店铺推广、明星店铺推广和活动推广等,下面介绍直通车推广方式方面的知识。

- 宝贝推广:是最基础的直通车推广方式,以关键词为基础推广宝贝,运用最为广泛。宝贝推广最多可设置 200 个关键词。
- 店铺推广:推广店铺首页、系列、专题页等,也是以关键词为基础的,展示位置在搜索右侧 3 个位置,最多添加 1000 个关键词。
- 明星店铺推广:明星店铺是以品牌展示为主,一般品牌旗舰店可以开通,不能自主添加关键词,不能自主出价。因为搜索品牌产品的顾客,都是对品牌有一定认知的,所以产出投入比高。
- 活动推广:一般是以热卖单品的形式,是直通车推广中点击单价最低的。

第4章 在淘宝网付费推广

Section 4.3 钻石展位

本节导读 智钻(钻石展位)是淘宝网提供的一种营销工具,主要依靠图片创意吸引买家点击,从而获取巨大流量。智钻为卖家提供了数量众多的网内优质展位,包括淘宝首页、内页频道页、门户、画报等多个淘宝站内广告位,以及搜索引擎、视频网站和门户网等多个站外媒体展位。

4.3.1 钻石展位的类型

智钻分为展示广告、移动广告、视频广告、明星店铺4种类型,如图4-9所示。下面分别对这4种类型进行介绍。

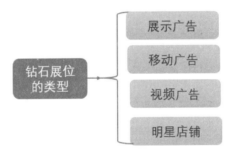

图4-9

1. 展示广告

展示广告是以图片展示为基础,精准定向为核心,面向全网精准流量实时竞价的展示推广平台。钻石展位展示网络推广支持按展示付费(CPM)和按点击付费(CPC)两种付费方式,为卖家提供精准定向、创意策略、效果监测、数据分析、诊断优化等一站式全网推广投放解决方案,帮助卖家实现高效、精准的全网数字营销。

展示位置:包含淘宝网、天猫、新浪微博、网易、优酷土豆等几十家淘内淘外优质媒体的上百个大流量优质展位。

创意形式:支持图片、Flash等动态创意,支持使用钻石展位提供的创意模板。

收费方式：在按展示付费的基础上，增加按点击付费的结算模式。

投放方式：选择资源位，设定定向人群，竞价投放，价高者得。

2. 移动广告

移动广告是指通过移动设备(手机、平板电脑等)访问 App 或网页时显示的广告，其主要形式包括图片、文字、音频等。随着移动电子产品的发展，移动广告在受众人数上有了非常大的提升，可以根据用户的属性和访问环境，将广告直接推送至用户的手机上，传播更加精准。

展示位置：网络视频节目(电视剧、综艺等)播放前后插播视频。

创意形式：以视频格式展示，展示时长 15s 以内。

定向支持：除钻展常规定向外，还可支持视频主题定向，筛选热门动漫、影视、演员相关视频节目，精准投放。

创意形式：可自主上传视频，也可在"创意实验"区域中制作视频贴片。

3. 视频广告

视频广告可以在视频播放开始或结束时展现，具有曝光度强、展现力一流等优势，配合钻石展位提供的视频主题定向，能够获取更精准的视频流量。

展示位置：主要展现在国内主流视频网站，如爱奇艺、优酷等大视频媒体。广告主要在视频开始前 15s 和视频播放暂停时呈现。

展现形式：以视频格式进行广告内容的展示，展现形式更新颖。

定向支持：针对视频网站提供视频主题定向，根据目前热播剧集的名称、主题进行定向。

创意形式：视频支持 FLV、MPEG 等主流视频格式。

4. 明星店铺

明星店铺是钻石展位的增值营销服务，按千次展现计费，仅向部分钻石展位用户开放。开通明星店铺服务之后，卖家可以对推广信息设置关键词和定价，当有用户在淘宝网宝贝搜索框中输入特定关键词时，卖家的推广信息将有机会在搜索结果页最上方的位置获得展现，进行品牌曝光的同时赢得转化。

展示位置：在淘宝电脑端、手淘以及 UC 浏览器搜索结果页面最上方。

展示形式：当搜索关键词触达投放广告的词时，即可在搜索结果页最上方位置得到展示，确保获得流量的精确性。

创意形式：提供多种样式创意模板，PC 模板和无线模板独立，模板由图片和多条文案构成,满足各类消费者的需求。

收费方式:按 CPM 收费,即按千次展现的方式进行收费。

4.3.2 智钻准入要求

智钻与直通车一样,对淘宝和天猫卖家的准入资格进行了规定,只有满足要求的卖家才可申请智钻推广服务。

1. 淘宝卖家准入要求

智钻资质管理对淘宝店铺的要求如下。

- 店铺主营类目在支持投放的主营类目范围内。
- 企业商家店铺信用等级>0,个人商家店铺信用等级一钻及以上。
- 店铺评级 DSR 在 4.4 以上(特殊类目无 DSR 要求或者可相应放宽的,由阿里妈妈根据特殊类目的具体情况另行确定)。
- 未因违规被终止过钻石展位服务。
- 在使用阿里妈妈其他营销产品或淘宝服务时,未因违规被暂停或终止服务(阿里妈妈其他营销产品包括淘包直通车、天猫直通车和淘宝客等业务)。

2. 天猫卖家准入标准

智钻资质管理对天猫店铺的要求如下。

- 店铺主营类目在支持投放的主营类目范围内。
- 店铺评级 DSR 在 4.4 以上(特殊类目无 DSR 要求或者可相应放宽的,由阿里妈妈根据特殊类目的具体情况另行确定)。
- 未因违规被终止过钻石展位服务。
- 在使用阿里妈妈其他营销产品或淘宝服务时,未因违规被暂停或终止服务(阿里妈妈其他营销产品包括淘包直通车、天猫直通车和淘宝客等业务)。

4.3.3 新建智钻推广计划

智钻计划与直通车计划一样,需要卖家根据实际情况进行新建和设置。智钻计划的新建过程主要包括选择营销目标、设置计划、设置单元和添加创意 4 个步骤。在【营销中心】栏中单击【我要推广】超链接,打开淘宝推广页面,在其中单击【钻石展位】选项下的【立即登顶】按钮,即可开始钻石展位的设置,如图 4-10 所示。

图 4-10

4.3.4 钻石展位合适的定向

使用钻石展位的过程中，卖家需要对自己的钻石展位进行合适的定向规划，下面介绍钻石展位合适的定向方面的知识。

- 群体定向：群体定向的优点是可一次锁定较为广泛的人群。当店铺品牌需要提升知名度、大批量引入新客户时，适合使用群体定向。
- 兴趣点定向：兴趣点定向的优点是可以一次定向较精准的目标人群，定向直达细分类目。当店铺需要推广单品、关联性单品，或者举行单品相关活动时，非常适合使用兴趣点定向。它较群体定向精准，但流量也较群体定向少，适合平时促销、店内活动等。
- 访客定向：访客定向的优点是可以一次定向较精准的目标人群，维护店铺的老客户并同时挖掘竞争对手的客户和潜在客户。访客定向非常适合日常推广和持续积累客户使用。这是精准度最高的一种定向，原则是守住自己的客户，再去抢夺对手的客户。

Section 4.4 淘宝"天天特价"

本节导读

天天特价是淘宝网为集市店铺中小卖家打造的扶持平台，用于扶持有特色货品、独立货源和一定经营潜力的中小卖家，为它们提供流量和营销等方面的支持。天天特价频道目前有类目活动、10 元包邮和主题活动 3 大块。天天特价类目活动只展示在类目详情页面中，并随机展示到首页。

4.4.1 准入要求

为了筛选优质卖家和商品,淘宝网对参加"天天特价"的店铺和商品均做了一定的要求,其主要内容介绍如下。

1. 店铺准入要求

淘宝网规定,报名参加"天天特价"的店铺必须符合以下要求。

- 符合《淘宝网营销规则》。
- 店铺信用等级:三星及以上。
- 开店时间≥90天。
- 已加入淘宝网消费者保障服务且消保保证金余额≥1000元,需加入"7天无理由退换货"服务。
- 实物宝贝交易≥90%,虚拟类目(如生活服务、教育、房产、卡券类等)除外。
- 近半年店铺非虚拟交易的DSR(指宝贝与描述相符、卖家的服务态度、物流的服务质量三项)评分三项指标分别不得低于4.7(开店不足半年的自开店之日算起)。
- 因严重违规(B类)被处罚的卖家,禁止参加活动。
- 因出售假冒商品(C类)被处罚的卖家,禁止参加活动。

2. 商品要求

淘宝网规定,报名参加"天天特价"的商品必须符合以下要求。

- 要求商品库存≥50件,不限制上限(提示:10元包邮活动库存要求保持不变,50件≤10元包邮≤2000)。
- 最近30天交易成功的订单数量≥10件。
- 活动价格低于最近30天最低拍下价格,商品不得有区间价格(多个SKU时必须是同一价格)。
- 必须全国包邮(港澳台除外)。
- 活动结束后的30天内,不得以低于天天特价活动价报名其他活动或在店铺里促销。若有违反,将按照《天天特价卖家管理细则》进行相应处罚。
- 特殊资质:①运动户外类目商品需要符合《淘宝网运动户外类行业标

准》；②食品类商品需要有 QS 资质、中字标或授字标。

- 商品报名信息应清晰、规整，商品标题和图片应符合特定的格式要求，即报名商品图片为 480 像素×480 像素。图片需清晰规范、主题明确且美观，不拉伸变形、不拼接、无水印、无 Logo、无文字信息，仅支持 JPG 格式，图片背景为白底、纯色或者浅色。
- 报名商品标题必须在 13 个汉字或者 26 个字符内且描述准确清晰，严禁堆砌关键字。
- 所有提交报名的商品及活动页面素材须确保不存在任何侵犯他人知识产权及其他合法权益的信息。

4.4.2 报名参加天天特价

在报名参加天天特价之前，卖家需先对天天特价报名活动的相关要求进行了解。其报名方法为：在【我要推广】页面【常用入口】栏中单击【天天特价】选项下的 GO 按钮，即可开始申请天天特价活动，如图 4-11 所示。

图 4-11

报名完成后等待淘宝审核，活动开始前 24 天，系统会发送消息通知商家审核结果。审核通过后，卖家需根据活动要求在正式活动开始前两天的 15 点前，对活动商品进行相关设置，包括完善商品的库存信息、恢复商品原价、取消其他平台的促销价格、对需要参加活动的商品图片进行必要的美化、设置商品全国包邮、保持商品在线状态等。

第 4 章 在淘宝网付费推广

Section 4.5 聚划算

本节导读　聚划算是淘宝平台中爆发力最强的营销平台，汇聚了庞大的用户流量，具有非常可观的营销效果。商家通过参加该活动，可以打造超过店铺日销数倍的营销数据，获得更多的收益。聚划算主要包括商品团、品牌团、聚名品、聚新品和竞拍团 5 种类型，下面分别进行介绍。

4.5.1 商品团

商品团是一种限时特惠的体验式营销模式，具有坑位数多、参聚概率相对较大、主团展示和流量稳定等特点，其最佳的爆款营销渠道和最低的用户获取成本方式，可以帮助卖家快速、规模化地获取新用户。商品团的报名流程主要包括选择活动、选择商品、选择坑位、填写商品报名详情、商品审核、费用冻结和上团前准备 7 个阶段。

（1）选择活动：在参加商品团之前，商家首先应该查看招商公告，了解招商要求，打开淘宝推广页面，在【常用入口】栏中单击【聚划算】选项下的 GO 按钮，即可开始申请聚划算活动，如图 4-12 和图 4-13 所示。

图 4-12

（2）选择商品：选择符合审查规则的商品，无法提交的商品则为不符合审查规则的商品，单击【查看原因】链接可了解具体原因。

（3）选择坑位：如果商家所选商品符合所选坑位的条件，系统将展示 6 周内的所有坑位。如果商家的商品不符合条件，则淘宝默认不展示不符合条件的坑位，单击【显示不可报坑位】超链接即可看到具体不可报的坑位内容。

（4）填写商品报名详情：在该页面，商家需对商品的标题、卖点、团购价格、描述、费用等信息进行填写，商品报名详情填写完毕后，将进入淘宝店小二审核的步骤。

图 4-13

(5) 商品审核：包括一审和二审两个阶段。一审主要是系统对商品报名价格、报名商品货值、历史成交及评论、商品 DSR 评分、店铺近 3~6 个月成交排名、店铺聚划算成交额和历史单坑产出水平等进行审核；二审主要是人工对库存、价格具有市场竞争力、商家分值择优录取、是否存在拼款和换款等信息进行审核。

(6) 费用冻结：主要包括保证金和保底佣金两部分。保证金指聚划算为了维护买家权益，冻结商家一定的款项，确保商家根据承诺提供商品和服务，若商家出现付款后不发货、商品有质量问题等情况时，聚划算平台会将保证金赔付给买家。保底佣金是指卖家参加聚划算，当成交额未达到目标成交额(保底交易量)时，需要向聚划算承担的技术服务费；当订单总金额达到或超出目标成交额(保底交易量)时，则全额返还(解冻)保底收费预付款；当订单总金额未达到该类目的保底佣金时，则减去实时划扣的佣金之后所形成的差额部分，从保底佣金中扣除，剩余保底佣金解冻并返还卖家。

(7) 上团前准备：包括信息变更和发布两部分。信息变更是指商品从待审核至开团期间可修改信息，信息变更提交 30 分钟后会完成审核。信息变更不影响发布，在发布状态下仍可以进行变更，待信息变更审核通过后即可生效。发布包括系统发布和自助发布两种模式。系统发布是指在展示开始时，系统自动对符合发布条件的商品进行发布。自助发布是指商家在商品审核通过后，自己选择发布时间进行发布。

4.5.2 品牌团

品牌团是一种基于品牌限时折扣的营销模式。品牌规模化出货，可以快速抢占市场份额，提升品牌认知。品牌团的报名流程主要包括品牌报名、商品报名、上团准备3个阶段，如图4-14所示。

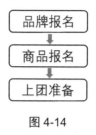

图 4-14

(1) 品牌报名：包括商家报名、商家审核、素材提交3个流程。商家报名的时间为每月4~12日，商家选取对应类目的品牌团报名入口进行报名，并在其中填写品牌名称、期望上团日期、报名类等信息；商家审核的时间为每月13~15日，由系统根据商家分值进行排序，择优录取，审核内容主要包括日均店铺成交额、店铺三项 DSR 评分、历史参聚表现、旺旺响应速度等；素材提交主要包括品牌营销 Logo、品牌营销 Banner、品牌入口、流量入口图、无线 Banner、新版品牌入口、品牌主题、品牌故事介绍(PC端)、品牌故事介绍(无线端)等内容。

(2) 商品报名：品牌团商品报名与商品团报名步骤相同，商品审核与商品团审类似，若商品审核不通过，则在商品审核时间截止前商家可重新补报商品。品牌团建议参团商品数为6~80款，以实际最终参加活动的商品数为准。

(3) 上团准备：品牌团准备工作与商品团相同。

4.5.3 聚名品

聚名品是精准定位"中高端消费人群"的营销模式，以"轻奢、潮流、时尚"为核心定位，聚集高端品牌，其佣金收费方式较灵活，具有单品团、品牌团等多种玩法。聚名品的招商对象为符合聚名品规则要求的天猫旗舰店、旗舰店授权专营店、天猫国际旗舰店、全球购(需认证)、淘宝集市店铺等。

4.5.4 聚新品

聚新品是新品营销效率最高的平台，可以快速引爆新品类及新商品，快速积累新用户群体，形成良好的口碑传播。聚新品适用于具有高潜力和高增长的新品类、国际品牌、国内知名品牌、知名淘品牌、营销能力强且具备规模化的供应链及服务能力的大中型商家，以及拥有创新设计、创意概念、创新技术、属性升级的商品。新品采用"保底+佣金+封顶"的收费模式，要求商品没有销售记录或在 10 件以内，且备货量为 30 万~40 万。淘宝店小二会根据品牌影响力、店铺日常运营能力、投放计划、销售预估、价格优势等指标选择商品。

4.5.5 竞拍团

竞拍团是一种适合中小卖家快速参加聚划算的营销模式，通过市场化的竞价方式，增加中小商家参加的机会，参加拍团的卖家需要通过聚划算首页进入竞报名阶段，找到竞拍坑位入口，然后选择店铺优秀款提交商品，进入提交商品流程，填写价格和数量。审核通过后，商品即为待排期状态，可进入竞拍大厅参与竞拍，对商品进行出价。竞拍成功后可以在保证金页面或者宝贝管理页面支付保证金。

Section 4.6 淘宝客推广

淘宝客是一种按成交计费的推广模式，是可以帮卖家推广商品并获取佣金的人或集体。淘宝客支持按单个商品和店铺的形式进行推广，卖家可以针对某个商品或整个店铺设定推广佣金。淘宝客佣金的范围很广，佣金越高，越容易得到淘宝客的关注。当交易完成后，根据佣金设置情况从交易额中扣除佣金。

4.6.1 淘宝客准入规则

与智钻、直通车的计费方式不同，淘宝客只有产生成交量才会付费，是一种风险较低的推广方式。需要加入淘宝客的卖家，必须满足以下标准。

- 卖家信用等级在一星以上或参加了消费保障计划。
- 卖家店铺动态评分各项分值不低于 4.5。
- 店铺状态正常且出售中的商品数≥10 件。

4.6.2 淘宝客推广类型

为了满足不同类型店铺的需求，淘宝客提供了多种推广方式，如通用计划、定向计划、如意投、淘宝客活动广场等，卖家可根据实际需求设置推广计划。

1. 通用计划

通用计划是保底计划，不能退出，所有淘宝客都可以参加，佣金设置最高50%，属于被动等待的合作形式，比较适合小卖家参加。在【我要推广】页面【淘宝客】选项中单击【开始拓展】按钮，即可开始设置淘宝客活动，如图4-15所示。

图 4-15

2. 定向计划

定向计划是卖家为淘宝客中某一个细分群体设置的推广计划，是一种自选淘宝客的计划，可以自动或手动筛选通过申请的淘宝客，佣金设置最高70%，属于主动选择的合作形式。定向计划的流量相对较低，但精准度和转化率相对较高，可以让卖家获取较大的有效流量。其设置流程包括设置活动标题、设置计划类型和审核方式、设置计划时间、设置类目佣金和设置计划描述。在设置计划名称时，可以直接将佣金加入标题中，以吸引更多优质淘客关注。在设置审核方式时，可选择淘宝客的等级，如果佣金较低，可自动审核；如果佣金较高，则可手动审核。对于手动审核的计划，可在【计划详情】页面的【淘宝客管理】栏中进行查看和审核，同时还可查看淘宝客近期的推广情况。在设置完计划的整体佣金后，也可设置单品佣金，其设置方法与通用计划类似。

定向计划的计划类型如果设置为"公开"，所有人都可见和可申请；如果设置为"不公开",则需手动发送链接给淘宝客。需要注意的是,定向计划设置为暂停或删除将无法恢复,可将新建的定向计划设置为长期推广。

3. 如意投

如意投是系统根据卖家的如意投设置将产品展现给站外买家的一种推广方式,按成交计费,卖家推广风险较低。要参加如意投的商品,系统会根据综合评分进行排名,由阿里妈妈平台为卖家寻找淘宝客进行推广,而不需商家自己寻找淘宝客。如意投具有系统智能、投放精准、管理省心、渠道互补和流量可控等优点,主要展示位置包括中小网站的站外橱窗推广位和爱淘宝搜索页面。

如意投的展位排名规则以综合得分为主。综合得分等于宝贝综合质量分乘以佣金比例。而宝贝综合质量分主要受商品标题属性的相关性、如意投内点击率和转化率以及店铺质量等因素的影响。

如意投计划的设置方法与其他计划的设置方法类似。进入淘宝客首页之后,在【如意投】选项的【操作】栏中单击【查看】超链接,即可对计划进行设置。设置完计划整体的佣金后,也可对单品佣金进行设置,最多可设置100个商品。设置好如意投计划后,在淘宝客首页的【计划管理】栏中单击【自定义字段】按钮,在打开的页面中选择相关选项,即可查询当前设置佣金的情况、质量评分、行业对比等。

4. 淘宝客活动广场

淘宝客活动广场是官方为卖家和淘宝客提供的推广平台,淘宝客在该平台中推出相应活动,卖家选择合适的活动进行报名。淘宝客活动广场中每个活动的要求不一样,只有符合活动要求才可进行报名。淘宝客活动广场具有官方优选淘客资源、报名简单、效果数据可查询和可长期稳定报名等优点,其佣金比例一般较高,适合推广高利润的畅销产品。

在淘宝客首页中选择【淘宝客活动广场】选项,即可进入淘宝客活动广场。淘宝客活动广场的报名流程包括查看活动、报名、选择商品、设置佣金和优化创意。在查看活动时,卖家需要关注行业类目、活动权限、活动推荐等信息。选择合适的活动并报名后,可选择主推商品,并设置商品佣金,淘宝客活动广场主推商品的数目以活动方的要求为准。报名完成后,需等待淘宝客审核。淘宝客活动广场创意优化主要是对图片进行优化,对于未设置创意优化的商品,则默认选择商品主图的第一张图片。

在淘宝客首页的活动类型中选择【活动计划】选项,在打开的页面中可查看活动效果的数据,包括点击率、转化率、销量、销售金额、结算佣金等。

第 5 章

管理员工与维护客户关系

在人力资源管理中，用人和留人也许是最让管理者们头疼的两个环节，而恰恰正是这两个环节左右着店铺的命运；客户资源是展开一切营销活动的前提，维护老客户与挖掘新客户资源同样重要。

Section 5.1 管理员工

网店最重要的资产就是员工，网店的各项工作都需要员工来执行。网店要实现高质量、高效率和高效益的发展，就必须正确管理员工，充分发挥人力资源的效用。在管理方式上，应该强调尊重人的价值和能力，通过关心人、爱护人、激励人，以情感调动员工积极性、主动性和创造性。

5.1.1 怎样管理员工

在招聘人员的时候不能任人唯亲、不能任人为熟，但这仅仅是最低要求。要想真的在合适的位置安排合适的人，这可是一个花时间的过程。明白要招聘什么样的人，还必须透过应聘人员的应聘技巧，看到真实的他。然后花一段时间，对尽可能多的人进行考察，这样才能找到真正合适的人。网店管理者应从以下几个方面来管理员工，如图5-1所示。

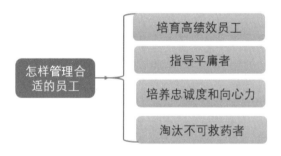

图 5-1

1. 培育高绩效员工

这种员工通过观察期的引导和磨合，会很快适应工作环境，充分发挥出自己的聪明才干，全身心地投入到该职位的工作中。在此情况下，店主应制订出培养计划，并助其作出与店铺相匹配的职业生涯规划，在满足物质需求的基础上增加精神激励，用有价值的个人目标和组织目标促进其成长，使其认同企业文化，逐渐把店铺的发展等同于自己的事业。

2. 指导平庸者

面对喜欢该职位却因为能力问题无法取得高绩效的员工，店主应侧重其工作技能的培训，甚至和该员工一起深入一线，找出实际操作的不足和偏差，因为现场培训和指导的效果要远远强于事后总结。

3. 培养忠诚度和向心力

有些员工具备取得高绩效的能力，但个人发展愿望和志向可能与所在职位存在差异，所以该类员工总是这山望着那山高，只是把现有职位当作通往高薪的跳板。如果一个店铺出现太多这类员工，那么则应该反思一下薪酬制度及企业文化等是否出现了问题。

4. 淘汰不可救药者

招聘面试的目的是挑选具备任职资格又拥有升迁潜力的人选，如果观察期后被鉴定为既不投入工作又没有能力的员工，则应该立即调动岗位甚至辞退。因为这种员工在工作态度和行为上，会给其他员工带来不良影响。

5.1.2 员工管理原则

在管理员工的时候，应该遵循以下原则，如图 5-2 所示。

图 5-2

1. 充分了解原则

作为网店管理者，要想充分地认识员工不是一件容易的事情，即使是在同一部门相处了较长的时间。对于员工的出身、学历、经验、家庭环境,以及兴趣、专长等的了解,对网店管理者而言是相当重要的,但这只是对管理者最起码的要求。

了解员工的真正意义在于懂得员工的思想。管理者若能在这些方面与员工产生共鸣,员工就会感到自己的上司是了解自己的。在充分了解员工之后,管理者必须做到知人善任,能使每个人在其工作岗位上发挥最大的潜力。或给自己的员工足以考验其能力的挑战性工作,并且在其面临种种困境时,给予适当的指导,引导他走出困境,从而使员工在实践中不断地磨炼自己,迅速提高自己的工作能力。总之,管理者与员工彼此之间要相互了解,在心灵上达成默契,这一点对于网店的管理者来说尤为重要。

2. 相互沟通原则

作为管理者,都有强烈的自我主张,这种倾向有助于果断、迅速地解决问题,但同时也会使管理者一意孤行,听不进他人尤其是下属的意见,导致决策失误。在网店的管理中,一个好的建议、有创意的想法,可能会给网店带来销售额的大幅度增加、服务质量的提升等,而经常与员工沟通,尤其是倾听员工的意见是成功管理网店的明智做法。

一个好的管理者要让自己的员工知道,你不仅允许,而且鼓励他们提出自己的看法和主张,并且会认真地加以对待。平等地与员工进行沟通交流并尊重他们的意见,下属就能比较自由地提出自己的观点,或对别人的看法进行发挥。

在网店的管理中,与员工进行交流沟通,也是团结员工、调动员工积极性的重要途径。如果一个员工的思想出了问题,则会失去工作热情,要他出色地完成你交给他的任务是不可能的。这时,作为管理者,应及时地与他进行交流沟通,找出问题的症结,解决他的问题或耐心开导,才能有助于管理目标的实现。同时,对待犯错误的员工,也应当采取沟通的办法,不应一味责难他们,而应给他们解释的机会。

3. 方法创新原则

由于客观的社会环境处于经常变化之中,不同时期、不同群体的特性和心态是不一样的,而不同的个体在性格和行为方法上更是千差万别。因此,管理者应不时地进行方法创新,根据不同的情况,采用新的方法解决新的问题。如果一个管理者看见自己的某套方法在一段时间内对某一群员工行之有效,就不愿改进,则那套方法很快就会因时间的推移或管理对象的变化而失效。

第5章 管理员工与维护客户关系

4. 德才兼备原则

人才的首要标准就是德才兼备。"德"是指符合社会文明要求及职业道德要求的德行;"才"是指从事该项职务必须具备的知识、经验和能力。在网店的员工管理当中,管理制度上应尽可能对每项职务做出具体规定,这样在招聘选拔人才时才能有据可循。

5. 以身作则原则

对员工的管理最终要落到员工对管理者或下属对上司的服从上来,这种领导与服从关系可以来自权力或权威两个方面。网店的管理者要想成功地管理自己的员工,特别是管理比自己更优秀的员工,就必须首先做到以身作则,形成自己的人格魅力,因为它所带来的权威比行政权力更重要。当然,一个有权威的管理者不能仅靠下属出主意,不能将一切失误归咎于下属,他还必须有超群的智慧和才能,并且敢于承担责任。

6. 合理竞争原则

在网店内部,员工之间也是存在竞争的,竞争有正当竞争和不正当竞争。作为网店管理者,应随时关注员工心理的变化,适时采取措施,防止不正当竞争。为此,人员管理应有一套正确的业绩评估机制,要以工作实绩评估其能力,不要根据员工的意见或上级领导的偏好、人际关系来评价员工,尽可能地使考评公平、公正、客观。同时,网店内部应建立正常、公开的信息渠道,让员工多接触、多交流,有意见正面沟通,从而创造一种合理的竞争气氛。

7. 适当激励原则

在网店管理当中,应运用各种激励方法去激发员工的工作潜能。因为每个人的潜能是不同的,对不同特质的人,采取不同的刺激手段才可能达到最佳效果。

5.1.3 制定员工管理制度

下面给大家列举一个某网店员工管理制度范本,创店初期的卖家可以进行参考,然后根据店铺规模和店铺实际分工自行调整。

- 上班时间:白班 8:30~17:30,晚班 17:30~凌晨 1:00,每周单休,做六休一,休息时间由组长轮流安排,晚班客服下班时间原则上以 1 点为准,如还有客户在咨询,接待客服工作自动延长。白班客服下班前要和晚班客服做好工作交接,晚班客服下班前把交接事项写在交接本上。
- 每位客服一本备忘录,在工作过程中,每遇到一个问题或想法马上记录

- 下来，相关办公文件到行政部登记领取，如有遗失，自己补足。
- 每周一早上 8:00 召开公司例会，晚班客服下午 5 点由部门经理主持会议，传达早上的会议内容，每位客服都需要汇报一下自己上一周的工作及接下来需要改进的地方。
- 在工作中要学会记录，记录自己服务的客户成交比率，学会计算，才会想要进步。
- 新产品上线前，由市场部同事负责给客服上课，介绍新产品，客服必须在新产品上架前掌握产品属性。
- 接待好来咨询的每一位顾客，文明用语，礼貌待客，不得影响公司形象，如果一个自然月内因服务原因收到买家投诉，一次罚款 50 元，第二次翻倍，三次以上自动离职。
- 每销售完一笔订单，都要到交易订单里面备注自己的工号，插上小红旗，以便网店管家抓取订单计算提成，如没备注，少算的提成自己承担损失。
- 如遇客户需要添加订单的情况，先查看该客户的订单备注信息，若制单客服备注该笔订单已读取，让客户另附邮费，若没见制单备注，第一时间联系制单客服添加订单。
- 上班时间不得迟到、早退，有事离岗需向主管请示，如需请假，事先联系部门经理，参考员工薪资管理制度。
- 上班时间不得做与工作无关的事情，非 QQ 客服，除阿里旺旺外，一律不准上 QQ、看电视和玩游戏，严禁私自下载安装软件，违者罚款 10 元一次。
- 上班时间可以听音乐，但声音不能太大，不能戴耳机听，防止同事之间沟通不便，如有同事正在电话沟通客户，请自觉将声音调小，不得大声喧哗。
- 上班时间服装穿着不做严格规定，但不许穿拖鞋及过于暴露的服装。
- 没顾客上门的时候，多巡视网店后台、推荐橱窗位，发现上架的宝贝数量低于 10 件的，第一时间到网店管家中查看库存，然后将该宝贝的实际库存通知其他同事注意。
- 保持桌面整洁，保持办公室卫生，每天上班前要清洁办公室，每人一天，轮流清理，有事不能打扫，需提前换好班，违者罚款 10 元一次。
- 公司新员工入职后，辅助市场部对新员工进行上机操作培训工作，一人带一个，上手最快的，带教老师可获 150 元奖励，第二名可获 100 元奖励,第三名可获 50 元奖励。
- 严格恪守公司秘密,不得将同事联系方式随意透露给他人,违者罚款 10 元一次。
- 所有罚款存入部门基金箱,透明操作,作为部门活动经费。
- 其他未尽事项由部门经理决定。

5.2 挖掘新客户与维护老客户并存

本节导读 网店如何才能有生命力?那就是不断吸引新客户并把他们变成老客户。老顾客的作用,是可以在店铺上新品的时候给新品销量做基础,可以在产品活动时冲销量,也可以在宝贝降权的时候拉权,等等。

5.2.1 潜在需求的特征

挖掘新客户,其实是在挖掘客户的潜在需求。什么是潜在需求?所谓潜在需求,又称间接需求,是指由于主客观原因未能表达出来的隐藏于现象内的需求。潜在需求经过量的累加或外部因素的刺激可以转化为现实需求,而现实需求一般不会再转化为潜在需求,它只在不被满足或服务人员未发现的情况下才又转化为潜在需求。潜在需求包括以下几个特征,如图 5-3 所示。

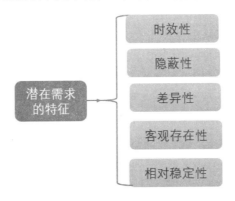

图 5-3

1. 时效性

所谓潜在需求的时效性，是指潜在需求并不是始终如一、长期保持不变的，它是随着环境的异同、客户情绪的变化或时间的推移而发生改变的，它可能转化为现实需求，也可能化为乌有，还有可能演变成客户的抱怨或投诉。作为微商，我们应在客户产生潜在需求时，通过细心观察和分析研究，及时挖掘客户的潜在需求并实施服务。

2. 隐蔽性

潜在需求的隐蔽性不言而喻，它是潜在需求区别于现实需求的主要特征。潜在需求的隐蔽性也正是我们微商难以发现和挖掘的主因。我们在挖掘客户的潜在需求时，不仅要提高自身的观察能力，更要不断提高逻辑推理能力、分析判断能力，透过现象看本质，才能真正抓住客户的潜在需求。

3. 差异性

这里的差异性是指不同的客户具有不同的潜在需求。客户性格决定着客户潜在需求的差异性。如有的客户性格内向不喜欢话多的人，在和这类客户进行沟通时，就要言简意赅，不要啰唆，否则会引起客户的反感；而对那些性格开朗喜欢交谈的客户，在沟通时，可以延长交谈的时间，无论工作内还是工作外的事，只要客户喜欢谈就行。微商应对不同性格的客户进行细分，并针对每个细分客户采取不同的服务方式。

4. 客观存在性

潜在需求的客观存在性是指潜在需求是客观存在的，是能够通过观察、分析和研究，而被服务人员发现和挖掘并实施服务的。

5. 相对稳定性

客户的潜在需求具有相对稳定性，是指它在一定时期内或一定条件下是稳定的，是不会发生转移的；但这种稳定性又是相对的，过了某个时效或条件发生改变时，客户的潜在需求也就会发生变化或转移。我们微商在客户的潜在需求处在稳定的状态下进行挖掘，才能实施有效服务。说到底，也就是在客户潜在需求尚在的情况下及时挖掘，才能提高服务的时效性和服务质量。

5.2.2 如何寻找客户群

网络市场如海洋，有大量真伪难辨的信息，更有纷繁复杂的客户群体，想要把这海洋里的鱼儿一条不漏地整网打上来，实在是没有这么大的网。我们只能有选择地把属于自己的，有能力捕捉到的这一小品类的鱼群列入我们撒网的范围并进行捕捞，这才是网店卖家的使命所在。那么如何才能精准地寻找到并且获得自己的客户群体呢？

要想找到新客户，首先我们要知道自己产品的目标群体是哪些人。例如，手工皂的消费群体一般以中青年居多，且以女性白领居多，因为这是一种时尚天然的护肤清洁产品，追求高品质生活的人群都比较热爱它。然后我们需要找到这些人群会经常浏览什么类型的网站、App 等，他们在哪里逗留，那么我们的广告也要投放在哪里，这样才能得到精准的流量。

经过这样的分析，我们就可以展开以店铺为立足点，以阿里内站为关键环节，以外网作为辅助的一个整体性的寻找精准客户的拉网式营销，来寻找符合要求的客户群，具体的营销方法我们可以从以下几个方面入手，如图 5-4 所示。

图 5-4

1. SEO 优化

无论怎样的营销方式，都要围绕店铺开展，而优化店铺，尤其是产品标题，是获得免费精准流量的最基础，也是最重要的方式。SEO 优化有很多课程，而且讲解得非常细致，这里一定要注意"精准"二字。在进行优化的时候，千万不要眉毛胡子一把抓，阿里的后台也有标题优化工具，但它只供参考，如果你全部听这个工具的，那么就会误入歧途，毕竟这只是工具，它会将有一点相关性的词都搜索出来，这时候就需要卖家甄别了：哪些是与宝贝最相符合，也就是最精准的。一定要选最精准的长尾词，这样带来的客户才是意向性最强的。

2. 利用好阿里后台工具

在阿里后台中，有 3 个不错的工具，分别是生意参谋、询盘管理、精准营销，这 3 个工具都是用来帮助运营店铺的，但是又各有各的用处，统一运作起来，可以分析客户的行为习惯、店铺流量、地域特征，也可以有针对性地发送信息并进行促销，非常实用。

3. 找到属于自己的行业圈

论坛营销是获得免费流量的又一大途径，现在商友圈替代了论坛，成为阿里一个非常重要的工具。商友圈的流量比较杂，所以我们应尽可能地选择自己的行业圈。例如店铺卖化妆品，属于美妆日化类目，可以选择长期在家居百货商圈进行推广，这样流量的来源会更精准一些。

4. 经常参加所属行业的专场活动

要经常报名所属行业的专场活动，如伙拼、大促等。还要主动配合阿里小二的活动，如达到勋章要求，在旺旺群晒单，只有这样才能获得更多曝光机会。

其实获取流量的方法和渠道很多，但我们要会甄别，这样才能够充分利用自己的资源，用最少的人力和精力，获取利益的最大化，这就是精准营销。

5.2.3 维护老客户

回头客营销主要是针对购买过的用户。要做好回头客营销很简单，比如推送信息、发送短信等，都是回头客营销的基本操作，只要产品没有问题，回头客是会经常复购的。回头客能带来的利润是非常高的，很多新店主不在乎这一点，没有这个意识，损失很大。老客户购买很快还会带来新客户。回头客营销算是情感营销，平时需要经常维护。如果没有老客户，就需要自己慢慢积累，积累到了一定程度就会自动裂变，不然永远就只能走付费获取客户的渠道了。如图 5-5 所示为新客户向老客户转化的过程。

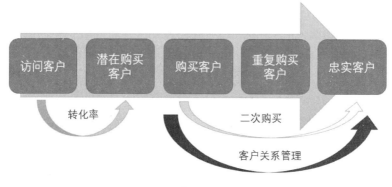

图 5-5

网上开店的卖家普遍认为老客户维护比新客户开发要简单容易得多，而且老客户所创造的商业价值更大、更有突破性，所以再次提醒卖家们一定不能忽视自己的老客户，而且要善于维护和挖掘老客户的潜力。如何挖掘老客户的消费潜力，可从以下几个方面入手，如图5-6所示。

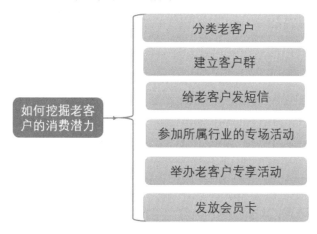

图 5-6

- 要利用搜集的资料把 QQ 或旺旺上面添加的老客户分类，如可以按买家的消费层次、风格、会员等级等一些信息来做分类，这样既方便管理，又能有针对性地给这些客户制定一些特殊活动。
- 可以建立一个 QQ 群或旺旺群，把这些客户都拉进去，建立一个互动平台，平时可以让这些买家在群里沟通，而且也可以在群里做一些活动，活跃群里的气氛。
- 可以利用短信的方式给老客户发送一些信息，主要是针对一些中高级的会员来发送，比如节日的时候可以发一些祝福信息，客户生日的时候可以发送一些生日祝福；当然除了发信息问候，还可以利用电话、邮件、旺旺和寄送礼品等方式来表达问候。
- 店铺上新产品，就可以找一个特殊的日子告诉客户，或者做一些只有会员才能购买的会员专享活动，让这些老客户的心里感受到存在感。
- 发送会员卡，可以根据会员等级的标准相应做一些折扣。为了更好地管理和维护以及和老顾客互动，可以建立一些互动平台。

5.3 售前与售后客服

售前与售后服务可以有效地拉近与顾客的感情，获得顾客宝贵的意见。以顾客的亲身感受来扩大店铺的影响，最能体现网店对顾客利益的关心，从而为店铺树立富有人情味的良好形象。因此，网店经营者必须重视客服，打造一个优秀的客服团队。

5.3.1 客服服务的意义

淘宝客服在网店的推广、产品的销售以及售后的客户维护方面均起着极其重要的作用，要做好淘宝客服，首先要了解淘宝客服服务的意义，如图 5-7 所示。

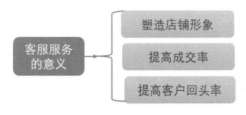

图 5-7

1. 塑造店铺形象

对于网店而言，买家看到的商品都只是图片，因为看不到产品本身，往往会产生怀疑和距离感。这个时候，买家通过与客服在网上交流，可以逐步了解商家的服务态度以及商品的属性。

客服真诚的问候，能让买家真切地感受到卖家的用心。这样会帮助买家放弃开始的戒备心理，从而在买家心目中逐步树立起店铺的良好形象。

2. 提高成交率

很多客户都会在购买之前针对不太清楚的内容询问商家，或者询问优惠措施，等等。客服如果能及时地回复客户的疑问，可以让客户了解需要的内容，从而立即达成交易。

针对不一样的客户，客服需要不一样沟通方式，这就要求客服人员具备良好的沟通技巧，包括及时回复，礼貌热情；热心引导，认真倾听；议价时以退为进，促成交易；及时核实，买家确认；热情道谢，欢迎再来。

3. 提高客户回头率

当买家在客服良好的服务下完成了一次交易后，买家不仅了解到卖家的服务态度，也对卖家的商品、物流等有了切身的体会。

当买家需要再次购买物品的时候，就会倾向于选择他所熟悉的卖家，从而提高客户再次购买的概率。

5.3.2 客服必备的知识和能力

知识就是力量，这句话在网络零售业一样适用，拥有丰富产品知识的专家型客户服务人员更容易让顾客产生信赖，从而产生购买的冲动，因此知识也可以成为推动销售的力量。客服必备的知识和能力包括以下几个方面，如图5-8所示。

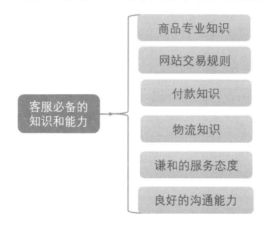

图 5-8

1. 商品专业知识

商品专业知识又包括商品知识和商品周边知识。

- 商品知识：客服应当对商品的种类、材质、尺寸、用途、注意事项等有所了解，最好还应当了解行业的有关知识、商品的使用方法、修理方法等。
- 商品周边知识：商品可能会适合部分人群，但不一定适合所有的人。如衣服，不同的年龄、生活习惯以及不同的需要，适合不同的衣服款式，再比如有些玩具不适合太小的婴儿，这些情况都需要客服人员有基本的了解。

2. 网站交易规则

卖家应该把自己放在一个买家的角度来了解淘宝的交易规则，以更好地把握自己的交易尺度。有的时候，顾客可能第一次在淘宝交易，不知道该如何操作，这个时候，我们除了要指点顾客去查看淘宝的交易规则，有些细节上还需要指导顾客如何操作。

此外，我们还要学会查看交易详情，了解如何付款、修改价格、关闭交易、申请退款等。

还要了解支付宝的原则和时间规则，可以知道顾客已经通过支付宝完成交易、查看支付宝交易的状况、更改现在的交易状况等。

3. 付款知识

在淘宝网上交易一般是通过支付宝。支付宝网上交易是安全的，可以申请数字证书，有电话提醒，还有许多的安全保证。如果顾客因为各种原因拒绝使用支付宝交易，需要判断顾客确实是不方便还是有其他的考虑；如果顾客有其他的考虑，应该尽可能打消顾客的顾虑，促成支付宝交易。

4. 物流知识

了解不同物流方式的运作方式，一般物流为邮寄，邮寄分为平邮(国内普通包裹)、快邮(国内快递包裹)、EMS，最好还应了解国际邮包(包括空运、空运水陆路、水路)。快递又分为航空快递包裹和汽运快递包裹。货运分汽运和铁路运输等。

了解不同物流方式的价格：如何计价，价格的还价余地等。

了解不同物流方式的速度。

了解不同物流方式的联系方式，在手边准备一份各个物流公司的电话，同时了解如何查询各个物流方式的网点情况。

了解不同物流方式应如何办理查询。

了解不同物流方式的包裹撤回、地址更改、状态查询、保价、问题件退回、代收货款、索赔的处理等。

常用网址和信息的掌握：快递公司联系方式、邮政编码、邮费查询、汇款方式、批发方式等。

5. 谦和的服务态度

在与买家的沟通中，对买家保持谦和友好的态度非常重要。一名合格的客服人员，应具备严谨的工作作风、热情的服务态度、熟练的业务知识、积极的学习态度等，能耐心地向客户解释，虚心地听取买家的意见。

6. 良好的沟通能力

沟通与交流是一种社会行为，是每时每刻发生在人们生活和工作中的事情。客户服务是一种技巧性较强的工作，作为网店的客服人员，更需要掌握和不断完善与客户沟通的技巧。

1) 使用礼貌有活力的沟通语言

态度是个非常有力的武器，当你真诚地、真实地把客户的最佳利益放在心上时，客户自然会以积极的购买行为来回应你的行动和态度。而良好的沟通能力是非常重要的。沟通过程中其实最关键的不是你说的话，而是你如何说话。

让我们看下面小细节的例子，来感受一下不同说法的效果：

- "您"和"MM 您"比较，前者正规客气，后者比较亲切。
- "不行"和"真的不好意思哦"，"嗯"和"好的没问题"，都是前者生硬，后者比较有人情味。
- "不接受见面交易"和"不好意思我平时很忙，可能没有时间和你见面交易，请你理解哦"，相信大家都会认为后一种语气更能让人接受。

多采用礼貌的态度、谦和的语气，就能顺利地与顾客建立起良好的沟通。

2) 遇到问题，多检讨自己少责怪对方

遇到问题的时候，先想想自己有什么不足的地方，诚恳地向顾客检讨自己的不足，不要上来先指责顾客。比如有些内容明明写了顾客却没有看到，这个时候不要指责顾客不好好看商品说明，而是应该反省自己没有及时提醒顾客。

3) 多换位思考有利于理解顾客的意愿

当我们不理解顾客想法的时候，不妨多问问顾客是怎么想的，然后把自己放在顾客的角度去体会他的心境。

少用"我"字，多使用"您"或者"咱们"这样的字眼，让顾客感觉我们在全心地为他考虑问题。

4) 表达不同意见时尊重对方立场

当顾客表达不同的意见时，要力求体谅和理解顾客，表现出"我理解您现在的心情，目前……"或者"我也是这么想的，不过……"来表达，这样顾客能感觉到你能体会他的想法，能够站在他的角度思考问题，同样，他也会试图站在你的角度来考虑问题。

5) 认真倾听，先了解客户的情况和想法，再做判断和推荐

有的时候顾客常常会用一个没头没脑的问题作为开头，比如"我送朋友送哪个好"或者"这个好不好"。不要着急去回复他的问题，而是先问问顾客是什么

情况，需要什么样的东西，如果他自己也不是很清楚，你就来帮他分析情况，然后站在他的角度来帮他推荐。

6) 保持相同的谈话方式

对于不同的顾客，我们应该尽量用和他们相同的谈话方式来交谈。如果对方是年轻的妈妈给孩子选商品，我们应该表现站在母亲的立场考虑孩子的需要，用比较成熟的语气来表述，这样更能得到顾客的信赖。如果你自己表现得像个孩子，顾客会对你的推荐表示怀疑。

如果你常常使用网络语言，在和顾客交流的时候，有可能他对你使用的语言不理解，会感觉和你交流有障碍，有的人也不太喜欢年轻态的语言，所以建议大家在和顾客交流的时候，尽量不要使用太多的网络语言。

7) 经常对顾客表示感谢

当顾客及时完成付款，或者很痛快地达成交易时，我们都应该衷心地对顾客表示感谢，谢谢他这么配合我们的工作，谢谢他为我们节约了时间，谢谢他给了我们一个愉快的交易过程。

8) 坚持自己的原则

在销售过程中，我们会经常遇到讨价还价的顾客，这个时候我们应当坚持自己的原则。

如果商家在制定价格的时候已经决定不再议价，那么我们就应该向要求议价的顾客明确表达这个原则。

比如说邮费，如果某位顾客不符合包邮优惠，而给其包了邮，钱是小事，但后果严重：其他顾客会觉得不公平，使店铺失去纪律性；给顾客留下经营管理不正规的印象，从而小看你的店铺；顾客下次来购物还会要求和这次一样的特殊待遇，或进行更多的议价，这样你需要投入更多的时间成本来应对。在现在的快节奏社会，时间就是金钱，珍惜顾客的时间也珍惜自己的时间，才是负责任的态度。

5.3.3 客服沟通原则

网店经营中，客服与顾客虽然不能直接面对面交流，但是与顾客打交道的时候，必须更注意技巧，否则顾客流失的速度会比实体店要快很多。下面介绍一些网上与买家沟通的基本原则，如图5-9所示。

1. 为顾客着想

客服在为顾客服务的时候，首先要考虑如何节省顾客的时间，为顾客提供便利快捷的服务。所以，设身处地为顾客着想，以顾客的观点来看待商品的陈列、商品的采购、商品的种类、各项服务等，才会让顾客感到方便满意。

图 5-9

2. 满足顾客的尊荣感和自我价值感

要赢得顾客的满意，不能仅是被动式地解决顾客问题，更要对顾客需要、期望和态度有充分的了解，把对顾客的关怀纳入到自己的工作和生活中，发挥主动性，提供量身定做的服务，真正满足顾客的尊荣感和自我价值感，不要只是让顾客满意，还要让顾客超乎预期的满意。

3. 尊重顾客

顾客的购买过程是一个在消费过程中寻求尊重的过程，顾客对于网上购物活动的参与程度和积极性，很大程度上在于店主对顾客的尊重程度。客服需要给予顾客充分的信任和尊重，永远真诚地视顾客为朋友，这样才能让顾客消费得开心、放心。

5.3.4 售前客服工作内容

售前客服工作内容包括欢迎、了解多样式需求、挖掘需求、成交后的引导以及总结 5 个方面，如图 5-10 所示。

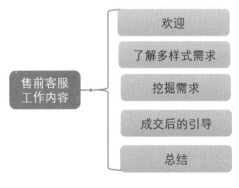

图 5-10

1. 欢迎

(1) 进门便是客，及时回复，礼貌热情，多用表情。打招呼虽然简单，但一定要考虑如何让顾客感受到尊重，多用礼貌用语，多用合适的表情。例如：亲您好，欢迎光临×××，我是客服×××，很高兴为您服务，亲有什么需要帮助的吗？

(2) 加好友、分好组、留档案。

2. 了解多样式需求

解决问题、打消顾虑，例如在缺货缺色的情况下，我们不要单纯地回绝客户，而是细心地根据客户喜好找到其消费需求，进而耐心地为其推荐相似款式，或者为后期合理推销埋下伏笔。

3. 挖掘需求

对于有购买意向、已经询问了商品具体细节的买家，需及时跟进，不要放走顾客；客户拍下宝贝未付款时，应进行友情催单，及时了解问题所在，耐心协助解决问题。

4. 成交后的引导

成交后客服可以向买家发送其他与已购买商品配套使用的产品。

5. 总结

(1) 收集整理顾客常问问题。例如：我现在拍下什么时候发货？到货需要多少天？有赠品吗？是正品吗？发什么快递？

(2) 复盘聊天记录，反思顾客为什么没有成交，没有购买。

(3) 不断跟其他同行进行聊天，模拟真实购买流程，吸取他人话术精髓。

5.3.5 售后客服工作内容

售后客服工作包括以下内容。

- 负责收集回头客信息(售后客服需要添加线上购物的所有客户旺旺为好友)，了解并分析客户需求，规划回头客服务方案。
- 对前一天的遗留售后问题进行跟踪，负责进行有效的客户管理和沟通。
- 负责建立客户服务团队以及培训客户代表等相关人员。
- 定期或不定期进行客户回访，以检查客户关系维护的情况。
- 负责发展维护良好的客户关系。

- 建立客户档案、质量跟踪记录等售后服务信息管理系统，对老客户进行分门别类归档。
- 配合售前进行店内 VIP 的折上折。
- 和财务、快递公司、仓管员、主管联系人进行相应沟通。
- 配合售前进行掌柜说、微博等的运营推广。
- 对刷交易、实际交易产品件数每周进行相应统计，及时核对产品信息。
- 通过阿里旺旺和客户沟通，解答客户提出的各种问题，达成交易。
- 负责收集客户信息，了解并分析客户需求，规划客户服务方案。
- 负责组织公司产品的售后服务工作。
- 负责及时跟踪货品发货动向，及时与用户沟通，避免用户不满意。

5.3.6 客服人员的工作模式

网店的规模和经营方式不同，网店中客服人员的工作模式也不一样，一般来说，主要有集中化工作模式和分散化工作模式两种，不同模式的客服人员的招聘和选择方式也不一样。其中，集中化工作模式是指网店拥有自己专门的客服团队和工作地点，实行统一管理。分散化工作模式是指以远程的方式建立起来的团队管理模式，客服人员分散各地，只通过同一个平台联系和共事。

- 集中化工作模式：集中化工作模式对客服人员的要求更高，在数量和质量上都更严格，对客服人员的任职标准也有一定的要求。招聘这种客服人员时，一般可以通过招聘会、网络平台等发布招聘信息，通过笔试和面试等方式进行选择。
- 分散化工作模式：分散化工作模式多适用于小型网店，成本较低，对客服人员的要求也相应较低。分散化工作模式的客服人员一般可通过网络来招聘时间充足的人员，通过远程方式对其进行指导和监督。

5.3.7 客服人员的招聘与选择

招聘员工如同相亲一样，大家见面后需要通过各种方式相互了解，看看是否适合对方。不适合的话，即使勉强在一起了也会以分手告终。所以在招聘过程中，选到适合自己的人才是最重要的，一方面可以提高员工入职以及管理的效率，另一方面也避免招到不合适的员工，导致人力物力的极大浪费。那么作为一家淘宝店铺，该如何招聘到合适的客服人员呢？

首先要看你需要的客服应该具备哪些素质，这样才能有针对性地制定方案来面试和考核应聘的人是否适合这个岗位。当然，不管什么岗位，人品是第一位的，人品不好，就是再优秀的人才也不能用。

没有十全十美、面面俱到的人才，要看你看中的是哪些能力，哪些能力是必须具备的，哪些能力是入职后还可以培养的。按照你的标准罗列一个明确的招聘计划和招聘表格。根据客服的岗位职责，笔者认为客服主要具备的是以下几种能力，如图 5-11 所示。

面试反馈表				
客服能力	优（10-9分）	良（8-6分）	中（5-3分）	差（2-1分）
打字速度				
求职动机				
亲和力				
工作稳定性				
专业技能				
主动性				
应变能力				
情绪管理				
执行力				
沟通能力				
总分				

图 5-11

根据对应聘者的要求制定面试流程。首先要了解应聘者的简历，同时让应聘者有 3 分钟的自我介绍时间，对应聘者有个整体的了解，然后针对以上的能力分别制定问题来了解考察应聘者是否具备客服的能力。考核内容以及面试问题包括以下方面。

1. 打字速度

面试前先发一段文字让应聘者输入，测试打字速度。

目的：打字速度是对客服的基本要求，50 字/分钟是基本水平。

2. 求职动机

提问：你对客服岗位了解吗？你是怎么评价它的呢？为什么要选择做客服？为什么会选择我们公司？你认为网店和实体店客服最大不同在哪里？

目的：考察应聘者是否有主动了解过工作岗位，目的性是否明确，是否积极主动。

3. 亲和力

提问：你认为你最大的优点是什么？缺点是什么？你是如何评价你自己的？添加应聘者 QQ 或者微信，大概了解其性格以及社交情况。

目的：了解应聘者的性格特点，是否具备亲和力，是否热情。

4. 工作稳定性

根据应聘者的工作履历，询问每次离职的原因。

目的：了解应聘者的忠诚度以及工作稳定性。

5. 专业技能

提问：你在之前工作过的公司，每个月的底薪是多少？每个月平均提成大概有多少？如果有客户说你公司的产品贵，你会如何回答呢？列举一两个你认为最棘手刁钻的客户或者售后问题，你是如何处理的？

目的：了解应聘者的销售技能以及沟通能力。

6. 主动性

提问：你在之前工作的岗位，有没有碰到过你认为比较大的困难？最后是怎么解决的呢？碰到客户咨询的产品缺货或者断码，你会怎么做呢？

目的：了解应聘者在有困难时，是否懂得积极主动寻求帮助；在销售中出现问题是否会积极应对。

7. 应变能力

提问：你的老板让你承担非你本职工作的任务，而接下任务的话，你就无法按时完成自己的本职工作，这种情况下你该怎么办？你认为什么样的人最难在工作中一起共事？在这种情况下，你用什么方法和这样的人成功共事？

目的：用比较敏感的话题设定情景，看应聘者是否有很好的应变能力。

8. 情绪管理

提问：你与同事一同完成一项任务，因为同事的原因导致了很大失误，领导在总结会上当众批评了你，却没有批评同事，你会怎么办？碰到蛮不讲理的客户，你是如何调整心态的？

目的：考察应聘者的情绪管理能力，是否能在不同的外界环境下，保持心态平稳，理性应对事情。

9. 执行力

提问：公司新出了促销政策，你如何在工作中执行这个促销方案？

目的：考察应聘者的执行能力，对公司下达的政策要求是否能执行到位。

10. 沟通能力

从整个面试过程看应聘者的语言表达是否流畅，沟通是否顺畅。

面试官在面试完后，对应聘者做出客观公正的评分，至少要 6 分才能准予试用。应聘者没有"好与坏"之分，只有"适合与不适合"之分，适合这个岗位的就是最好的。网店要确保招聘进来的人是了解、认可这个岗位的，并且是适应这个工作的，能够在这个岗位上发挥出客服的最大潜能。

5.3.8 客服人员的激励方法

为了使客服人员保持积极向上的工作态度，使客服团队获得良性的可持续发展，网店必须对客服人员进行必要的激励。常用的客服人员激励方法主要有奖惩激励、晋升激励、竞争激励和监督激励等，如图 5-12 所示。

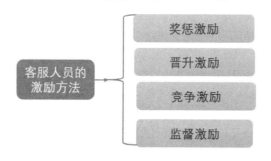

图 5-12

1. 奖惩激励

奖惩激励是指通过制定奖励和惩罚条款对客服团队进行激励，鞭策和鼓励整个团队向更好的方向发展。

1) 奖励机制

网店一般可以采取精神奖励和物质奖励两种方式激励客服人员，通过奖励机制，可以有效地调动人员的积极性，优化整个团队的风气。

- 精神奖励：精神奖励是一种以满足精神需要为主的奖励形式，可以激发员工的荣誉感、进取心和责任心。网店可以根据自己的实际情况来制定精神奖励的标准，将奖项设置为新人奖、季度优秀服务奖、年度优秀服务奖，或 C 级服务奖、B 级服务奖、A 级服务奖等，并对不同等级的客服人员颁发相应的荣誉奖章等。

- 物质奖励：物质奖励主要表现为薪资福利奖励，这对调动客服人员的服务积极性非常有效，网店可以根据实际的要求和标准制定不同的奖励等级，为满足标准的员工发放相应奖励。

2）惩罚机制

惩罚机制是指网店制定专门的惩罚条例，对表现不好、不合格或犯错违规的客服人员进行相应的惩罚，主要目的是鞭策员工积极向上，保持团队的专业性和责任感，也是对员工行为的一种规范。惩罚形式一般以警告、批评、扣除奖金为主，情节严重者也可进行淘汰。

2. 晋升激励

晋升激励是指为客服部门划分不同的层级职位，对员工的工作能力进行考察，能力优秀者则可获得晋升的平台和空间。晋升激励可以充分调动员工的主动性和积极性，打造和谐、卓越的客服团队，同时为每位客服人员实现自我价值提供机会。

一般来说，客服部门可以划分为客服人员、客服组长、客服主管和客服经理等层级，但在使用晋升机制激励员工的同时，网店必须为客服人员制订相应的培训计划，制定相应的选拔和任用制度，树立员工的学习标杆，引导其他员工不断学习和改进，才可使晋升机制真正发挥出良好的效果。

3. 竞争激励

营造积极良性的竞争氛围是网店科学管理客服团队的有效手段。良性竞争不仅可以促使员工之间互相学习，发现并弥补自身的不足，还可以使整个团队在一种积极向上的环境里持续提高。

科学良性的竞争机制一般可以借助数据作为支撑，清晰明确的数据可以让员工清楚地看到自身的不足以及对手的优点，从而不断督促自己做出更好的成绩。

4. 监督激励

监督激励是指管理者对客服人员的工作态度、工作成绩、客户满意度和员工认可度等进行跟踪、督察、管理，使其工作效果达到预期目标。此外，通过对客服工作进行监督，管理者还可以评估客服人员的工作效率，并将其作为客服考核的指标之一。监督方法主要包括管理者评价、问卷调查等方式。

Section 5.4 秘籍分享——维护客户与客户服务实用技巧

通过本章前面的学习,用户已经掌握客服服务基础方面的知识,包括售前服务、售后服务、管理员工、挖掘新客户与维护老客户、客服必备的知识和客服沟通等,本节将详细介绍维护客户和客户服务工作方面的实用技巧。

5.4.1 遇到退换货的处理办法

当顾客因为对已购买的商品不满意而希望退货的时候,从店铺服务顾客的立场,必须接受顾客退货的要求。但是接受顾客退货的时候,也并不是无条件百分之百地接受,要视情况而定,要在允许范围之内接受退货或换货。

客服必须依据店铺有关顾客退货或换货的标准来进行操作。如果不严格按照标准操作,不但造成工作人员莫衷一是,而且就连顾客也会对店铺产生不信任的感觉。

一般情况下,以生鲜食品为主的商品,原则上是拒绝退货的,因为容易造成运输中产品的腐坏,不能进行二次销售。至于服饰类,因为衣服具有淡旺季的特性,所以除了特别情况之外,一般接受退货的期限是在7天以内。

另外,退货的理由也是一个问题。如果客服依据店铺的标准不能接受顾客的退货,这时候不妨建议顾客更换其他商品。退货自然是越早越好,如果在几个小时之内要求退货,店方应该很高兴地接受退货的要求。

如果确实不能接受顾客退货,应该开始就清楚地说明理由。这种情况,必须非常注意措辞、态度等,绝对不可以破坏对方的心情。如果是不得不接受退货,也应该一开始就心情愉快地接受,第一时间就把钱退给顾客,送客的时候,请顾客再次光临。这样,顾客才会觉得店家有信誉,从而建立良好的口碑。

(1) 退货:当买家对收到的商品不满意时,即可申请退货。在买家申请退货时,卖家应该先了解退货的原因,以及是否符合退货要求,确认之后再将卖家的退货地址告知买家并请买家告知物流凭证,收到货物后尽快给买家退款。目前买家在淘宝申请退货时,淘宝网会根据买家的信用等级直接退还货款。

(2) 折价:当买家对商品不满意或商品存在细微瑕疵时,会向卖家进行反映,此时客服可以要求买家以拍照的方式反馈商品问题,再根据商品的具体情况判断是否折价、折价多少等，选择折价后再退还相应款项即可。

(3) 换货：当买家觉得尺码、颜色等不合适时，即会申请换货。卖家首先需要判断商品是否符合换货要求，如果符合换货要求，则告知换货地址并请买家告知物流凭证，收到货物后再换货发回。

5.4.2 理性对待中差评

网上开店，不可避免中差评，当出现中差评时客服应当如何解决呢？

1. 做好售前和售中商品介绍服务

在销售过程中，卖家不仅要在商品说明、图片上做好详细说明与标注，也要在买家咨询的过程中做好介绍，提醒买家注意物品尺寸，特别是珠宝首饰类的商品，因为图片常常会让人有错觉，看着与实物实际大小或颜色有偏差，这些都需要事先提醒买家注意，考虑清楚后再拍下购买；在销售过程中发现需要补充说明的，找机会加到商品说明里去。不要轻易修改已经在拍拍推荐位上的商品，这会导致商品从推荐位上掉下来的情况。

中评差评中最常见的评价就是买家觉得尺寸不对、颜色不对，如果在事先就做好这方面的工作，让买家有比较符合实际的想象力，就会变得简单得多。这也是在给买家打预防针，不会因为盲目丰富的想象力而给出不公正的评价。

2. 收到中差评找原因，沟通促成理解

相信大家在收到中差评那一刹那，头脑里第一反应是气愤。但是气愤过后，要自己冷静下来，仔细查看这笔交易的销售过程：到底在哪里做得不够好，买家有可能因为哪一点而做出中差评。找到问题的症结后，才好对症下药。

如果因为买家是新手，不了解好中差评的差别及对卖家的影响，可以找到买家向他说明好评对卖家的重要性。其实大部分买家无论年龄大小都是很通情达理的，怀着一颗平和、不卑不亢、认真沟通的心去协商，大都会乐意帮助修改评价。如果买家做完评价就消失没影了，则可以走投诉流程。

如果买家对商品属性，如颜色、材质等商品说明里已经给出的要素没有留意而给出中差评，仍然要怀着一颗平和、不卑不亢、认真沟通的心与买家交流。达成交易，这其中也包括售后服务及交流。

确属自己错误收到的中差评也并非不可更改了。只要牢记一点：沟通，再沟通，让买家感受到你真诚的心，大都会表示理解，乐意帮助取消中差评的。

不要总是把买家想得很坏，多站在对方的角度考虑。有谁会为了那些许金额的物品来故意找碴儿呢？就算是手机电脑这样高价格的商品，买家是经过搜索、

对比、咨询、了解、付款、收货这样一个不算简单的过程才拿到，有一些不尽人意的地方是难免的，而这些大部分是可以通过沟通交流给予买家弥补的，在这里心理上的补偿远比实物补偿更有深远影响。所以，不要一收到中差评就想着赔偿，为了达到让买家取消评价目的随意承诺补偿实物，这样会给买家错误的印象。

3. 取消中差评操作

在收到中差评后，要及时与买家沟通，取得买家同意修改评价。把与买家的聊天记录截图下来作为申请修改评价的证据，这样即使买家后来忘记帮你修改评价也有凭可证，最后取消评价的可能性很大。在截图时要注意把买家的淘宝号一起截下来，以证明确实是与这位买家的沟通记录。

5.4.3 处理投诉的原则和基本方法

面对买家的投诉和差评时，卖家和客服应积极应对，在处理投诉时，卖家客服应遵循以下原则和方法。

- 认真倾听，向客户表现出负责任的态度。
- 保持冷静自信，要记录客户投诉信息。
- 不要打断客户，让他发泄愤怒或不满的情绪。
- 卖家要对买家的建议表示认同和歉意。
- 收集事实，调查准确数据，以便确认真正问题所在。
- 记录客户相关投诉信息并复述每一条数据。
- 强调共同利益，并且负责任地承诺一定帮助客户解决问题。
- 激励客户参与商量解决方案。
- 确认解决方案和兑现承诺。
- 信息及时传递反馈。

5.4.4 影响客户回头率的因素

客户关系维护对网店的影响非常大，要想使网店发展得更好，不仅需要发展新顾客，还需要维护老顾客，让他们能够留在店里固定消费。为了实现这一点，卖家首先要了解会对客户回头率产生影响的主要因素。

(1) 产品：产品性价比是买家常关注的一个问题，是影响买家回头率非常重要的因素。性价比越高，对老顾客的维护越有利。

(2) 品牌：店铺品牌和商品品牌在很大程度上影响着买家的回头率和忠诚

度，因此要做好品牌定位。

（3）服务：买家是否选择再次在店内消费，服务质量占很重要的因素，良好的服务品质和购物体验也能将新客户发展为老客户。

（4）促销：不断变化且能吸引买家的促销手段，也会刺激买家再次购买，在卖家开展促销活动时，可以通过短信、旺旺、网站宣传等方式提前告知买家。

（5）会员：会员折扣、会员积分等优惠政策可以维护更多的老顾客。

（6）回访：不定期地通过短信、旺旺、邮件等形式回访买家，可以加深买家的印象，使其在选购该类商品时首先想到和选择熟悉的店铺，提高买家的回头率。

5.4.5　巧妙应对不同类型的顾客

客服在与顾客的交流过程中，有必要去了解不同顾客的购物心理，这样能够做到更有针对性地解决不同类型顾客的购买需求。下面介绍如何巧妙应对不同类型的顾客方面的知识。

1. 顾虑型

这类顾客通常具有明确的意向，但对网上购物存在一定的顾虑。顾客的顾虑通常包含两种，一是产品获取是否安全，二是如何避免交易的不安全。应对这类买家时，如果对自己的商品有信心，要给予买家良好的售后保证。

2. 纠缠型

这类买家比较关注商品细节，通常从咨询开始，便一直反复询问各种问题。有些买家即使购买商品后，也会提出许多疑问。客服在面对这类买家时，如果买家尚未下单，为了做成生意，那么就有必要认真对买家的所有问题进行说明；如果买家已经下单，对于有必要说明的给予回答，对于纠缠性问题则可以有选择地进行忽略。但应注意的是，态度要诚恳。

3. 砍价型

卖家客服在应对这类买家时，可以根据实际情况决定是否给予一定折扣。卖家在灵活判断的同时，需要结合商品本身的利润来选择。有时，买家的讲价幅度非常大，对于这类买家，应尽量给予合理的解释，也可以适当给予一定的降价空间。但如果买家坚持不合理地讲价，那么只有放弃这类买家了。

4. 虚张声势型

这类型买家通常不会直接讲价，而是委婉地向卖家透露自己以后可能会多次或批量购买的意向，让卖家觉得抓住了一个较大的买家，从而主动降价以给予较大的优惠。卖家需要对这类顾客进行分析，再决定是否给这类买家更大的折扣。

5. 观望型

这类买家在卖家店铺中选中某件商品后，通常会就商品问题咨询卖家的客服，但又不会产生明确的购买意向。通常来说，这类买家本身在犹豫是否需要购买该商品，卖家客服此时可以对买家透露商品所剩不多或者优惠活动将要结束等信息，刺激买家把握最后购买的机会，从而下定决心购买该产品。

5.4.6 售中服务

售中服务是指商品交易过程中为买家提供的服务，主要集中在顾客付款到订单签收这个阶段，包括订单处理、装配打包、物流配送、订单跟踪等内容。

(1) 订单处理：主要是指对订单进行修改，如修改价格、修改买家的地址和联系方式等。

(2) 装配打包：商品在寄出之前，需要对其进行打包，如果买家提出了特殊的包装要求，也要根据情况予以满足。

(3) 物流配送：是指联系物流公司进行揽件并开始配送，注意物流信息要填写正确和完整。

(4) 订单跟踪：是指随时跟踪订单的情况，并告知买家。

第6章

建立物流渠道

网上生意的成败有相当一部分是由物流所决定的。作为网店的经营者不能不对此重视和关注。开网店做生意，网店经营者必须对快递公司及邮政局做好充分的调查和了解，特别是价格。

Section 6.1 选择送货方式

本节导读 开网店,每个月都有很大一笔邮寄方面的开销,虽说羊毛出在羊身上,但若质量相同,价格一样,买家肯定会选择邮费更低的产品,降低邮费将使你的产品更具竞争力,可见选择合适的送货方式是非常重要的。

6.1.1 邮政业务

平邮是最慢的运送方式,并且无法查询物流信息,但是价格比较实惠,而且网点多,适合偏远地区使用。平邮一般的运送时间为 7~30 天。平邮不像快递送货上门,邮递员事先会将通知单发送至买家的家庭信箱或门卫,用户需要凭通知单和收件人身份证去就近邮局领取包裹,这种方式目前已经很少采用。图 6-1 所示为中国邮政官网首页。

图 6-1

平邮的包裹分为国内普通包裹和国内快递包裹，国内普通包裹最慢，国内快递包裹稍快。国内快递包裹根据各地区的规定不同及物品的不同，有的投递包裹单，有的投递包裹(实物)。

平邮信件或者包裹需要知道收件方和寄件方的准确邮政编码、地址、姓名和常用联系方式，以便邮政系统准确投递或者退回。

EMS(Express Mail Service)是邮政特快专递服务，是万国邮联管理下的国际邮件快递服务，在中国境内是由中国邮政提供的一种快递服务。图 6-2 所示为 EMS 网站首页。

图 6-2

该业务在海关、航空等部门均享有优先处理权，它以高质量为用户传递国际/国内紧急信函、文件资料、金融票据、商品货样等各类文件资料和物品。

EMS 速度相对更快，费用也较高，但是网点多，全国没有盲点，都能送到，可以查询物流信息。现在还有 EMS 的变种 E 邮宝。

6.1.2 快递公司

快递公司是指通过铁路、公路和空运等交通工具，对客户的货物进行快速投递，其特点是点到点，快递员投递到户，快速方便。原来快递公司外省走空运的较多，所以无论外省和省内，均能做到隔天到货，但价格较贵。现在高铁和高速公路发达了，走航空的少了，价格相对便宜，只是时间长了些。常用的快递公司有申通、圆通、中通、汇通、韵达、天天、顺丰、宅急送等。下面详细介绍一些主流快递公司的优点。

1. 顺丰快递

服务好、态度好，全国统一服务电话，监督机制好，快递速度快。因为它不是加盟形式，是由总部统一管理的企业，所以各地的服务水准基本保持统一。

2. 百世快递

价格便宜；具有国内信息化和自动化的核心能力，高效运作的快递网络，为电子商务企业量身定制速递方案；提供个性化、一站式优质服务。

3. 宅急送

业务覆盖全国 2000 多个城市，而且能够提供 222 个国家国际快件，实现了与国外快递接轨；追踪系统完善，战略定位精准，增值业务和代收货款业务，安全性高；价格低，在中端市场非常有竞争力，价格灵活。

4. 中通快递

运费相对低廉，针对学生群体；有快速、安全、准确、周到的服务；加盟网点采用统一的客户服务规范，确保客户服务的快捷；各网点采用电脑系统，所有信息在一个系统中完成扫描、上传和查询。

5. 申通快递

失货率是所有公司中最低的；采用航空运输，速度快；全国任何地方均可送达；收取货均是上门服务；服务网点多、广；价格相对便宜。

6. 圆通快递

为客户提供个性化服务功能，涵盖仓储、配送等一系列专业服务；从客户需求出发，第一个实现全年 365 天"全年无休"。

7. 韵达快递

价格便宜，服务水平高；科技手段先进；自营中转站点运行稳定；全国各地区网点覆盖率高；应需而变，个性化服务。

8. 天天快递

网点全，价格适中，速度适中。

6.1.3 物流托运

托运，是物流的一种形式，指托运人委托具有托运资质的公司将货物运输到指定地点，交给指定收货人的服务。根据托运方式不同，可分为海运托运、陆运托运、空运托运。

1. 海运

(1) 编制船期表。外运公司按月编印出口船期表，分发给各外贸公司及工贸企业，内列航线、船名及其国籍、抵港日期、截止收单期、预计装船日期和挂港港口名称(即船舶停靠的港口)。各外贸公司及工贸企业据此进行催证、备货。

(2) 办理托运。外贸公司在收到国外开来的信用证，经审核(或经修改)无误后即可办理托运。按信用证或合同内有关装运条款填写《托运单》并提供全套单证，在截止收单期前送交外运公司，作为订舱的依据。

(3) 领取装运凭证。外运公司收到有关单证后，即打出海运出口托运单，并会同有关船运公司安排船只和舱位；然后由船运公司据以签发装货单，作为通知船方收货装运的凭证。

(4) 装货、装船。外运公司根据船期，代各外贸公司往发货仓库提取货物运进码头，由码头理货公司理货，凭外轮公司签发的装货单装船。

(5) 换取提单。货物装船完毕，由船长或大副签发"大副收据"或"场站收据"，载明收到货物的详细情况。托运人凭上述收据向有关船运公司换取提单。

(6) 发出《装船通知》。货物装船后，托运人即可向国外买方发出《装船通知》，以便对方准备付款、赎单、办理收货。如为 C&F 或 FOB 合同，由于保险由买方自行办理，及时发出《装船通知》尤为重要。

2. 陆运

(1) 编报车皮计划。各外贸公司及工贸企业每月向外运公司编报隔月车皮计划，注明去向，并据此进行催证、备货、办理托运。各外贸公司及工贸企业在收到国外开来的信用证并经审核无误后，便可办理托运，即按信用证或合同内有关装运条款，以及货物名称、件数、装运日期，填写《托运单》并提供有关单证，送交外运公司，作为订车皮的依据。

(2) 落实装运车皮。外运公司在收到《托运单》后，根据配载原则、货物性质、货运数量、到站等情况，结合车皮计划，与火车站联系，并由火车站据以向上级铁路分局申请车皮。

(3) 提货、装车。外运公司根据装期，代各外贸公司往发货仓库提取货物并运至车站货场，车站凭货运单据将货装车。

(4) 收取提单。货物装车完毕，由车站司磅员签发货运单，载明收到货物的详细情况。有条件就地封关的，可由海关监管加封，办妥转关手续。外运公司则凭《托运单》签发承运货物收据，即陆运提单。

(5) 发出装车通知。货物装车后，外贸公司或工贸企业即可向买方发出《装车通知》，以便买方准备付款、赎单、办理收货。

3. 空运

(1) 办理托运。各外贸公司及工贸企业在备齐货物、收到开来的信用证经审核(或经修改)无误后，就可办理托运，即按信用证和合同内有关装运条款，以及货物名称、件数、装运日期、目的地等填写《托运单》并提供有关单证，送交外运公司作为订航班的依据。

(2) 安排货舱。外运公司收到《托运单》及有关单据后，会同中国民航，根据配载原则、货物性质、货运数量、目的地等情况，结合航班，安排舱位，然后由中国民航签发航空运单。

(3) 装货、装机。外运公司根据航班，代各外贸公司或工贸企业往仓库提取货物送进机场，凭装货单据将货物送到指定舱位待运。

使用物流托运的注意事项有以下几点。

- 确定箱子的尺寸以及每个箱子的装载限重。索要书面说明，以便合理选择所需箱子的类型及数量。
- 制定计划托运物品的时间表，明确何时让运输公司上门收货，以及预计多长时间送达指定目的地。
- 警惕有些公司随意降价，接受其报价前，请确认没有隐藏额外的目的地费用。
- 确认代理已经提供完整的文件资料，以便行李物品得以顺利托运。许多国家均禁止夹带兽皮、食品、水果及种子等，忽视相关海关法规将导致高额罚款甚至触犯法律。请留意代理是否已经提供所有法规细节。
- 不要接受口头报价，应索取预订服务项目的明细报价单。
- 不要以为所有目的港费用都会包含在报价当中，除非明确说明。每项费用都应列举并说明，避免提货时产生不必要的误解。
- 不要以为托运的物品已自动被保险。保险通常需要额外的费用，可在托运之时决定是否投保以及投保的类别，保险条款应提前了解清楚。这样投保的物品如在运输途中发生意外，将得到保险公司相应的赔偿。
- 所有公司都应遵循严格的商业行为准则。选用专业且具良好声誉的私人物品运输公司，并确认所选用的公司已经投保了财务风险，托运物品不会因公司经营风险而无法送达目的地。

以铁路运输为例，托运人托运货物时，是否需要办理保价或保险，完全以托运人自愿为原则，铁路不能以任何方式强迫其办理保价运输或者货物运输保险。但从托运人、收货人利益立场出发，应办理保价运输。因为托运人一方面要求铁路运输企业能安全、迅速、经济地将货物送到达站；另一方面，当发生货损货差时，总希望得到与货物价格最为接近的赔偿额，保价运输较能解决以上问题，原因如下。

(1) 不办保价运输货物：从货物安全方面讲，货物运输管理虽按现行的铁路货物管理有关规章办理，但未能得到与保价货物一样的特殊安全措施的保护，故发生货损货差的机会比保价货物大；从赔偿方面讲，虽然不办保价也不办保险，不用支付保价金和投保金，但因为铁路受理货物时，不论货物贵重与否，都按货物重量收取运费，如果发生货损货差赔偿时，则按货物价值赔偿，这对铁路运输企业来讲是不公平的，因此铁路采取限额赔偿，但这样对托运人(特别是托运贵重货物的托运人)利益影响很大。

(2) 办理保价运输货物：因为保价责任的基础主要是铁路责任造成的货物损失，铁路为了减少事故赔偿，必然要认真对待货运事故，而且货物保价运输是运输合同的组成部分，铁路作为合同的一方直接参加货物的运输工作，并通过对事故的调查、分析、总结，有条件地对保价货物采取安全管理措施，改进内部的管理工作，提高货物运输安全质量和服务质量。从这方面讲，铁路与托运人利益是一致的。从赔偿方面讲，托运人虽然支付了保价金，但铁路以货物实际价格(保价额)承运，发生铁路责任时，按不超过保价额赔偿，托运人能得到合情合理的经济利益，因此，保价运输解决了铁路限额赔偿不足的矛盾。

(3) 投保货物运输险：保险责任是因为自然灾害、意外事故等非人为因素造成的损失，保险公司不参与运输管理，赔偿只是一种对货物损失后的经济补偿形式。不论货物办理保价运输或是投保运输险，都属保护措施。铁路办保价是针对铁路责任的，对于不属于铁路责任的损失，铁路不承担保价赔偿；托运人要求得到比保价运输更高的赔偿时，也可办理投保运输险。

物流托运一般是运送大宗货物的，如果你的产品体积大、重量大，可以采用物流托运。缺点是速度慢，不送货上门，但发货费用非常便宜，一般小件产品不建议选这种公司。现在也大多可以到达目的城市后另外付费送货上门了。

6.2 包装商品

包装商品是指为了保证商品在配送过程中的安全和便利，必须使用一些材料对它们进行适当的包装。按照商品包装的形式和材料，通常可以分为箱装配送商品、桶装配送商品、袋装配送商品、捆装配送商品，以及其他坛、罐、瓶状、卷筒状、编筐状等多种形态的包装商品。

6.2.1 服饰类商品

如果是衣服，就可以用布袋包装。用布袋包装服装时，选用白色面料或其他干净、整洁的布最好。淘宝上有专卖布袋的店，大小不一，价格也不一。如果家里有废弃的布袋，也可以自己制作布袋，但要保证该布袋是干净、无异味的。在包装的时候，一定要在布袋内再包一层塑料袋，以免布袋进水和损坏，弄脏了宝贝。也可以使用快递专用加厚塑料袋，这个可在网上购买，特点是防水、防辐射。用来邮寄纺织品是一个非常不错的选择，经济实惠，而且方便安全，如图 6-3 所示。

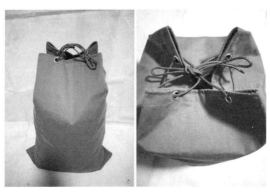

图 6-3

6.2.2 首饰类商品

首先，一定要有首饰盒，如图 6-4 所示。

图 6-4

其次，一定要填充报纸或其他可填充物，以免首饰盒或是首饰袋在纸盒里晃动。

再者，纸箱的四个角一定要用胶条包好。因为邮寄的时候有很多不可知因素，比如和你的货品在一个包装袋里的货品是水质的，万一该货品包装不严，出现洒漏，你的货品就会有被浸泡的风险，这也是防止磕碰的保障。当然，快递工作人员也会在包装的时候检查并封好四角的，但是卖家自己还是要做好塑封工作。

尽量少用挂号信邮寄首饰，理由如下：①不能更好地包装；②货品只能放在小的密封袋里发货，会有挤压；③不能保证货品安全；④不能保证优质的服务，因为各地区邮局分拣会有不同。

6.2.3 化妆品、香水、护肤品

化妆品大部分是霜状、乳状、水质，多为玻璃瓶包装，因为玻璃的稳定性比塑料好，化妆品不易变质。但这一类货物也一直是快递公司查得最严的，因为它是物流运输途中货物泄漏事故的"高发地带"，所以除了包装结实、确保不易破碎外，防止渗漏也是很重要的。最好先找一些塑料泡沫把瓶口处包裹严实，并用胶带缠好扎紧，卖家一定要封好封口处(用透明胶带使劲绕几圈)，然后再用塑料泡沫整个包住(要厚一点)。

6.2.4 食品

易碎食品、罐装食物如饼干等宜用纸盒或纸箱包装，如图 6-5 所示。食品是有保质期的，其保质期与包装、时间、温度都有关系。所以，对于距卖家比较远的用户，宝贝又是易变质食品时，建议用顺丰快递。

图 6-5

6.2.5 易碎商品

易碎品的包装一直是一个难点，这一类产品包括瓷器、玻璃饰品、CD、字画、工艺笔，等等。通常要求易碎品外包装应具有一定的抗压强度和抗戳穿强度，以保护易碎品在正常的运输条件下完好无损。

对于这类产品，包装时多用一些报纸、泡沫塑料或者泡沫、泡沫网，这些东西重量轻，而且可以缓和撞击。先将宝贝用气泡袋包裹，这主要是为了防止宝贝遭受挤压。再将气泡袋包裹好的物品用胶带绑紧，让宝贝不会动摇，这主要是为了防止运输途中宝贝和宝贝之间的摩擦，如果没有绑好，两个宝贝之间摩擦得多了，可能就会致使宝贝刮花、碎裂。然后将泡沫放在纸箱的底和边侧，再把整张报纸用手揉成一团(千万不要省报纸，多放一点)。再把宝贝放进去，边上都塞紧，最上面再放几团报纸和一块和纸箱口一样大小的泡沫，最后用胶带封好。这样，就算是快递员稍稍扔几下，也不会有事。

6.2.6 数码电子产品

数码电子产品在各行各业中算得上是上等产品，包装也很讲究，通常用纸箱或托盘。在货物比较轻的情况下可以用纸箱，但纸箱的质量一定要好。包装时一定要用泡沫包裹结实，再在外面多套几层纸箱或包装盒，以保护电子产品，如图 6-6 所示。买家收到商品后，一般要当面检查，确定完好无损后再签收。因为数码产品的价格比较高，如果出现差错会是一件比较麻烦的事。

图 6-6

6.2.7 书刊类

卖书的利润十分微薄,要是邮费还控制不好,忙活了半天也赚不到几个钱。这一类商品该如何包装和邮寄才能既经济又实惠呢?经验丰富的卖家的建议是,用牛皮信封和牛皮纸就很不错,因为纸张的厚度足以保护书籍不受损坏。

报纸、杂志可以借鉴书籍的包装方法,用大的信封或者牛皮纸包装都可以。这类物品的包装方法如下:

准备好书、牛皮纸、封箱胶带、双面胶、剪刀、绳子等,用塑料袋把书装起来,以防书在运输途中弄脏、受潮;包上一层报纸,再用牛皮纸包上一层,封口处用双面胶粘好,用包装绳捆成十字,把包好的书装进牛皮纸信封,再用包装绳打成十字。

第7章

网店大数据分析

　　本章主要介绍网店经营现状分析、常用数据分析工具、网店商品分析、客户行为分析方面的知识与技巧，在本章的最后还针对实际的工作需求，分享了淘宝开店的技巧。通过本章的学习，读者可以掌握网店大数据分析方面的知识，为深入学习淘宝精准运营、策略营销与客户服务知识奠定基础。

Section 7.1 网店经营现状分析

卖家的数据分析能力直接影响着网店的经营效果,其数据分析能力越强,把握市场动向的能力就越强,针对该分析结果做出的决策才会越准确。因此,卖家首先必须对网店经营的基本流量、网店运营数据有一个详细的了解。

7.1.1 基本流量数据分析

电子商务网站的基本流量数据大致相同,主要包括 UV 统计、PV 统计、用户来源、关键词分析、用户地区分析、浏览路径、着陆页分析和不同时段流量统计等,如图 7-1 所示。各数据的含义介绍如下。

(1) UV 统计:UV 即网站的独立访客数,只对唯一 IP 访问数量进行统计,一天内同一访客多次访问网站只计算为 1 个访客,UV 统计等同于访问网站的用户数量。

(2) PV 统计:PV 即页面浏览量。用户每打开网站上的一个页面就会被统计工具记录 1 次 PV。用户多次打开同一页面,则对页面浏览量值进行累计,就算刷新页面,该页面的页面浏览量也会增加。

(3) 用户来源:指用户进入网站的路径,如来自百度、搜狐等搜索引擎,来自其他网站或直接访问等。

(4) 关键词分析:指对用户访问关键词进行的统计,即用户是通过哪些关键词进入网站的。

(5) 用户地区分析:主要统计用户地区、地区用户数量及不同地区的用户比例等。

(6) 浏览路径:指用户在网站的浏览路径,如浏览了什么网页、在网页停留的时间、从什么网页离开等。

(7) 着陆页分析:记录用户进入网站的第一个页面,在其中可统计出用户进入数量和比例。

(8) 不同时段流量统计:指在日、周等时间范围内分析不同时段的网站流量变化。

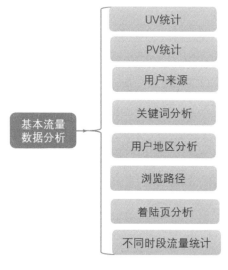

图 7-1

7.1.2 基本运营数据分析

分析店铺的运营数据,可以帮助卖家做出准确的经营决策,而以短时间内的数据为基础进行分析,例如,将以周为单位的经营数据作为分析参考,则有助于卖家及时调整运营策略和产品线。此外,卖家还可通过数据变化分析是否达到运营效果。

1. 基础数据分析

流量来源、关键词、访客地区、流量分布、访客退出率和流量变化、着陆及质量等数据都是比较基本且关键的运营数据,如图 7-2 所示,通过对这些数据进行分析,可以帮助网店更好地找到运营方向。下面分别对这些数据的作用进行介绍。

(1) 分析流量来源:分析流量来源可以帮助卖家了解流量产生的效果,即哪些流量可以给网店带来更大收益。此外,对不同来源的流量进行单独分析,更便于卖家对不同推广渠道进行跟踪,同时通过跟踪结果选择合适的推广活动。

(2) 分析关键词:通过对不同搜索引擎、不同网站的关键词流量进行分析,可以使卖家了解不同搜索引擎关键词带来的流量情况,为搜索引擎推广方案提供准确的数据参考。

(3) 分析访客地区:了解访客的地区也有助于卖家做出正确的营销引导,如分析流量高的地区的客户特征,可以更好地寻找目标客户群;也可对高流量地区的客户提供部分优惠，进一步扩大该地区的市场。同时，在跟踪客户信息时，还可以对新老客户进行区分，回访老客户，维护新客户，协同会员管理、邮件营销、自媒体营销等方式制定更好的营销策略，从而达到更好的营销效果。

图 7-2

　　(4) 分析流量分布：分析网站中不同网页的流量情况，帮助卖家了解网店中的热门页面，并将此作为网店打造爆款、畅销品的依据之一，从而更精准地将营销费用用在合适的产品推广中。

　　(5) 分析不同时段的流量变化：对不同时段的流量和销售情况进行监测和分析，可以帮助卖家了解网店销售的活跃期，从而更合理地安排商品的上下架时间和运营人员的工作时间。

　　(6) 分析访客退出率：分析访客退出率即对客户离开的原因进行分析，对比客户退出率和退出页面的数据，帮助卖家了解网店产品的劣势，以便进行修正。

　　(7) 分析着陆页质量：分析着陆页质量即是对着陆商品销售情况进行分析，着陆页效果的好坏不仅是推广效果好坏的一种体现，也是商品转化率高低的一种展示。

2. 重点指标分析

　　网店经营数据中的重点指标主要包括跳出率、购物车、转化率等，如图 7-3 所示，这些数据可以从不同的方面反映商品的各种问题，下面分别对其进行介绍。

　　(1) 跳出率：跳出率是指当网站页面展开后，用户仅浏览了该页面就离开网站的比例。跳出率高对网店非常不利，卖家需要及时找到跳出原因。影响网店跳出率的原因有很多，如目标客户群定位不准确、访问页面内容不吸引顾客、页面访问存在问题和广告与访问页不符等。

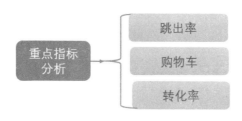

图 7-3

(2) 购物车：购物车收藏量也是反映商品情况的重要指标。购物车不仅可以反映买家选购商品的动向，还可以从侧面体现出商品受欢迎的程度。同时，将购物车信息与产品页面分析结合起来，还可判断产品的转化情况。例如，购物车指标高，但是最终的实际转化率偏低，说明产品在价格、产品描述等方面可能存在问题，需要对描述页或价格进行优化。

(3) 转化率：转化率是指在店铺产生购买行为的人数与到店人数的比率，它直接体现为营销效果，转化率的分析要结合多个渠道的因素。

Section 7.2 常用数据分析工具

 数据是网店运营的强大支撑，淘宝网为卖家提供了多种数据分析和管理工具，帮助卖家对店铺的经营数据进行分析和总结。生意参谋是淘宝网功能非常强大的一款数据分析工具，可以全面展示店铺经营的各项核心数据。下面介绍生意参谋主要的数据分析功能。

7.2.1 使用工具进行实时流量分析

店铺流量主要分为 PC 端流量和无线端流量，在生意参谋中，可以分别查看不同端口的流量情况，并可查看与同行的对比情况。流量分析主要包括流量概况、流量地图和访客分析，如图 7-4 所示。

图7-4

1. 流量概况

在生意参谋工具首页即可对流量概况进行查看，或在生意参谋首页的导航栏中选择【经营分析】选项卡，在打开的页面中也可分别查看流量总览、流量趋势、流量排行、访客行为和访客特征等数据。

2. 流量地图

在生意参谋【经营分析】页面左侧的导航栏中选择【流量地图】选项，在打开的页面中即可查看店铺流量来源、店内路径、流量去向等数据。在查询流量来源时，可根据需要查看本店和同行的流量来源的对比。在查询店内路径时，可以分别对店铺首页、商品详情页、店铺微淘页、商品分类页、搜索结果类、店铺其他页的访客数和访客占比进行查看，还可查看页面访问排行，或根据需要分别以月、周、日为单位查询流量来源。通过对这些数据的查询，可以使卖家了解当前店铺的流量结构。对于流量不足的情况，需要通过推广方式提高店铺流量；对于转化率不高的情况，需对商品详情页、价格、店铺装修、商品展示技巧、商品形象包装和促销活动搭配等因素进行分析，找到转化率不高的原因。

3. 访客分析

在生意参谋【经营分析】页面左侧的导航栏中选择【访客分析】选项，在打开的页面中可查看访客分布的相关数据，包括访问时段分布、地域分布、行为分布、性别等。通过对访客的相关数据进行分析，可以方便卖家更准确地开展、调整营销推广活动，设置商品上架时间等工作。

在【访客分析】页面中选择【访客对比】选项卡，在打开的页面中可以查看访客对比的相关数据，包括消费层级、性别、年龄、地域、偏好和关键字等。【访客分析】页面可以帮助卖家更好地掌握客户数据，从而进行会员关系管理。

7.2.2 使用工具进行实时商品分析

生意参谋的商品分析主要包括商品概况、商品效果、异常商品和分类分析等内容，用于帮助卖家实时掌握和监控店铺商品信息，如图7-5所示。

图7-5

1. 商品概况

在生意参谋【经营分析】页面左侧的导航栏中选择【商品概况】选项，在打开的页面中可以查看商品信息概况、商品销售趋势、商品排行预览等信息。

2. 商品效果

在生意参谋【经营分析】页面左侧的导航栏中选择【商品效果】选项，在打开的面中可以查看商品效果明细的相关数据。此外，单击商品后的【商品温度计】超链接，在打开的页面中可以查看当前商品的转化情况。如果当前商品存在问题，生意参谋将给出相关的建议供卖家参考。

在该页面下方的【影响商品转化因素检测】栏中，可以对影响商品转化情况的因素进行检测，包括页面性能、标题、价格、属性、促销导购、描述和评价等。生意参谋将对可能影响商品转化的问题进行显示，并提醒卖家进行改进。

在【商品效果】页面中单击商品后的【单品分析】超链接，在打开的页面中可以对当前商品的来源去向、销售、访客和促销等信息进行分析。

3. 异常商品

在生意参谋【经营分析】页面左侧的导航栏中选择【异常商品】选项，在打开的页面中可以查看当前表现异常的商品，包括流量下跌、支付转化率低、高跳出率、支付下跌、零支付和低库存等。生意参谋会针对商品的异常情况给卖家提出大致的建议，帮助卖家优化商品。

4. 分类分析

生意参谋中的分类分析主要是指按照类别对商品情况进行的分析。分类分析可以帮助卖家更快捷地分析出同类型商品的销售情况，更精准地找出同类商品的共同问题，从而进行统一管理和整改。

7.2.3 使用工具进行实时交易分析

生意参谋的交易分析主要包括交易概况、交易构成和交易明细 3 部分内容，用于对店铺的交易情况进行掌握和监控，如图 7-6 所示。

图 7-6

1. 交易概况

在生意参谋【交易分析】页面左侧的导航栏中选择【交易概况】选项，在打开的页面中可以对交易总览和交易趋势的数据进行查看和分析。通过交易总览，卖家可以了解任意天数的店铺交易额、支付买家数、客单价和转化率等数据，还可在【交易趋势】栏中查看与同行的对比。

2. 交易构成

在生意参谋【交易分析】页面左侧的导航栏中选择【交易构成】选项，在打开的页面中即可查看交易构成数据。生意参谋主要从终端构成、类目构成、品牌构成、价格构成、资金回流构成 5 个方面对交易构成数据进行分析，可以帮助卖家了解终端、类目、品牌等各方面的交易数据，以便有针对性地进行完善和优化。

3. 交易明细

在生意参谋【交易分析】页面左侧的导航栏中选择【交易明细】选项，在打开的页面中可以查看详细的交易数据，包括支付时间、支付金额、确认收货金额、商品成本、运费成本等内容。交易明细分析可以帮助卖家全面掌控店铺交易情况和收支情况。

生意参谋的功能十分强大，它不仅可以分析店铺经营数据，还可以对服务质量和物流质量进行监控和分析，在【经营分析】页面中选择相应的选项即可。此外，在生意参谋上方的导航栏中选项【市场行情】选项，购买相应的数据工具，还可以对当前整个行业市场的情况进行了解和分析。

第7章 网店大数据分析

Section 7.3 网店商品分析

本节导读　商品变化直接影响网店销售情况,在网店中对商品情况产生影响的因素非常多。卖家除了可通过基本营销数据对商品情况进行分析之外,还可从商品销量、商品关联和单品流量等角度对商品进行分析。

7.3.1 商品销量分析

商品销售是一个需要不断完善和优化的过程。商品在不同时期、不同位置、不同价格阶段,其销售量也会不同,卖家需要根据不同情况进行实时调整。

一般来说,网店商品销量与拍下件数、拍下笔数、拍下金额、成交件数、成交笔数、成交金额、成交用户数、客单价、客单价均值、回头率、支付率和成交转化率等因素有关。卖家和客服人员需要针对不同的数据做出相应的对策。例如,拍下件数高,但支付率低,说明买家可能对商品存在疑问,要客服人员与买家进行沟通以提高支付率;回头率低,则需要进行一些必要的会员关系管理,做好老客户营销。卖家需要对每个商品的销售情况进行了解和跟踪,这样不仅可以持续完善销售计划,促进销量的增长,还可以优化库存和供应链体系,提高供应周转效率,降低成本。

7.3.2 商品关联分析

商品的关联销售多体现为搭配销售,即让买家从只购买一件商品发展为购买多件商品。例如,通过促销组合、满减、清仓、买赠和满赠等活动刺激买家消费,从而提高销售金额,最大化地实现销售增长。特别是在参加淘宝活动时,适当的关联营销不仅可以对店铺进行导流和分流,还可以提高客单价,充分利用有限的流量资源,实现流量利用的最大化,降低推销成本。

1. 商品关联的方法

对商品关联进行分析,实际上是分析客单价和销售如何最大化,有效的商品关联营销可以极大地促进网店的持续发展。进行商品关联的方法包括以下3点,如图7-7所示。

图 7-7

1) 推出促销活动

针对关联产品推出相应的促销方案或优惠方案可以有效地提高销售额。不同类目的产品其促销方式不同，需卖家自己选择。例如，对于食品类商品，一般以"食品+食品""食品+用具"等形式推出促销活动；对于日化用品，可将不同类型的商品进行组合，如"洗发露+沐浴露"等形式。

2) 网店商品搭配和摆放

通过产品关联程度大小对商品进行搭配只是关联营销的一部分，商品位置的摆放也是十分重要的一个环节。一般来说，商品的摆放以方便顾客为基础，同时也可以进行相关产品推荐，或通过部分关联产品进行精准营销。例如，在服装类目的网店中，若当前页为某热款上衣的出售页，则在该页面下方的推荐商品中可以适当展示一些与该上衣进行搭配的其他商品，这样不仅为买家提供了搭配建议，还可根据买家喜好快速推荐与其喜好相似的商品，实现商品的关联营销。

3) 发现潜在目标客户

关联商品主要由主产品和被关联产品组成。一般来说，主产品和被关联产品的目标客户群会存在一定的差异性和共性，即购买主商品的目标客户群可能不会购买被关联商品，也可能会同时购买，目标客户群的重合即是存在潜在客户的一种体现。不会购买关联产品的客户群，可能是对关联商品兴趣不高，因此卖家可以适当地控制和调整针对该类客户的推广方案。在购买主商品的同时购买关联商品的客户群即是关联商品的潜在目标客户，在出售与关联商品类似的商品时，则可面向该部分客户进行适当推广。

2. 商品关联的技巧

在监测商品销售情况的基础上对商品进行组合和关联，可以有效提高网店的整体销售额。商品的关联分析需要建立在一定的数据基础上，基本数据量越大，分析准确率就越高，就越有利于卖家做出决策。商品关联的技巧包括以下两点，如图 7-8 所示。

图 7-8

1) 进行商品梳理，区分商品等级和层次

商品关联并不是盲目和随意的，必须选择合适的产品梳理规范，以提高关联分析结果的精准程度。商品梳理一般包括名称、品牌、价格、规格、档次、等级和属性等内容。一般来说，关联推荐主要应用于重购、升级和交叉销售 3 个方面：重购是指继续购买原来的商品，升级是指购买规格和档次更高的商品，交叉销售是指购买相关商品。应用于不同方面的关联推荐，应该有不同的推荐方式，如推荐同类型商品交叉购买时，最好推荐规格、价格等相似的商品，否则若是为顾客推荐了低档次的商品，将降低销售额。

2) 合理搭配商品

商品的搭配和位置对商品关联销售会产生很大的影响。关联分析可以为买家推荐合适的搭配商品，方便买家快速找到所需商品，购买更多关联商品。需要注意的是，对关联性比较大和关联性比较好的商品进行关联，才会有不错的效果。在进行关联分析时，还应该学会发现和寻找更多的关联销售机会，搭配出新颖且更受买家欢迎的商品。

7.3.3 单品流量分析

分析网店数据可以使卖家实时对店铺经营现状进行调整。在策划营销活动时，分析单品流量也可以起到非常重要的作用，通过大量的数据信息可以获取更精准的单品引流效果，打造出更适合市场的爆款。单品流量分析一般包括来源去向分析、销售分析、访客特征分析和促销分析等内容，如图 7-9 所示。

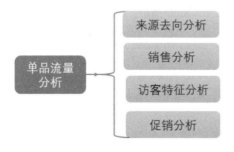

图 7-9

(1) 来源去向分析：通过来源去向可以分析引流来源的访客质量、关键词的转化效果、来源商品贡献等，让卖家可以清楚看到引流的来源效果。

(2) 销售分析：通过销售分析可以清楚商品的变化趋势，从而掌握规律、迎合变化，提高店铺转化率。

(3) 访客特征分析：通过访客特征分析可以了解商品访客的潜在需求，从而迎合买家的需求，达到提高销售额的目的。

(4) 促销分析：通过促销分析可以量化搭配商品效果，开发和激活店铺流量，增加销售。

Section 7.4 客户分析

客户数据是网店经营数据的一部分，通过对买家各项数据、行为的分析，可帮助卖家从不同角度发现不同买家间的属性特征和消费行为，了解自己的目标客户群，从而为维护买家和刺激买家回购提供有力的决策依据和实施建议。

7.4.1 客户购物体验分析

对淘宝网而言，客户购物体验主要体现为 DSR 评分，即淘宝店铺动态评分。淘宝店铺动态评分是指在淘宝网完成交易后，买家针对本次交易中的宝贝与描述相符、卖家的服务态度、物流服务质量 3 个方面进行的评分，每项店铺评分是提取连续 6 个月内所有买家给予评分的算术平均值，如图 7-10 所示。

图 7-10

淘宝店铺动态评分是自然搜索权重的重要影响因素之一，它不仅是店铺形象和综合实力的一种体现，更是获取买家信任和信赖的重要依据。如果店铺动态评分高于同行业店铺，将更容易获取买家的信任和选择，反之则容易引起买家的怀疑和流失。同时，店铺动态评分也是淘宝官方活动要求的基本指标之一，店铺动态评分不达标，淘宝提供的很多推广活动都无法参与。

要做好店铺动态评分，需要严格把控商品质量和店铺服务质量，在此基础上再进行一些个性化服务即可获得更好的效果。下面主要对做好店铺动态评分的方法进行介绍，如图 7-11 所示。

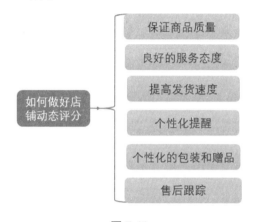

图 7-11

(1) 保证商品质量：商品质量是买家对商品最基本的要求，质量好的商品才能得到买家的一致认可。同时，价格作为买家偏重的购物因素之一也是卖家需要重视的，店铺商品必须定价合理，保持良好的性价比，禁止为性价比较低的商品设置高价格。

(2) 良好的服务态度：不论是在售前、售中还是售后，客服人员都必须保持良好的服务态度。要做到这一点，卖家需要对客服人员进行培训，提升客服人员的服务态度，避免出现买家因对店铺服务态度不满而给出差评和低分的现象。

(3) 提高发货速度：物流速度是买家网上购物非常重要的一个指标，物流速度慢，将容易导致中差评和低分。卖家在进行物流选择时，要尽量选择速度快、质量好的物流。

(4) 个性化提醒：为了给买家留下良好的服务体验，卖家可以设置一些个性化的物流发货提醒、物流同城提醒等，免去买家登录淘宝网查询物流信息的麻烦。

(5) 个性化的包装和赠品：在商品外包装盒上添加贴心提示，是获取买家好感的有效方式，如"快递小哥，这位客户对我们非常重要，请您加快配送速度哟！"类型的提示，可以给买家被重视的感觉；此外，卖家在寄送商品时，可以赠送一些个性化的小礼品，如方便打开包裹的小物件、方便商品使用的小物件等。

(6) 售后跟踪：在商品质量、服务质量、个性化服务均表现良好的基础上，卖家需要实时对售后服务进行跟进，如评价跟进、物流跟进等，通过给买家提供一些优惠请求买家好评和打高分。

7.4.2 客户数据分析

客户是网店销售额的来源，客户数据也是销售数据的一种直接体现。在分析网店客户数据时，销售额、销售额与新客户比率、销售额与回头客比率，以及新老客户比例等都是需要重点关注的数据类型，如图7-12所示。

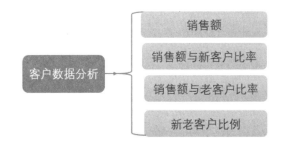

图 7-12

根据淘宝网的定义，半年内在某店铺仅有过一次购买行为的买家为该店铺的新客户，半年内在该店铺有两次及以上购买行为的买家则是老客户。卖家要针对新老客户的不同需求，提供不同的网站服务和运营策略，来加强客户关系管理。当然，影响客户购物行为的因素有很多，卖家首先需要对主要因素进行分析。

在分析销售额与新客户比率时，如果新客户在销售额中的占比较低，很大程度上说明店铺流量和转化率等可能存在问题。如果是流量低，则需要通过营销推广、完善关键词和参加活动等方式为店铺引入流量，发展新客户；如果是转化率较低，则需对店铺动态评分、商品描述页内容，以及商品图片等进行优化。除此之外，服务质量、商品性价比和目标客户群定位的准确度也是影响新客户比率的重要因素。

在分析销售额与老客户比率时，如果老客户在销售额中所占比重较低，说明客户关系管理效果不明显，需对老客户营销推广方案的合理性进行分析。一般来说，相比于新客户在商品图片和质量、信用保障和售后服务等方面的需求，老客户更关注商品的深层信息,如商品规格、参数和功能等。

在资源相同的前提下,当新客户所占比率更大但返购率较低时,卖家如果想将新客户发展为长期客户,可以适当降低引入新客户的流量成本,通过商品质量、保障措施、售后支持、信用承诺等形式稳固客户,促进他们的重复购买;当老客户所占比率更大时,卖家应该加强商品的全面介绍,增加商品比较信息,完善和优化购物流程,从而帮助老客户以最有效、最便捷的方式完成购买。

7.4.3 客户特征分析

网店的经营范围和经营对象比较广泛,买家通常分布于不同地区、不同职业和不同阶层,但很多商品都有较固定的目标客户群体,即使是相同的产品、相同的营销手段,在针对同一区域的不同职业或同一职业的不同地区的顾客时,都会呈现不同的营销效果。因此,卖家需对不同地区、不同职业的买家特征进行分析,制定不同的营销方案。客户特征分析包括以下两个方面,如图7-13所示。

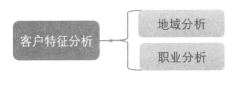

图7-13

1. 地域分析

对买家进行地域分析主要是指对不同地域的买家数量、回购率、销售额、单价和市场规模等进行分析,然后卖家根据分析结果制定不同的营销策略。

针对分析结果,卖家需制定不同的营销方案。例如对于销售额、回购率、市场规模均高的地域,可以加大推广力度,继续投资,保持市场活跃度;对于市场规模大但回购率不高的地域,应该找出低回购率的原因,可根据该部分买家的特殊情况或需求进行适当改进;对市场规模小但是回购率高的地域,应该仔细评估,维护与这部分老客户的关系,在成本允许的情况下,也可适当加大推广力度;对于市场规模和回购率均低的地域,建议减小推广力度或放弃推广。

2. 职业分析

很多商品都具有一定的职业趋向性,即商品主要适用于某个职业或某部分职业。若销售职业趋向较明显的商品,则需对买家职业进行简单分析。

买家职业分析主要是对买家的职业、买家数量、消费水平和回购率等进行分析。买家职业情况的获取主要以问卷调查、客服交流和地址推导等形式为主。其中，客单价高、消费额高和回购率高的买家是商品的主要推广对象，消费额高、回购率低的买家是需要卖家进行维护和改善的对象，回购率高、消费额低的买家则是卖家需要努力发展的对象。此外，针对不同职业的客户群体，也可采取差异化营销策略，分别满足不同职业的不同需要，从而扩大客户范围，增加客户回购率。

7.4.4 客户行为分析

买家的购物行为通常受多方面因素的影响，如需求、时间、商品、动机、爱好和地域等因素都会改变买家的行为。以时间为例，购物时间不同，发生购物行为的用户数量、客单价等都会存在差异。客户行为分析包括以下几个方面，如图7-14所示。

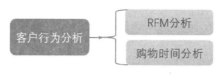

图 7-14

1. RFM 分析

RFM 分析是一种比较简单的买家行为分析方法，包含最近一次消费(Recency)、消费频率(Frequency)、消费金额(Monetary)3 个指标，用于对买家购物行为进行综合分析。

1) Recency

Recency 指最近一次消费，可以反映买家的回购率。Recency 等级越高，表示买家来购买的时间越接近。购买时间较近的买家，对店铺和商品还有购买印象，再购买的倾向更高，此时当网店对其进行推广时，可以得到比购买时间较远的买家更好的营销效果。

2) Frequency

Frequency 指购买频度，是可以反映买家亲密度的一个指标，通过购买频度可以有效分析出买家的满意度和忠诚度。Frequency 值高的客户群属于网店常客；对于 Frequency 值低的顾客群，卖家需要重新策划有效的推广方法。

3) Monetary

Monetary 指买家的累计购买金额，是可以反映买家忠诚度的一项指标，Monetary 等级越高，说明该买家的购买力越强，可以制定专门的营销方法留住这部分买家。但仅凭 Monetary 等级无法正确判断买家的再购倾向，因此必须通过 Recency 的值和 Frequency 的值依次进行分析和比较，先判断 Recency 等级，分析买家的最近到店日期，再通过 Frequency 等级分析买家购买频率，以此确定买家的再购倾向。

综上所述，Recency 等级越高，再购倾向越高；Monetary 等级高，但 Recency 等级较低，说明买家的再购倾向变低；Frequency 的值高，但 Recency 等级较低，说明买家的再购倾向也变低；Recency 等级较高的买家，Frequency 的值高，则再购倾向也较高；Recency 等级较低的买家，即使曾经 Frequency 的值很高，其再购倾向也较低；Monetary 等级高，Frequency 的值低，Recency 等级较低，其再购倾向也较低。

假设将客户划分为活跃期、沉默期、睡眠期和流失期 4 个生命周期，则不同的商品其客户生命周期的长短不同，必须根据店铺的实际情况进行分析。根据统计数据分析出客户的生命周期后，对于活跃期和沉默期的客户，需给予一定程度的消费刺激，保持客户对店铺的熟悉度。此外，也可根据客户的客单价和再购倾向进行分析，对于客单价高但再购倾向较低的客户，也要保持消费上的刺激，加大维护力度。

2. 购物时间分析

分析买家购物时间，主要是指根据商品的特性来分析目标客户群的常见购物时间段，从而更准确地制定相应的推广方案，如根据买家消费时间安排商品上架时间、加大推广投放力度等。

同时，卖家还可以周为单位分析买家的消费习惯，通过对分析数据进行总结，推断出举办促销活动的最佳日期。不同地域的买家其消费时间段也会存在差异，可以适当针对消费潜力较强的区域进行专门营销。

买家的购物行为通常受多方面因素的影响，如需求、时间、商品、动机、爱好和地域等因素都会改变买家的行为。以时间为例，购物时间不同，发生购物行为的用户数量、客单价等都会存在差异。

Section 7.5 秘籍分享——网店数据分析技巧

网店数据分析是网店经营过程中必须掌握的知识。卖家在经营初期常常对网店发展感到迷茫，此时就必须学会查询和分析网店的经营数据，及时引导网店向正确方向发展，抓住网店初期的黄金发展期。下面将针对网店数据分析的一些常见问题提供经验与技巧。

7.5.1 如何进行店铺健康诊断

店铺健康诊断主要是对店铺的浏览量、访客数、流量结构、成交转化率、收藏量等数据进行平衡对比，诊断是否低于同行标准、是否需要优化、主要优化什么等。

店铺诊断一般以诊断流量结构为主，对比自主搜索进店流量、站内免费资源进店流量、站外搜索进店流量、付费进店流量的各自比例，通过结构占比来分析整个网站流量结构的合理性，从而优化店铺流量结构，提高店铺的流量质量。

店铺引入流量的根本目的是销售产品，并提高店销的经济效益，但并不能单纯通过流量结构来评价流量质量，卖家还需对各流量结构的占比、各流量带来的收益等进行分析。网店经营受多方面因素的影响，是持续发展和变化的。如随着时间的变化，某店铺主推款的流量结构也发生了变化，由于流行元素改变，该品自然搜索流量逐步下滑，不再受消费者青睐，反之，其他非主推款自然流量上升幅度快，但由于店铺并未对这类商品进行合理的优化，导致转化率不高。此时，店铺必须对店铺商品的流量结构进行重新评估，关注自然搜索流量上升的商品情况，对其商品详情和流量结构进行优化。店铺健康诊断需平衡把握各个方面的流量，分析出流量的问题和流量出问题的原因，结合商品实际情况进行完善。

7.5.2 店铺动态评分低有哪些影响

销量、关键词热度和动态评分都是淘宝店铺非常直观且重要的数据，其中，动态评分不仅是影响店铺商品排名权重的重要因素，还是卖家申报活动的硬性指标。若店铺动态评分过低，会对店铺的很多方面产生不良影响。

1) 影响搜索排名

淘宝网的 DSR 考核标准主要是为了对买家的购物体验进行统一的数据统计，再根据对店铺的统计结果给予不同的扶持。如果 DSR 评分低于同行业其他店铺，则店铺搜索排行将低于其他店铺，而店铺排名将直接影响商品流量和商品销量。

2) 影响转化率

淘宝店铺 DSR 评分是买家比较关注的一项数据，评分低的店铺容易给买家带来质量不好、服务不好的主观印象，即使引入了流量，转化率也会偏低，而转化率低也会影响淘宝对店铺的流量扶持，从而影响商品销量。

3) 活动受限

淘宝官方开设的活动通常是营销效果非常良好的促销活动，不仅可以提升店铺宝贝的曝光率和销量,还可以引入数量可观的新客户、积累更多老客户,对店铺的持续发展十分有利。但淘宝官方的很多促销活动、U 站活动等都对 DSR 评分有严格的限制,若店铺 DSR 评分偏低,则会直接影响店铺活动的报名和审核。

4) 金牌卖家

金牌卖家是淘宝 C 店(个人店铺、集市店铺)一个重要的优势标志,买家更喜欢选择金牌卖家的店铺购买商品。金牌卖家的服务质量、购物体验、宝贝性价比等一般都高于非金牌卖家店铺,同时销售额也更加可观。如果店铺的 DSR 评分不合格,则会直接影响金牌卖家的获得。

7.5.3　可以提高 DSR 评分又不会花费较多成本的技巧

提高 DSR 评分的方法有很多,有一些技巧既容易赢得买家好感,又不会花费太多成本,卖家可以根据实际情况酌情选择。

(1) 短信提醒:买家在网店中购买商品后,都比较关注卖家的发货时间和自己收到商品的时间,针对买家这一心理,卖家可以投其所好地以短信方式为买家提供短信提醒服务,发货时提醒买家商品已发出,物流到达买家所在城市时发送物流同城提醒,从而提升买家的购物体验。如"报×大人,您在×购买的××已由申通镖局快马加鞭押送至×城市,预计一日内即可到达,请大人注意接镖验镖哟!"

(2) 引导好评:买家收到商品后,如果未在规定时间内对店铺做出评价,系统会自动给予好评,但评分却不计入店铺评分中,因此对于收到货物却未及时评论的买家,可以适当通过短信、小卡片、小提示等形式进行引导,如五星好评晒图即可获得××优惠、参与××抽奖等。

(3) 感谢信:当商品性价比不高,难以获得买家的主动好评时,卖家可以通过制作手写感谢信、个性感谢信等方式来获得买家的感情分,表明店铺会一直努力为买家服务,以亲切活泼的语言请求买家给予好评高分,从而提升店铺动态评分。

(4) 贴心包裹:包装效果是买家收到商品的第一印象,切忌包装盒破旧损坏、包装不严密等。为了方便买家拆开包装,可以提供一些小巧简易的开箱工具,同时还可以在外包装上打印一些贴心提示,以赢得买家好感。此外,在包装盒内可以给出一些无线端关注提示,如扫二维码关注、搜索公众号关注等,引导买家通过无线端进行评价,这样不仅可以提升店铺的无线端流量,还可以通过无线端高点击的特点提升店铺的转化率,扩大无线端推广的影响力。

第8章

移动营销新时代

随着智能手机的普及，以及各种移动端软件的开发，人们上网的习惯从 PC 端逐渐过渡到移动端，也预示着品牌营销模式的转变、移动营销时代的来临。本章将详细介绍移动营销的相关知识。

Section 8.1 正确认识移动营销

移动营销不同于传统的网络营销,有它自己的特点和优势。本节将详细介绍移动营销概述、了解移动营销的主要参与者、移动营销的发展历程以及移动营销的未来趋势等内容。

8.1.1 移动营销概述

移动营销(mobile marketing)是指面向移动终端(手机或平板电脑)用户,在移动终端上直接向目标受众定向和精确地传递个性化即时信息,通过与消费者的信息互动达到市场营销目标的行为。移动互联网技术的发展促使互联网冲破 PC 枷锁,开始将网络营销从桌面固定位置转向不断变动的人本身。

移动营销早期称作手机互动营销或无线营销。移动营销是在强大的云端服务支持下,利用移动终端获取云端营销内容,把个性化即时信息精确、有效地传递给消费者个人,达到一对一的互动营销目的。移动营销是互联网营销的一部分,它融合了现代网络经济中的"网络营销"(online marketing)和"数据库营销"(database marketing)理论,亦为经典市场营销的派生,为各种营销方法中最具潜力的部分。

移动营销是基于定量的市场调研,深入地研究目标消费者,全面地制定营销战略,运用和整合多种营销手段,来实现企业产品在市场上的营销目标。

移动营销的目的非常简单——提高品牌知名度;收集客户资料数据库;增大客户参加活动或者访问店面的机会;改进客户信任度和增加企业收入。

随着移动互联网技术的发展,企业对移动营销也表现得更加重视。移动互联网的最主要特点是比传统的互联网更即时、更快速、更便利,而且也不会有任何地域限制。

移动营销的模式,可以用"4I 模型"来概括:individual identification(分众识别)、instant message(即时信息)、interactive communication(互动沟通)和 I(我的个性化),如图 8-1 所示。

第8章 移动营销新时代

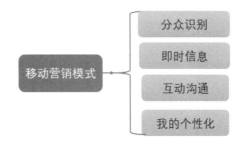

图 8-1

(1) individual identification(分众识别)：移动营销基于手机进行一对一的沟通。由于每一部手机及其使用者的身份都具有唯一对应的关系，并且可以利用技术手段进行识别，所以能与消费者建立确切的互动关系，能够确认消费者是谁、在哪里等问题。

(2) instant message(即时信息)：移动营销传递信息的即时性，为企业获得动态反馈和互动跟踪提供了可能。当企业对消费者的消费习惯有所觉察时，可以在消费者最有可能产生购买行为的时间发布产品信息。

(3) interactive communication(互动沟通)：移动营销一对一的互动特性，可以使企业与消费者形成一种互动、互求、互需的关系。这种互动特性可以甄别关系营销的深度和层次，针对不同需求识别出不同的分众，使企业的营销资源有的放矢。

(4) I(我的个性化)：手机的属性是个性化、私人化、功能复合化和时尚化的，人们对于个性化的需求比以往任何时候都更加强烈。利用手机进行移动营销具有强烈的个性化色彩，所传递的信息也具有鲜明的个性化。

8.1.2 了解移动营销的主要参与者

广告主、移动营销服务商、移动媒体和受众是移动营销的主要参与者，如图 8-2 所示。新时期的市场背景下，各参与主体展现出了鲜明的特色。

(1) 广告主越来越多地接受移动营销，开始尝试并接受程序化购买等新的投放形式，移动端预算进一步增加。

(2) 移动营销服务商中，大量广告网络平台转型成为 DSPAN，程序化购买成为共同的发展方向。

(3) 移动媒体体量分级，App 成为移动营销主战场，平台级 App、Hero App、中长尾 App 在定价模式、投放方式等各方面均有差异。

图 8-2

(4) App 数量大增,服务覆盖了受众的生活基本面,移动端受众行为更加碎片化,但也更丰富,受众注意力时长大增,移动端成为受众使用的"第一屏",为移动营销提供了更丰富的目标受众监测维度和标签。

8.1.3 移动营销的发展历程

技术进步、内容优化和流量爆发催生程序化时代的到来。中国移动营销市场的发展,和移动互联网技术进步、移动载体内容优化及移动端流量增长息息相关。最初移动 Web 端和 App 流量极小,移动营销集中在短彩信、移动增值业务等简单模式;之后移动端 Web 内容仍在摸索和沉淀,有了很少量的流量规模,移动互联网 Web 广告应运而生,但体量极小;2009—2011 年移动互联网流量渐增,Web 广告规模增长,App 经过发展蓄力开始有了一些流量,但基本没有广告位;2011 年后 App 流量持续增长,广告位从无到有,搜索、视频、积分墙等多元化的营销形式百花齐放,但整体仍以 PC 端为主,PC 端广告程序化购买产业也在此期间快速成长;2014 年进入移动程序化元年,随着移动端活力全面爆发,移动程序化购买开始快速发展,如何提高高性价比的受众购买注意力成为行业方向,一体式、程序化、全案型成为基本服务模式,差异化受众、差异化标签、差异化广告成为营销主线。

8.1.4 移动营销的未来趋势

随着移动端渗透率的不断提升,全球市场对移动端有了越来越多的关注,在线广告也正面临着前所未有的市场增长机遇。移动营销未来的趋势包括以下几点,如图 8-3 所示。

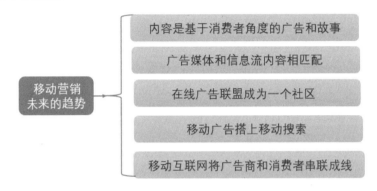

图 8-3

1) 内容是基于消费者角度的广告和故事

广告主需要营造一种经历来驱使大众互动,甚至让大众能从中找到自己的影子。红牛就是一个将其品牌故事转变为一种不断传达企业内容的例子。它大力宣传非常惊艳的绝技,比如有史以来世界上最高的高空极限跳伞,其帮助红牛吸引了超过 3600 万人的关注。此外,红牛还积极投资普通大众的冒险活动,建立一群忠实的品牌粉丝。目前,其手机视频观看者翻了近 3 倍。如果你的企业内容被分享了,很有可能现在有人正在观看。那么这就是"手机广告"吗?不完全是,但这是一种移动广告。

2) 广告媒体和信息流内容相匹配

"原生广告"用一种相对较新的策略,不再呈现传统的广告内容,而是通过更"和谐"的内容来呈现广告信息,它所带来的转化率很高。内容的相关性可以促进读者内部间的交流,从而提高点击率。因此,广告商现在需要明确的是,找出让他们的广告内容与出版商或者使用者的社会订阅习惯相结合的最佳方式。幸运的是,对于手机而言,原生广告实现了完美的转变。为什么?因为它的展示内容已经压缩成更小的表现形式,这等于已经瓦解了边缘化的广告平台。广告商的帖子和我们的好友动态以及订阅的新闻被捆绑在了一起。

3) 在线广告联盟成为一个社区

作为具有广告功能的网络群体，社交平台被公认为是最成功、规模最大的广告模式。其中，Facebook 由于持有 16.91%的移动广告收入增长股份，目前已成为业绩收入排名第二的数字化广告提供商。而由于掌握着 48.76%的移动网络广告收入，谷歌始终稳居第一位。这其中最大的挑战就是如何不断地创新广告模式，使增长和利润率得到大幅度的提升。

4) 移动广告搭上移动搜索

简化用户体验，优化移动网络模式，这样一来，移动网络多半会成为人们的首选，尤其是当他们随身携带手机的时候。当网络的移动性真真切切得到优化时，用户将能通过手机定位接收广告信息，从而促成交易。

5) 移动互联网将广告商和消费者串联成线

随着零售商选择"全渠道"策略，这种通过各个渠道去追踪消费者行为的功能显得尤其关键。一方面，它打通了全方位零售通路；另一方面，它能更好地评估媒介推广费用在什么地方或者在哪些人身上实现了转化。而从实践可知，对于 Cookie 管理器而言，这种操作并不容易，因为它无法承载大量的手机流量。

Section 8.2　移动营销传播

在这个反映商业模式的信息通信革命时代，移动营销这一新的商业模式给商家更多的机会让消费者认识自己。本节将介绍移动互联与营销商机、适合移动营销的行业、手机在移动营销中的功能以及在移动互联网必做的事等内容。

8.2.1　移动互联与营销商机

随着网络技术的发展，4G 和 5G 网的普遍应用，移动互联网用户在近几年迅速增长。并且在众多移动社交软件的引领下，人们的消费习惯在不知不觉中被改变。以往的 PC 端逐渐被智能手机所替代，人们的衣食住行越来越依赖移动互联网。

从查询出行路线，到查找附近的美食以及好玩的地方，能够随时随地查询自己想要了解的信息，人们已经处处离不开移动互联网。用户在哪里，营销就在哪里；用户集中在哪里，营销价值就在哪里，移动互联网已然成为商业蓝海。

虽然说现在 PC 端营销已经很成熟了，但是移动互联网巨大的用户量代表着巨大的商机，越来越多的商机可以从移动互联网上进行挖掘。当移动互联网越来越火爆的时候，越早将眼光定位在移动互联网，抓住的机遇就会越多，通过移动互联网进行营销已经成为一种必然选择。

对于企业来说，庞大的用户量就是商机，建立营销型移动端网站，可以抓住移动互联网庞大的用户量，为企业带来商机。企业可以随时随地地充分了解用户，用户的需求就是企业的营销重点，在满足用户需求的前提下进行营销，往往更容易获得用户的信任，从而将企业的产品或者服务推出去。

另一方面，移动互联网的营销终端目前基本就是智能手机，所以有效挖掘出手机上的营销潜力，移动互联网营销就可以事半功倍。相比线下的营销推广手段，移动营销更方便、效果更好，并且能够随时随地把信息传递给潜在用户。

移动互联网时代让消费模式从传统 PC 交易转变为移动端交易，这说明了未来已经是移动互联网的天下。企业应该迅速抓住移动互联网的发展机遇，布局自己的移动互联网营销策略，将营销进行到底。

8.2.2 适合移动营销的行业

适合移动营销的行业包括以下几种，如图 8-4 所示。

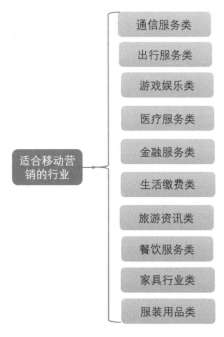

图 8-4

1. 通信服务类，借力节点赚吆喝

(1) 线上定制化，线下体验化。
(2) 就是要"节外生枝"。

2. 出行服务类，小优惠积累大数据

(1) 线上线下保持一致，用质量让用户放心。
(2) 技术细节要重视，实现线上线下高效运营。
(3) 为用户提供线上多种小优惠，才能迅速提高消费额。

3. 游戏娱乐类，瞄准出租移动平台

(1) 利用微信平台，开展游戏新营销。
(2) 联手出租车等移动屏，实现 O2O 转化。

4. 医疗服务类，一站式解决方案

(1) App 医生预约，提供网络医疗服务。
(2) 打通线上线下，实现完美闭环。

5. 金融服务类，在线业务全流

(1) 线上业务办理一步到位，快捷便利。
(2) 线上咨询和互动要做到位。

6. 生活缴费类，联合第三方创佳绩

(1) 微信支付缴纳水电费。
(2) 与更多第三方支付平台合作，给用户多重线上选择。

7. 旅游资讯类，线上搞定一切手续

(1) 机票加酒店的营销模式。
(2) 绑定营销，让旅游产品全面开花。

8. 餐饮服务类，理性选择会员营销

(1) 搭建一个"高大上"的线上平台。
(2) 理性选择会员，打通线上线下会员体系。

9. 家具行业类，完善入店体验

(1) 线上线下孰轻孰重。
(2) 电子商务+体验馆。

10. 服装用品类，务实"服务+产品"

(1) 建立线下体验店，让用户对产品有一个 360 度的认识。

(2) 线上线下服务一体化，让用户放心购物。

8.2.3 手机在移动营销中的功能

手机在移动营销中的功能包括以下几点，如图 8-5 所示。

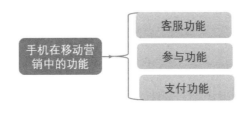

图 8-5

1. 客服功能

企业官方网站需要客服，淘宝店铺需要客服，售后服务需要客服，任何和人打交道的行当里面都需要客服。移动互联网的出现才真正解决了这一痛点，即使用户半夜咨询问题，一样可以通过客服来解决，而且能做到图文并茂。

如今使用移动客服功能频率最高的是微信公众平台，它不仅让用户通过平台自主解决问题，还可以选择人工一对一服务。除了微信，还有专业的平台可以提供服务。微讯通是一款以在线客服系统为主的多用途即时通信软件，彻底打破了各种网络之间的鸿沟，让交流无处不在，既可以用于网站作为在线客服系统，也可以在企业内部用于办公交流。当然，在客服功能中，手机营销还有一个特色功能，就是可以无限制地与用户聊天、培养感情，这样可以拉近企业与客户之间的关系，增进感情。企业在这个过程中，可以多使用一些网络表情、网络语言、亲密词语等表达对用户的感情。

2. 参与功能

小米在产品研发和营销中都让用户切实参与进来，实现了集大众的力量解决问题。对于移动端来说，更要做好参与功能，使用户时时刻刻通过手机参与到企业的运营中来。

飞猪侠科技在运营初期建立用微信为载体的用户参与平台，名字是"飞猪侠成长记"，通过活动和员工朋友等渠道聚集了一部分种子粉丝，一共 1.4 万名"弱关系"粉丝和 2000 名"强关系"粉丝，从品牌定位于到 Logo 设计都让粉丝提供意见，设计出来的形象也让大家来选择，最关键的是产品研发阶段，产品实用性功能都会根据粉丝提供的建议可行性地修改，而且每当产品进入到某一个节点，也会发出文章公布给参与的人，提出建议被采纳的用户，在产品生产手册中会标出他们的名字，真正实现用户参与成就感。在真正产品上市时，参与的这些用户也都会自豪地说，他们曾经也参与过研发。利用这个功能最大的好处就是可以激发更多的用户来了解产品，并且选择共同参与。

3. 支付功能

如果企业做移动互联网却没有支付功能，许多用户会因为这点而流失，如今有很多支付平台供我们选择。

- 支付宝：国内领先的第三方支付平台，致力于提供"简单、安全、快速"的支付解决方案。支付宝公司从 2004 年建立开始，始终以"信任"作为产品和服务的核心，旗下有"支付宝"与"支付宝钱包"两个独立品牌。自 2014 年第二季度开始，成为全球最大的移动支付厂商。
- 微信支付：集成在微信客户端的支付功能，用户可以通过手机完成快速的支付流程。微信支付以绑定银行卡的快捷支付为基础，向用户提供安全、快捷、高效的支付服务。
- 快钱：国内创新性的互联网金融机构。基于十年电子支付领域的积累，快钱充分整合数据信息，结合各类应用场景，为消费者和企业提供支付、理财、融资、应用等丰富的综合化互联网金融服务。公司总部位于上海，在全国 30 多个地区设有分公司，已覆盖超过 4 亿个人用户，400 余万商户，对接超过 100 家金融机构。2014 年，快钱与万达集团达成战略控股合作，逐步将互联网金融业务辐射到更多的产业和场景中。
- Apple Pay：苹果公司在 2014 苹果秋季新品发布会上发布的一种基于 NFC 的手机支付功能，于 2014 年 10 月 20 日在美国正式上线。2016 年 2 月 18 日凌晨 5:00，Apple Pay 业务在中国上线。

除了不同互联网平台可以支撑企业移动支付，还介绍了几种支付方式，企业可以在运营过程中结合平台使用。

1) 短信支付

手机短信支付是手机支付的最早应用，将用户手机 SIM 卡与用户本人的银行卡账号建立一种一一对应的关系，用户通过发送短信的方式在系统短信指令的引导下完成交易支付请求，操作简单，可以随时随地进行交易。手机短信支付服务强调了移动缴费和消费。

2) 扫码支付

扫码支付是一种基于账户体系搭建起来的新一代无线支付方案。在该支付方案下，商家可以把账号、商品价格等交易信息汇编成一个二维码，并印刷在各种报纸、杂志、广告、图书等载体上发布。

3) 指纹支付

指纹支付即指纹消费，是采用目前已经成熟的指纹系统进行消费认证，即顾客使用指纹注册成为指纹消费折扣联盟平台成员，通过指纹识别即可完成消费支付。

4) 声波支付

声波支付则是利用声波的传输，完成两个设备的近场识别。其具体过程是，在第三方支付产品的手机客户端里，内置有"声波支付"功能，用户打开此功能后，用手机麦克风对准收款方的麦克风，手机会播放一段"咻咻咻"的声音。

5) 人脸识别支付

人脸识别支付系统是一款基于脸部识别系统的支付平台，它于 2013 年 7 月由芬兰创业公司 Uniqul 全球首次推出。该系统不需要钱包、信用卡或手机，支付时只需要面对 POS 机屏幕上的摄像头，系统会自动将消费者面部信息与个人账户相关联，整个交易过程十分便捷。

8.2.4　在移动互联网必做的事

要想在移动互联网中取得先机，有哪些必须着眼的方面呢？

1. 智能硬件

继智能手机以后的新科技概念，颠覆移动互联网的新潮流必将是智能硬件，从可穿戴设备到科技检测设备和虚拟与现实(VR)，仿佛高科技产品正在向我们走来。随着科技进步，笔者相信量产的智能硬件未来五年一定会到来，也特别期待代替手机的下一个硬件到底长什么样。

当然，这些都是对未来的预测和憧憬，现在能做的是在移动互联网浪潮里面先霸占智能硬件的一席之地，无论是创业公司还是传统企业，最根本的动作是通过移动平台和智能硬件做连接，先带动智能硬件的发展，再反过来超越。目前智能硬件崭露头角的行业有哪些？

1) 智能家居

2015 年 1 月，美的 M-Smart 系统开发的智能家电管理应用——美居 App 正式通过苹果官方审核并上线发布至 App Store。通过这款 App 可以控制美的系列产品，以后就不愁夏天回家太热，快到家的时候直接打开手机，通过远程操作把空调先打开，方便更多用户的使用。

2) 智能穿戴设备

这是直接穿在身上，或是整合到用户的衣服或配件的一种便携式设备。可穿戴设备不仅仅是一种硬件设备，更是通过软件支持以及数据交互、云端交互来实现强大的功能。可穿戴设备将会给我们的生活、感知带来很大的转变。目前市场上智能穿戴设备不在少数，例如 Microsoft Band，它是微软出品的智能手环，可以支持 iOS、Android、WP 等多种系统，全身集成多达 10 个传感器，可谓是目前市面上功能最强大的手环。

2. 物联网

物联网是新一代信息技术的重要组成部分，也是信息化时代的重要发展阶段。其英文名称是"Internet of Things(IoT)"。顾名思义，物联网就是物物相连的互联网。这有两层意思：其一，物联网的核心和基础仍然是互联网，是在互联网基础上延伸和扩展的网络；其二，其用户端延伸和扩展到了任何物品与物品之间，进行信息交换和通信，也就是物物相息。物联网通过智能感知、识别技术与普适计算等通信感知技术，广泛应用于网络的融合中，也因此被称为继计算机、互联网之后世界信息产业发展的第三次浪潮。物联网是互联网的应用拓展，与其说物联网是网络，不如说物联网是业务和应用。因此，应用创新是物联网发展的核心，以用户体验为核心的创新 2.0 是物联网发展的灵魂。

物联网的概念已经是一个"中国制造"的概念，它的覆盖范围与时俱进，已经超越了 1999 年 Ashton 教授和 2005 年 ITU 报告所指的范围。物联网已被贴上"中国式"标签。

Section 8.3 建立移动营销流量库

本节将详细介绍建立移动营销流量库的方法，包括常用的移动营销方式、HTML5 营销的优点与缺点、App 程序开发与营销定位以及 APP 程序推广渠道等内容。

8.3.1 常用的移动营销方式

目前的移动互联网营销方式包括以下几种，如图 8-6 所示。

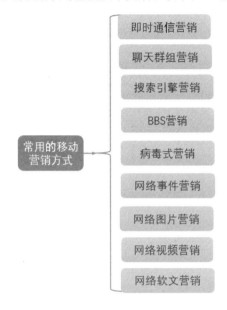

图 8-6

1. 即时通信营销

即时通信营销又叫 IM 营销，是企业通过即时工具 IM 推广产品和品牌的一种手段，常用的方法主要有两种：第一种是网络在线交流，像一般中小企业在建立网店或者企业网站时一般会有即时通信在线，这样潜在的客户如果对产品或者服务感兴趣，自然会主动和在线的商家联系。第二种是广告，中小企业可以通过 IM 营销通信工具发布一些产品信息、促销信息，或者可以通过发布一些图文并茂或者人们喜闻乐见的东西来吸引网友的眼球，当然须加上企业要宣传的标志，从而达到营销的目的。

2. 聊天群组营销

聊天群组营销算是即时通信工具的一种延伸，具体是利用各种即时通信软件中的群功能来展开营销。目前有 QQ 群、旺旺群、米聊群等。聊天群组营销使用即时通信工具具有即时效果，以及互动效果强、成本低等特点，广为企业采用。它是通过发布一些图片、文字等方式来进行企业品牌、产品的传播和服务，从而让目标客户更加深刻地了解企业的产品和服务，最终达到宣传企业产品、品牌和服务的效果，是一种加深对市场认知度的网络营销活动。

3. 搜索引擎营销

搜索引擎营销是当下最主要的网站推广营销手段之一，因为它是免费的，受到众多中小网站的重视。搜索引擎营销方法已成为网络营销方法体系的主要组成部分；分类目录登录、竞价排名、付费搜索引擎广告、搜索引擎登录、搜索引擎优化、关键词广告、网站链接策略、地址栏搜索等是搜索引擎营销主要的几种方法。

4. BBS 营销

BBS 营销又称论坛营销，就是利用论坛这个交流平台，通过图文、视频等方式传播企业产品、品牌和服务信息，从而让客户更加深刻地了解企业的产品和服务，达到宣传企业产品、品牌和服务的效果，加深对市场认知度的网络营销活动。BBS 营销就是利用论坛的高人气，通过专业的论坛帖子策划、撰写、发放、监测、汇报流程，在论坛空间提供高效传播。论坛包括各种普通帖、多图帖、连环帖、视频帖、论战帖、置顶帖等，然后利用论坛强大的聚众能力，将论坛作为平台举办各类灌水、踩楼、贴图、视频等活动，调动网友与品牌之间互动，以达到企业品牌传播和产品销售的目的。

5. 病毒式营销

所谓的病毒式营销，其实是一种较常用的网络营销方法，一般用于进行网站推广、品牌推广等。病毒式营销利用的是用户口碑传播的原理，在互联网上这种"口碑传播"更为方便，可以像病毒一样迅速蔓延，因此病毒式营销成为一种高效的信息传播方式。而且由于这种传播是用户之间自发进行的，是一种几乎不需要费用的网络营销手段。

6. 网络事件营销

网络事件营销是组织、企业主要以互联网为传播平台，通过精心策划、实施让公众直接参与、享受乐趣的事件，并通过这样的事件吸引或转移公众注意力，增进、改善与公众的关系，塑造组织、企业的良好形象，以谋求更好效果的营销传播活动。

7. 网络图片营销

网络图片营销就是组织或企业把设计好的富有创意的图片，在各大论坛、博客、空间和即时聊天工具上进行传播或通过搜索引擎自动获取，从而达到传播企业产品、品牌、服务等信息以实现营销的目的。

8. 网络视频营销

网络视频营销指的是组织或企业将各种制作好的视频短片放到互联网，宣传企业产品、品牌以及服务信息的营销手段。网络视频的形式类似于电视广告短片，它具有电视广告的种种特征，形式内容多样，同时又具有互联网营销的优势，比如互动性、主动传播性、传播速度快、所需成本低等。可以说，网络视频营销是将电视广告与互联网营销两者优点集于一身。

9. 网络软文营销

网络软文营销，又叫网络新闻营销，一般是借助网络上的门户网站、地方或行业网站等平台来传播一些具有新闻性、阐述性和宣传性的文章，包括一些深度报道、网络新闻通稿、案例分析等，把人物、企业、产品、品牌、服务、活动项目等相关信息以新闻的方式，及时、有效、全面、经济地向社会广泛传播的新型营销方式。

8.3.2 HTML5 营销的优点与缺点

1. HTML5 营销的优点

HTML5 营销的优点有以下几个方面，如图 8-7 所示。

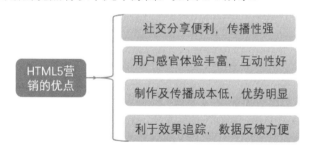

图 8-7

1) 社交分享便利，传播性强

品牌 HTML5 本身的发布渠道及传播阵地主是集中在移动互联网的社交平台，传播过程中的障碍很少。微信朋友圈、微博的传播力是十分强大的，在品牌了解了用户需求、把握了用户传播偏好后，能很好地促使用户主动传播品牌要传播的信息。

除了在传播途径上的优势，HTML5 自身的多设备跨平台特点也有利于品牌 H5 的传播。跨平台的特性使得 HTML5 在传播过程中不存在技术或设备障碍，像 Flash 动画或是 App，在传播过程中是需要用户设备自带插件或是自行下载应用才能体验的。

2) 用户感官体验丰富，互动性好

互动性和用户体验效果是用户对一个产品好坏的重要评判标准，同样，品牌 H5 营销传播内容的互动性与用户体验效果的好坏也直接影响着其传播效果。HTML5 自身的绘图功能及可以实现三维效果的特点有力地提高了品牌 H5 的互动性及用户感官体验效果。HTML5 绘图功能与三维效果的结合从技术角度来说可以实现很多动画形式，制作出来的画面十分美观，再结合触屏、重力感应等技术用户的感官体验也更加丰富。

最先在微信朋友圈爆发的 HTML5 也正是一些互动性很强的小游戏。而随后的品牌 H5 营销传播过程中，除了小游戏类型的 H5 外，主题类、功能类的 H5 也都离不开对互动性、用户体验的增强。

3) 制作及传播成本低，优势明显

(1) 开发成本方面的优势。品牌 H5 开发成本方面的优势亦是由 HTML5 技术的特性决定的。HTML5 技术的多设备跨平台优势使得在开发过程中无须分平台、分系统来开发，这样一来企业在人工、时间上的成本都可以大为缩减。

(2) 测试及维护成本降低。品牌 H5 营销传播内容制作出来后需要有个测试过程，针对传播过程中暴露出来的问题也需要补救维护。同样，等同于开发成本的降低，HTML5 的多设备跨平台特性也节省了品牌 H5 的测试及维护成本。

(3) 传播方面的成本低。品牌 H5 营销传播从发布渠道到后续传播的主要阵地都是些品牌自有的社会化媒体平台，这样一种传播方式对于品牌来说传播成本并不高。

4) 利于效果追踪，数据反馈方便

品牌 H5 营销传播终究要看的是传播效果，传播效果追踪及数据反馈是品牌最为关心的部分。而基于 H5 营销传播的效果可以实现跨平台监控和数据反馈及整合，当然能有这样的优势也是与 HTML5 多设备跨平台特性有关的。在这之前，基于不同平台开发出来的产品技术上会有所区别，因而在效果监测、数据统计方面都使用不同的计算方法各自进行监测统计，这样既增加了效果追踪、数据统计的工作量，同时降低了统计结果的可信度，而在对品牌 H5 营销传播进行效果追踪、数据统计工作时则没有这一缺陷。

2. HTML5营销的缺点

品牌H5营销传播存在的劣势有以下几个方面，如图8-8所示。

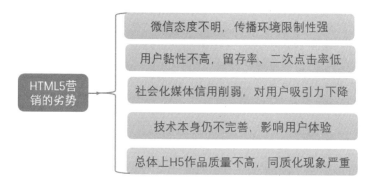

图8-8

1) 微信态度不明，传播环境限制性强

当下品牌H5营销传播的一个重要平台就是微信平台，在微信传播过程中，如若品牌H5内容够优秀的话固然能掀起用户传播热潮，但其中存在着很大的一个传播隐患——微信的限制甚至屏蔽。当然微信的限制与屏蔽并不是只针对小游戏类H5的。在"支付宝十年账单"上线数天于微信朋友圈频频刷屏时，也遭到了微信的屏蔽，具体表现就是用户分享到朋友圈功能可以用，但实际上在朋友圈中看不到该内容，被微信给屏蔽掉了。所幸，"支付宝十年账单"话题在新浪微博以及门户网站都能看到，最终微信的屏蔽对其传播并没有太大影响。不过如果换成其他品牌H5营销过程中遭到微信的屏蔽，打击会是巨大的。

2) 用户黏性不高，留存率、二次点击率低

当下，HTML5技术的产品走的都是轻应用的路线。轻应用的特质使得品牌H5的传播性及用户体验流畅性方面具有优势，但弊端也明显。弊端主要在于其承载的内容少、内容单一，多为"一次性消费"的内容，因而用户主观上在第一次体验完后第二次点击进入的可能性很小，这对于品牌营销的持续性来说非常不利。另外，从用户的角度客观上来说，用户在点击进入品牌H5营销内容再退出后，二次点击过程复杂、障碍多、干扰性大。以用户通过微信二次进入为例，用户需要先打开微信，然后进入朋友圈或是企业公众号查找品牌H5链接才可以点击进入，而在这个过程中，用户很有可能被微信的其他信息所干扰。

3) 社会化媒体信用削弱，对用户吸引力下降

品牌H5营销作为一个移动互联网营销的新热点，仍是社会化营销范畴。在移动互联网时代，社会化营销的威力正在削弱，社会化媒体平台的信用几乎消耗

殆尽。如今的微信也开始显现疲态了，上文中提到的微信对朋友圈中品牌 H5 营销传播内容分享功能的限制也反映出了微信自身的警惕性。这对于品牌 H5 营销来说面临的不仅仅是平台如微信对其传播的限制，更为重大的隐患在于用户。如今，品牌营销已处于过度营销的状态，当微信社交生态环境被企业个人营销破坏到一定程度时，用户将对企业的营销传播内容视而不见甚至主动屏蔽，而这对于品牌 H5 营销传播来说是致命的威胁。

4）技术本身仍不完善，影响用户体验

HTML5 最终由万维网联盟定稿是在 2014 年 10 月。至今，HTML5 技术发展得并不是特别成熟。从国内情况来看，HTML5 是被 H5 小游戏在移动+社交传播背景下过早引爆的。现如今，HTML5 技术仍存在需要完善之处，用户在体验过程中容易出现问题，比如页面切换卡顿、不流畅，播放多个音频时出错，重力感应技术失灵等，这样的一些问题对用户体验效果不利。

5）总体上 H5 作品质量不高，同质化现象严重

一个营销传播热点出现后，往往会引发企业追风营销的现象，H5 营销出现后也不例外。一些品牌在对 H5 不了解的情况下就盲目跟风尝试 H5 营销传播，这样最终出来的 H5 作品缺乏创意，只是有个华丽的页面，而无实际吸引用户的内容，同质化现象严重。这样既不利于品牌自身的 H5 营销传播效果，也会破坏 H5 营销的生态环境，容易使用户对 H5 产生审美疲劳，甚至会使用户今后对品牌 H5 视而不见，不利于品牌 H5 营销传播的良好发展。

8.3.3 App 程序开发与营销定位

App 项目定位是 App 开发基本要点，合理的 App 项目定位首先需要从产品的自身出发。在发现开发需求之后，需要清晰自身具备哪些资源、预算、推广能力等。如果资金比较有限，可适当降低预期，缩小推广范围，以尽可能保证能达到预期的目标。总的来说，定位最重要的是切合实际，其次才是针对用户真正需要的内容。

1. 产品定位

一句话清晰描述你的产品，用什么样的产品满足用户或者用户市场，如陌陌——一款基于地理位置的移动社交工具。

2. 产品核心目标

产品目标主要是为了解决目标用户某一个问题，为此问题分析越透彻，产品定位越准确。如 360 安全卫士解决用户使用电脑的安全问题。

3. 目标用户定位

目标用户定位主要方式是按照年龄段、收入、学历、地区等维度定位目标用户群体。

4. 目标用户特征

常用用户特征，包括年龄、性别、收入、职业、兴趣爱好、性格等。

用户技能，包括是熟练电脑办公，是外语能力强，还是其他的。

与产品相关的特征，如电子商务类——购物习惯、年度消费预算等；交友类——是否单身、择偶标准。

5. 用户使用场景

用户的使用场景也就是指将目标用户群投放到实际的使用场景中，通过用户的购物、消费习惯等，分析用户在某种消费场景下的需求，进而满足用户需求，以及分析不同场景下需要解决用户的哪些问题。

8.3.4 App 程序推广渠道

1. 免费渠道

对于创业者来说，最看重的肯定是免费渠道，目前免费的渠道有应用市场首发、应用市场专题、新品自荐、微信微博运营和互推以及垂直媒体投稿等。不过免费渠道获取频次较低的，后期要想快速上量，还是得做付费推广。

1) 应用市场首发

目前国内的主流应用商店除豌豆荚外，都支持首发申请，并且免费。从产品角度，首发分成新品首发和更新首发两种：新品首发指产品还未在各市场上架，更新首发则是指每次更新版本时的首发。另外，首发又分为独家首发(在一个市场首发)和联合首发(在多个市场首发)。关于首发，大市场的首发不一定就效果很好，如果位置不好，效果也依然一般。但是像魅族、OPPO 等渠道，如果可以首发，效果还是非常不错的。对于首发申请来说，可以同时多申请几个市场的首发，在撰写更新说明时，可以多写一些更新内容，这样可以增加通过的概率。

2) 应用市场专题

应用商店除了首发，还有专题申请这一免费资源。目前魅族、小米、华为、搜狗手机助手、联想都有专题申请，魅族、小米、搜狗的专题都在开发者论坛里面申请，华为、联想的专题则是在开发者后台申请。专题一般看重的是产品的品质以及和专题的契合度。

3) 新品自荐

魅族、小米、360、华为、联想都可以新品自荐，一般是要求上架 6 个月内，如果一次申请不上，可以多次申请。其实 OPPO、小米、华为等的编辑也会选择品质较好的产品给予一定推荐位，而且位置一般还不错，效果很明显。

另外，最美应用、DEMO8 等也有产品推荐模块，只要产品独特、有趣，都可以申请。

4) 微信微博运营/互推

创业者基本都有官方微博和微信，如果经营得好，是可以带来很多用户的。同时，可以尝试和其他品牌进行微博/微信互推，目前也有这样的互推 QQ 群(QQ 群搜索关键词就可以)，可以直接在这样的群里面找到互推伙伴。不断互推也是可以带来流量的。

5) 垂直媒体投稿

垂直媒体投稿，更偏向于 PR，不过大的垂直媒体，带来的效果还是很不错的，尤其是可以让更多的圈内人和投资人看到。目前 36Kr、虎嗅、猎云网、创业邦、i 黑马等都可以自主投稿或者申请项目报道。为了增加报道的概率，也可以找朋友引荐这些媒体的采编人员。

2. 付费渠道

App 程序推广的付费渠道包括以下几点。

1) 应用商店投放

应用商店都有付费的推广，基本都是按照 CPD(按下载)或者 CPT(按时间)计费，豌豆荚、应用宝等也有关键词竞价。总的来说，应用市场单个用户获取成本较高，如果初期没有较高预算，可以不做尝试。

2) 刷榜

360、小米、OPPO 等市场的刷榜效果还是不错的，不过各大市场也都加强了对刷榜、刷量、刷评论等的监控，还是有一定风险的。App Store 目前也有很多公司可以做分类榜单和总榜，不过价格高很多。

3) ASO 优化

ASO 主要是提高自己的 App 在各类关键词下面的排名。首先，开发者应该在名称目标、关键词、应用描述上下功夫，多匹配一些有希望带来流量的冷词和热词。对于小众的关键词来说，开发者可以自己通过点击或者买一些激活来提升排名；对于热词，除了自己逐步提升排名外，还可以找专业做 ASO 的公司。对于创业初期的公司来说，ASO 可以做一定尝试，先努力把长尾的小众词做好。

4) 微博九宫格

微博九宫格推广一般是联合 9 家 App，找一些 App 介绍类型的微博直发，然后找一些大号转发。在 2014 年 12 月—2015 年 2 月这段时间，微博推广带来的用户都是通过应用市场搜索下载，直接带动了应用市场的排名。可惜好景不长，随着各大博主的价格水涨船高，微博官方也加强了对这类微博的监控和屏蔽，目前很多博主都只能走微任务了，同时粉丝对广告的识别度也越来越高，微博热度本来也在降低，目前微博的效果就低了很多。

5) 换量

换量是目前比较常规的一种推广方法，一般就是你帮我带量，我给你按对应的比例还量。其实，换量也可以作为一种免费的手段，但是对于推广初期的产品来说，自己并没有多少量，很多时候都需要买量，所以这里就放在了付费的渠道。如果创业者觉得自己的产品量级太小，这时候就可以走这样的路线。

6) 垂直论坛

大型垂直类论坛目前保留有一定的流量和用户，而且用户活跃度高，对初期创业者是一个不错的渠道，比如贴吧。

7) 网盟/广告平台

网盟属于鱼龙混杂的一个渠道，市场推荐位量少，但是用户质量好，创业初期可以考虑。其他类渠道量多，但是用户质量低。一般网盟类，有很多渠道推广 QQ 群可以加，也有渠道类的网站可以在上面发信息。有米、百度联盟、谷歌 adsense 等也是目前比较知名的网盟平台，不过更多的都是按点击收费，Tapjoy 平台目前可以按激活付费，用户不限制区域的可以尝试。

广告平台一般单指各大平台或日活超高的产品的广告平台，比如腾讯的广点通、微博的粉丝通、今日头条的广告体系，现在陌陌也开设了广告体系，这类的成本相比于前面几种会稍微高一点。

8) 校园地推

地推分两种：一种是在学校摆点宣传，也就是路演，这种是要场地的，而且一场路演带来的注册量也不大，算下来成本比较高，但是品牌宣传好，起码半个学校都知道你了；另一种是扫楼，就是找学生、社团，让他们直接拉人下载注册，或者进宿舍教室宣传。

第9章

微信运营与推广攻略

　　微信是移动互联网浪潮中最闪耀的明星之一。它不仅以便捷的支付功能改变了很多人的消费习惯,而且让社交媒体走向了深度社交阶段。与其他互联网平台不同,微信朋友圈往往是线上线下一体化的,形成了一个天然的价值传播闭环。本章主要介绍微信运营与推广方面的攻略知识,为深入学习网店运营管理与营销推广知识奠定基础。

Section 9.1 认识微信营销

现如今,人们使用微信越来越频繁,从聊天到创业赚钱,微信逐渐融入人们的生活,成为生活中不可或缺的一部分。毫无疑问,微信营销已经成为各大企业或商家进行营销推广的重要方式之一。本节将详细介绍微信营销的一些基础知识。

9.1.1 什么是微信营销

微信营销是移动营销的一种,是网络经济时代企业营销模式的一种创新,是伴随着微信的火热而兴起的一种网络营销方式。微信不存在距离的限制,用户注册微信后,可与周围同样注册的"朋友"形成一种联系,用户订阅自己所需的信息,商家通过提供用户需要的信息推广自己的产品,从而实现点对点的营销。所以企业微信营销就是指企业利用微信平台,通过向用户传递有价值的信息而最终实现企业品牌力强化,或产品、服务销量增长的一种营销策略。

微信营销,顾名思义,是借助微信即时通信软件来进行商品的推广和销售,那么微信营销具体是怎么展开的呢?首先,微信这一社交软件可以添加好友,不断地添加不同的人群,就可以有商品推广和营销的对象;其次,微信在过去几年里不断革新和发展,如今已经有了图片、语音以及视频等多种传播方式,商品可以通过几种不同的表现形式来推广给各类用户群体;最后,展开交易,通过云端进行商品的邮寄和金额的支付。由此看来,微信营销省去了很多烦琐的流程,并且增加了商品的曝光度,大大提高了商家自身的营销水平。

9.1.2 微信营销的特点

微信营销是在互联网经济时代兴起的一种新型的营销模式。企业或商家可以利用微信平台向用户推广自己的产品或服务信息,进而实现产品的营销推广。下面对微信营销的特点进行图解分析,如图9-1所示。

1. 针对性强

针对性强是新媒体时代背景下微信营销很大的一个特点,因为大部分商家在营销初期,都会建立一些相关的公众号,并且定位较为明确,如"豆哥美食",

顾名思义，是一个推送美食的公众号，这类公众号大多会在推送的文章末尾附上一些美味菜肴中必备的食材链接，而心动的用户就可以点击链接进入商家的店铺进行购买，顺便还可以看看其他一些相关的食材商品，明码标价并且有详细的图文，这会让用户产生较好的购买体验，进而关注这些公众号，定期进行推文信息的观看和浏览，如此，商家轻而易举的就收获了一批忠实的粉丝。

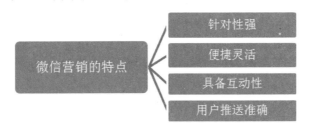

图9-1

2. 便捷灵活

便捷灵活，主要是就微信的营销方式而言的。在新媒体的时代背景下，要想下载一个软件是轻而易举的，但是要想用户产生深深的依赖感，并不是每一款软件都可以做到的。而调查表明，在众多软件中，认可度和呼声最高的就是微信这一社交软件了，原因有很多，例如可以随时随地编辑心情发送到朋友圈，也可以展开群组进行多人对话，利于用户产生零距离互动的体验感。将微信下载在移动手机客户端，随时随地可以打开界面进行商品的浏览和搜索，在这样的便捷条件下，商家的销售机会自然而然会增加，消费者可以选择的商品也灵活多样，便于满足内心的各类需求。

3. 具备互动性

在没有微信营销前，大家一般会在淘宝购买商品，而淘宝之所以备受大家的欢迎，一方面是因为商户较多、商品齐全；另一方面是有一些运险费或者七天无理由退货等购买规则和权益，加之店铺客服的贴心服务，大家可以放心购买。微信营销或多或少也学习了淘宝，创设了公众号，便于用户在公众号的推文下进行留言，商户再进行回复，你来我往的互动形式无形中拉近了卖家与买家的关系。最重要的是，很多消费者可以在下方留言，商家在后台看到汇总消息时，就可以大致了解消费者的想法，并认真分析他们提出的一些问题以及需求，结合自己商铺商品的实际营销情况进行调整。由此可见，这种营销方式密切了商家与消费者的关系，便于商家更好地了解用户群体的需求，增加自己营销的商品种类，并优化一些相关的营销手段。

4. 用户推送准确

微信营销具有用户推送准确性的特点是有迹可循的，因为互联网的快速发展，电子信息技术可以快速地对大数据信息进行分类、汇总，商户在短时间内就可以得到用户群体的相关信息，如他们的年龄、职业以及日常爱好，他们经常搜索和浏览到的信息。当然，这些信息要建立在用户授权的基础上，而用户在浏览一些页面时，会自动获取他们的手机号等信息，如果用户同意即可授权，所以通常不存在刻意泄露或窥探隐私的情况。并且，微信营销区别于线下实体店营销的很大一点是推送规律，通常是利用公众号进行定期的推送，并且有针对性地推送到微信客户这边；反观线下销售，会存在无序性，不利于营销水平的提高。

9.1.3 微信营销的基本原则

微信营销的基本原则可以从 5 个 C 出发，分别是贴身客服(close service)、客户关怀工具(care)、语音咨询台(consulting)、新客户关系发展工具(client)、企业主信息发布平台(center information diffusion)，并按顺序逐级降低使用频次，如图 9-2 所示。

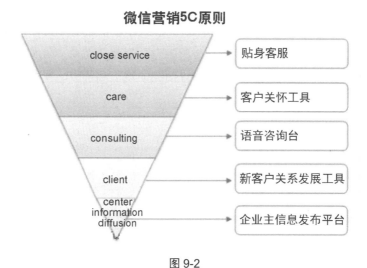

图 9-2

1. 贴身客服(close service)

手机作为一种随身通信工具，可以随时随地进行微信沟通，成为企业与既有客户 24 小时的即时沟通工具，延伸现有客户服务体系，满足现有客户产品咨询服务，成为被动咨询应答平台。比如微信营销非常成功的小米手机自己开发的微

第 9 章 微信运营与推广攻略

信后台,将留言中的一部分自动抓取出来,例如留言中出现"订单""刷机""快递"等字眼时,这些用户会被系统自动分配给人工客服,小米的微信运营人员会一对一地对其进行回复。

2. 客户关怀工具(care)

微信丰富的表达方式(文字、声音、视频、map、超链接等),可以向客户以友好的方式传递产品使用提示及客户关怀活动,增加客户黏性。

3. 语音咨询台(consulting)

在客户服务角色以外,面对非既有客户对产品或服务的咨询,可以发挥其自动应答、即时回复等功能,解答潜客问题,完成对零散客户的服务。

4. 新客户关系发展工具(client)

通过微信转发、摇一摇等功能传递优惠及互动信息,可以建立与微信用户新的关系链。配合二维码、移动互联网广告,可实现更多新客户的关系链接。

5. 企业主信息发布平台(center information diffusion)

可以向客户传递简短的新闻、优惠信息、营销活动等,并结合微信 LBS(location based services)功能引导消费者产生线下行动,以转化潜客为顾客。

9.1.4 运营微信的意义

微信是与手机号联系最为紧密的新媒体,这使得它成为互联网时代识别个人身份的一个重要标志。普通用户利用微信来记录生活、支付账单,商家则借此开展精准营销。任何轻视微信平台的新媒体运营者,都会损失一个重要的营销宣传渠道。总体来看,运营微信有以下 6 个意义,如图 9-3 所示。

1. 在第一时间群发重要内容

运营者在官方微博上发送的信息会被很多人看到,但总有一些老朋友会遗漏。如果是在微信上发布消息,就不用担心朋友们看不到了。即使他们没参与微信群对话,群发功能也可以自动完成信息推送,个个通知到位。

2. 培育高忠诚度客户

微信操作简单、功能齐全,与移动互联网浑然一体。即使是不擅长摆弄高科技的中老年人,也非常喜欢使用微信。很多人的微信群几乎就是手机通讯录的翻版。微博属于"半熟人社交",而微信则堪称真正的"熟人社交",这使得微信成为商家培育高忠诚度客户的天然利器。

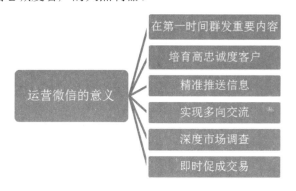

图 9-3

3. 精准推送信息

用户关注企业微信公众号的主要目的是了解企业产品的最新动向，也就是说，他们需要的是专业、可靠、准确而有价值的信息。这些信息最好能给出令人信服的数据和一眼就能看明白的结论，以省去用户自己查阅其他资料的时间。微信可以精准地给每一位用户推送信息，让他们在第一时间了解情况。

4. 实现多向交流

微信的开放性不像微博那么强，和 QQ 群一样比较封闭。尽管如此，微信并不只是双向交流工具，而是可以实现多向交流的工具。微信为每个用户(包括商家用户)自动生成的二维码大大拓宽了营销、宣传、支付渠道。无论你把二维码放在微博签名档上，还是打印出来贴在墙上，都会有人用微信的"扫一扫"功能主动关注你的公众号或者向你转账。

5. 深度市场调查

由于人们使用移动互联网的平均时间超过了传统的 PC 互联网，因此微信平台能采集到惊人的用户数据。利用微信完成深度市场调查，也是新媒体运营者的一个重要任务。运营者一方面可以对用户数据进行大数据分析，另一方面还可以选择活跃用户，与之深入交流，这样双管齐下，就能充分把握市场需求的变化。

6. 即时促成交易

微信出色的支付功能使得人们越来越不喜欢在身上带大量现金了。用微信直接转账或者以微信红包的形式转账，只需要十几秒就能轻松搞定。有的消费者可能会因为支付方式不够方便而降低消费欲望。假如能一口气完成交易，他们的消

第 9 章 微信运营与推广攻略

费热情会提高。微信在这方面有很大的优势，应当充分利用。

总之，微信运营是新媒体营销体系中的一大支柱，有着不同于微博运营的优点。运营团队应当把微信和微博两个营销平台结合起来，最大限度地扩散自己的品牌影响力。

微信跟手机号挂钩，又具备在线支付功能，其易操作性也满足了中老年人的需求。哪怕不被用于做营销活动，它也是你与亲朋好友维持"强社交关系"的最佳新媒体平台。忽视微信的新媒体运营者就跟忽视微博的人一样缺乏长远目光，搁置了一个广阔的发展空间。

Section 9.2 微信推广运营的方法

微信可以在线圈定不同的人群，也能获得不同的粉丝群，还能不定时在线群发获得更多的资源信息量与顾客群，潜在地维护与传递信息，加大品牌效应与口碑回馈。企业想要做好微信营销，就要掌握微信推广运营的方法。本节将详细介绍微信推广运营的相关知识。

9.2.1 微信公众号做好内容定位

运营者推送微信公众号内容时，主要进行的就是内容营销，所以，向用户推送的内容才是重点。对于企业来说，做好内容定位是必不可少的。

运营者在进行内容定位时，必须精耕细作，无价值的内容、纯粹的广告推送，往往会引起用户的普遍反感。内容的形成，建立在满足用户需求基础之上，包括休闲娱乐需求、生活服务类的应用需求、解决用户问题的实用需求，等等。企业希望推送的信息是用户想要的信息，应高度尊重订阅用户的意愿。微信公众号推送的内容一定要以高质量的原创或者转载率高的内容为主。否则，拥有再多的粉丝，没有阅读量也是没有意义的。

9.2.2 微信尽快完成认证

微信号在通过认证之后才有搜索中文的特权，因此企业在开通微信公众号之后，一定要尽快完成认证。相对来说，微信实现认证的门槛是比较低的，只要有

500 名订阅用户即可。

微信认证最大的好处就是，用户在微信的添加好友中直接搜索中文，就可以找到自己想要的微信公众号，甚至用户都不用将全名输入就可以搜索到。对于那些确实没办法及时认证的用户来说，最好选择一个容易记忆的微信 ID，或者用 6 位数以内的 QQ 号码来申请微信公众号。

9.2.3 灵活利用所有线上线下推广渠道

很多人不曾了解，早期的时候，那些微信的草根运营者拥有几十万订阅用户的微信公众号大多是来自于社交平台的推广，比如人人网、微博等。

其实微信公众号的线下推广也尤为重要，例如，某营销专家通过各地的社会化媒体营销的活动宣讲，给自身运营的微信公众号带来不小的微信关注度。所以对于有实力的微信爱好者来说，可以通过在自身的营销会议中植入宣传信息，获得更多粉丝的关注。

9.2.4 搭建自定义回复接口

微信公众平台自定义回复接口的作用可以说超乎我们的想象，不同类型的微信公众号可以通过这个回复接口设置不同的内容。

例如，像旅游类的微信公众号，通过发送"攻略"关键词就可以返回预设的旅游攻略，查天气、查列车、查景点同理。据了解，有很多用户通过这些功能来和微信公众号大量互动，并提出不少宝贵的修改意见，逐步丰富服务内容。

总之，搭建自定义回复接口是微信运营者理应学会的一项技能。它不仅使微信公众平台的形式更加多样化，也为用户提供了更多的便利。

9.2.5 策划大量有奖互动活动

作为微信公众平台的运营者，一定要策划大量的有奖互动活动，这是增强与粉丝互动、提高平台活跃度的最有效方法。

微信公众号的运营一定要为用户带来一定的价值或利益，这样才能吸引更多的用户。策划有奖互动的活动，不仅可以进行与粉丝的互动、提高平台的活跃度，而且还可以让更多的用户参与其中，从而提升整个账号的价值，让更多人看到你、关注你。

第9章 微信运营与推广攻略

Section 9.3 微信营销攻略

微信营销是利用互联网技术进行的伴随着微信的火热而兴起的一种网络营销方式,具有高速度、广泛性的特点,随着科技的发展,微信营销已渐渐被人们所接受。利用微信与好友互动,能拉近人与人之间的关系。本节将详细介绍一些微信营销具体攻略。

9.3.1 树立良好口碑

在信息化快速发展的今天,一个品牌的好与坏,会被大家迅速地看到并了解,所以企业要想提高自己的营销成效,首先要做的就是树立一个良好的品牌并赢得较好的口碑。常言道:"好事不出门,坏事传千里",大家对好的品牌是认可的,但是对不讲良心、无信用的品牌是万般唾弃的,尤其是在经济水平快速提高、广大居民群众物质需求日益增长的当下,商品的口碑是大家非常看重的。

商户可以借助微信这一免费的营销渠道,来树立自己良好的口碑。而树立品牌口碑的方式很简单,例如在朋友圈发布一些已购买者的评价,让想要购买的群体及时了解到更多的信息,来决定自己是否要购买;千万不要小看这些评价,对将要购买的用户的影响是很大的。除此之外,还可以在公众号发布推文,鼓励大家对营销商品的好与坏做一个中肯的评价,这样可以使看到评价的群体规模也随之扩大,增加了营销的范围,充分发挥了线上营销的优势。

9.3.2 打破文字营销的束缚

商家要想扩大商品的影响力,应当积极地利用图片和视频等形式,因为枯燥的文字不仅不能吸引用户的兴趣,反而还有可能造成他们的视觉疲劳,因此,商家要学会将几种形式进行混合搭配,丰富营销的手段,从视觉、听觉等多方面带给消费者最直观的感受,从而激发他们的兴趣,发自内心地想要去了解这些商品并进行选购。需要特别注意的是,商家需要结合商品的实际情况进行图片、视频等形式的营销,最大限度地发挥商品的个性化特点。

运用视频、图片营销策略开展微信营销,为特定的潜在客户提供个性化、差异化服务,将企业产品、服务的信息传送到潜在客户的大脑中,可为企业赢得竞争的优势,打造出优质的品牌服务,让我们的微信营销更加"可口化、可乐化、软性化",更加吸引消费者的眼球。

9.3.3 丰富营销内容、把握推送频率

微信营销并不是孤军奋战，而是要与其他营销渠道、其他媒体取长补短、相互协调配合，才能逐渐丰富营销内容、强化营销功能、拓宽营销渠道，充分发挥微信营销的优势。

丰富内容并进行合理的推送，是一项营销小技巧，过度的营销会使消费者产生一定的消费负担和厌倦心理，而长期缺少推送会影响产品的影响力，由此可见，把握好推送的频率是关键。把握好推送的时机后，需要认真考虑的就是营销的内容了，因为内容才是决定消费者是否采购的决定性因素。商家要避免一味地推送广告，那样会引起消费群体的不满，所以要注意内容的设计。

9.3.4 注重"意见领袖型"营销

企业家、企业的高层管理人员大都是意见领袖，他们的观点对大众有着重大的影响作用，潜移默化地改变人们的消费观念，影响人们的消费行为。微信营销可以有效地运用这些意见领袖的影响力和微信自身强大的影响力去刺激需求，激发购买欲望。

9.3.5 利用微信打造企业"一条龙"服务平台

微信事实上还可以成为企业的服务平台、O2O平台、客户关系管理数据库等。把微信的众多功能结合起来，就能形成一个较为完整的品牌营销与服务链条，甚至打造成一种新的商业模式。

比如，当用户在某个地方购物时想要吃晚饭，可以使用微信打开"查看附近的人"这一功能，如果某一饭店在其中醒目显示，再配合该饭店的特色说明和促销活动(如进店扫描二维码获得减免优惠等)，且符合用户口味的话，用户就很有可能选择该家饭店而非其他同类饭店。如果用户在消费后体验很好，可能就会再次光临。扫描二维码成为电子会员将显著帮助增加品牌的用户黏性，饭店可以通过微信平台向该用户推送最新的优惠信息，用户也可以通过微信进行预订、付费、咨询等活动。如果饭店建立起了用户管理数据库，还可以根据用户喜好调整菜单和促销活动。

9.3.6 完善售后服务

微信营销需要从淘宝、京东等比较完善的售后服务体系中汲取营养，利用微

信公众号定点信息推送、自助退换货等功能，以及微信直接沟通的便利性、亲切感，构建独具微信营销特色的售后服务体系，解决客户对于维修、退换货等售后服务方面的后顾之忧，才能有效地提升客户满意度，增加客户的黏性。

Section 9.4 微信公众号运营秘籍

微信公众平台的推出，让微信的营销价值逐步显现。微信公众账号究竟应该怎样运营？微信公众账号运营有哪些基本的原则和规律？本节将与读者分享一些关于微信公众号运营和推广的方法。

9.4.1 微信公众平台的营销方式

微信公众平台的营销方式主要分为图片广告、植入广告和纯粹广告3个方面。

1. 图片广告

微信公众账号每天精选有价值的新闻、资讯等富媒体推送给订阅用户，并在文章的插图或者最后面附上一张精心设计的广告图，图片要一目了然，不影响用户的体验，还能实现广告传播效果最大化。

2. 植入广告

在推送的富媒体内容上，植入广告内容，比如在文章、图片中提到某些品牌的名字、广告词等，这类广告不露声色，不易引起用户抵触情绪。

3. 纯粹广告

定期整理一定数量的"纯粹广告"进行发布，广告内容本身就是用户需要的一种服务，广告自然效果最佳。

9.4.2 微信公众账号的推广策略

在微信公众平台上，无论是媒体、商家、个体，不论大小品牌，都拥有平等的表达机会，优质的内容将保证品牌的健康持续运营。下面将介绍一些微信公众账号的推广策略。

1. 找到目标人群聚集的圈子

以"领秀职场"这个微信为例，目标人群为职场上的精英人士，就会比较关注一些职业社交网站，通过这些网站的社交账号进行推广。另外，也会整理一些PPT 模板等办公类资料发布在百度文库、华为网盘等地方，吸引用户下载，并进而关注自己的微信号。

2. 借助现有的资源

如果微博、博客本身都有比较多的粉丝，可以通过这些渠道进行推广。

如果产品是在线下交易，可在交易地址附近放置印有微信公众号二维码的易拉宝。必要时，可以搞一些活动，将线下用户转移到微信上。

向身边的朋友多推荐自己的微信公众账号，在名片上、邮件签名等地方也加上微信公众账号。

3. 专注于内容建设

关于这一点，很多人可能不大认同。许多人为了做粉丝而做粉丝，其实这种出发点就是错的。微信公众账号的粉丝不同于微博，粉丝数量并不能成为炫耀的资本。倒不如踏踏实实做内容，将目标用户吸引过来。仍以"领秀职场"为例，平均每篇内容的阅读率为 25%(即阅读的用户占总的订阅用户的比例)，大家可以反思下自己的微信是否有这样的阅读率。

9.4.3 微信公众平台内容写作的要素

一篇优秀的文章，通常由 3 个部分组成：标题+正文+结尾。在写文章之前，先拿起笔在纸上写下大脑里的所有灵感，再把这些灵感编写成提纲，就可以开始写作了。

1. 标题

一篇优秀的文章能不能吸引大量读者，主要取决于标题。世界文案大师在写文案时，他们都会花大量的时间来思考怎样写好一个优质的标题。为了保证标题写作成功，通常会写几十个标题，再从中选择一个最棒的标题。标题最好控制在 10～18 字之间。注意，要尽量把标题写长一点，长标题更能吸引读者的注意。

2. 正文

写文章要找自己熟悉的话题和自己擅长的话题，只有自己在该行业里拥有丰富的知识储备、有独特的见解，写起来才能游刃有余、挥笔自然。不论是创业路上的故事、公司管理经验的分享、业务之间的分歧、团队里的故事等，都要有一定的真实性、可读性、连贯性。只要是喜欢的，都可以拿出来写成文章。正文写作要让人看起来非常有条理，文章的段落按重要性向下排列，每一段的开头第一句话，通常是对该段内容的总结提炼。要注意消除每一个废字、每一句废话，一篇文章写好之后，自己一定要通读一遍，这个阶段的主要工作就是删除废话，确保文章里没有一个废字，使之言简意赅、内容紧凑。

3. 结尾

结尾主要是对这一篇文章做一个简单的总结，通过总结使读者更重视你提出的观点，或者是引发读者更深层次的思考。我们经常看到很多访谈节目最后都会请访谈人用一句话来总结当天谈话的主要内容，就是这个道理。很多人都喜欢用名人名言来作为总结，这也是很好的方法。

9.4.4 微信公众账号营销的基础注意事项

企业在开展微信营销时，切记要注意如下一些公众账号的营销注意事项。

1. 内容是做服务的

对于微信营销而言，内容是做服务的。如何把内容做到大家喜欢？如何维持粉丝不让粉丝流失？如何实现自然增加粉丝？这些全靠内容的运营。而内容不单单是文字，图片、语音、视频等都可以是内容的组成部分。

2. 微信主题的确立

首先需要确立微信主题，这是企业微信营销的根本所在，也是体现与同行差异的关键点。对于企业而言，一定要摆脱微博营销的影响，不要直接用企业的名称作为微信号，要在内容和功能上进行品牌传播，因为微信营销的宗旨就是让企业的目标人群依赖于己。

3. 微信是企业的天下

微信公众平台上曾经有很多和微博时期一样的草根大号，它们都是以内容为王的，但是这些号已经纷纷被封掉了。而随着微信公众平台端口的不断开放，企业应该已经很明白了，微信就是为企业服务的。

4. 微信营销不是单一的推广工具

微信营销要全面推广，本书后面有不少实战的案例，大家可以仔细区分。总之，微信营销不是单一的推广工具，而是一个综合性极强的营销利器，企业在推广自己的微信公众账号时要做到全面推广，要针对自己的目标人群、精准人群。

9.4.5 品牌微信运营大忌

微信公众号正处于蓬勃发展之中，只要端正运维理念，避免急功近利的浮躁心态，做好了目标、战略、创意运维的准备，这就是开设公众账号的黄金时期。具体运营禁忌如下。

1. 不能推送与微信号主题无关的垃圾广告

例如，你是做家居的，就不能在推送信息时夹带与家居主题不相关的征婚广告。2013 年 2 月，有不少微信自媒体知名账号因为无节制地大量发送不相关广告，从而被关闭群发功能。

2. 不能推送色情、暴力以及触碰政治敏感话题的信息

可以肯定的一点是，微信官方对公众账号所发出的信息是完全可以监控的。因此，只要发布有关这方面的文字和图片内容，会被立即关闭群发功能，甚至封号。

3. 不要强迫用户把信息分享到朋友圈

比如说，不能让在朋友圈看到信息的用户必须关注公众账号才能看到测试结果。曾有不少知名企业的官方微信号没注意这个方面，而被关闭一个星期左右。

4. 不要欺骗用户、发送不真实的信息

这就意味着，不能在微信里推送假冒伪劣产品的广告信息，同时，所发送的信息要具有真实性。这两点很容易导致用户的投诉，而用户投诉带来的结果就是微信官方毫不犹豫地把你的群发功能关闭。

5. 不要用个人微信频繁发布信息去带动公众账号

用户的碎片化时间是有限的，微信让企业号一个月只能群发一次消息，就有人用暂时还没限制的个人微信号天天群发文字信息和公众账号推荐。过于频繁地发送信息会给用户造成骚扰，让用户产生反感。

6. 滥用自动回复，不够人性化

贪图省事，把用户可能涉及的问题都利用微信公众平台的关键字回复功能来回复。这样的弊端就是不够人性化，没有用户喜欢和一个机器人长期交流，当然，工具类的微信公众号除外，但那是基于庞大数据交互处理推送实用信息，不在此列。微信官方曾经鼓励公众平台用户尽量多使用人工回复。

7. 不要推送实用性不强、枯燥无趣、同质化的信息

公众账号每月只有一次推送机会，若用来推送实用性不强、枯燥无趣、同质化的信息，用户会觉得持续关注你用处不大，自然不会在你这里浪费时间；推送趣味性不够强的信息，用户容易审美疲劳，自然会对你产生厌恶；用户会有很多接触信息的渠道，轻易地把别的渠道也能获取的信息简单复制到微信上来，只会让用户觉得没有阅读价值，不会过多驻足。

8. 推送信息太长

如果内容没有足够的阅读价值，又不是某领域专业主题，向用户推送短则千字，长则近万字的内容，用户会觉得阅读起来很麻烦，干脆略过。用户的碎片化时间有限，推送内容要尽可能简短，能让用户在 5 分钟内读完信息最佳。

9. 回复不及时

用户向公众账号发出信息，而品牌方疏于维护，没有安排专人及时处理，会让用户感到被冷落。正确的做法应该是及时回复用户的信息，通过对用户咨询的及时回复建立起消费者的好感。另外，让客服开着旺旺、QQ 的同时打开微信公众号的后台及时维护不是多大的难事。

9.4.6 微信公众号精准营销的三大办法

微信公众号是现在企业会经常用到一个平台，那么企业如何利用这个精准营销的平台，把自己的品牌和产品精准传到目标顾客手中，而为企业转化利润？在这个竞争激烈的市场，想要获得一席之地，就要把微信公众号做到精准营销，下面一起来看看具体方法。

1. 注重粉丝质量，提高目标用户精准性

用户通过关注企业的微信公众号，成为企业微信公众号的粉丝，跟微博中的粉丝概念性质一致。微信运营的开展过程中，很多企业走入了这样一个误区：认为粉丝越多就会给企业带来越多的效益，例如，现在很多企业热衷于通过各种方式购买微信粉丝，但这个方法给企业增加的只是成本，而不是效益。因为粉丝数量多，并不代表所有粉丝都对企业的产品和服务感兴趣，以至于顾客转化率很低，即粉丝的质量不高。因此，企业在努力增加粉丝数量的同时还要注重粉丝的质量，这样既能够实现目标用户选择的精准性，也能提高活动运营投入的利用率，最大限度地减少浪费。活动运营的流程如图 9-4 所示。

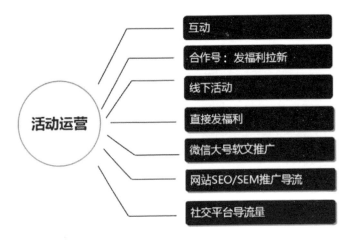

图 9-4

2. 完善微信 CRM 系统，洞悉客户需求

企业要利用微信实施精准营销，就要根据客户的需求有针对性地提供产品或服务，而不是在获取粉丝之后直接推送信息。要想知道客户的需求是什么，企业就要善于捕捉消费者的信息、消费取向、消费能力等，然后再通过技术手段进行统计分析，准确洞悉消费者的需求所在。因此完善的微信客户关系管理系统对想要实现精准营销的企业来说是必须具备的。运用该系统，实现对微信用户的分组管理和地域控制，推送信息的精准性将大大提高。例如，对于动账客户，银行可以借助微信公众号向他们发送账户提醒，同时向入账客户推送有关理财信息，向出账客户推送有关信用卡办理优惠信息。随着企业的不断成长，粉丝数量越来越多，完善的微信客户关系管理系统意义也会越来越明显。

3. 合理推送信息，提高微信信息传播价值

微信用户基于自己的兴趣点会主动关注企业的微信公众号，成为企业的粉丝，但是，用户也有取消关注的权利。如果企业不能够在正确的时间推送用户所需要的信息，那么所推送的信息就会引起用户的反感，长此以往，用户取消关注企业公众账号的概率就会大增。微信 CRM 应根据微信标签、性别、地理位置以及标签进行微信用户精准推送，并针对不同粉丝下发不同的内容，且管理员下发次数不受限制。

微信公众号作为企业营销平台之一，就要看看企业如何利用这把"利剑"发挥其作用，把微信公众号做到精准营销，来提升企业的整体价值，所以，企业应正确运用这个平台，结合自身的特点，在这个平台上发挥精准营销的价值。

第10章

微博运营与推广攻略

　　微博营销以微博作为营销平台,每一个粉丝都是潜在营销对象,企业利用更新自己的微型博客向网友传播企业及产品的信息,可以树立良好的企业形象和产品形象。本章主要介绍微博运营与推广方面的知识与技巧,通过本章的学习,读者可以掌握微博运营与推广方面的知识。

Section 10.1 认识微博营销

微博有着极强的传播力度,每天都会产生很多新的热点话题,且会将前一天的热点冲淡。谁也不知道下一场风暴始于哪一句不经意的评论,或者哪一个无名小卒随手上传的视频。但目光敏锐的微博运营者只要一发现新的热点,就会积极参与其中,推动它成为高人气的热门话题。本节将带领读者全面认识微博营销的基础知识。

10.1.1 微博概述

微博是一个基于用户关系信息分享、传播以及获取的平台。用户可以通过 Web、WAP 等各种客户端组建个人社区,以 140 字(包括标点符号)的文字更新信息,并实现即时分享。微博的关注机制分为单向、双向两种。微博包括新浪微博、腾讯微博、网易微博、搜狐微博,等等,若没有特别说明,微博就是指新浪微博。

微博作为一种分享和交流平台,其更注重时效性和随意性。微博更能表达出每时每刻的思想和最新动态,而博客则更偏重于梳理自己在一段时间内的所见、所闻、所感。因微博而诞生出微小说这种小说体裁。类似于一些大的突发事件或引起全球关注的大事,利用各种手段在微博上发表出来,其实时性、现场感以及快捷性,甚至超过所有媒体。微博草根性更强,且广泛分布在桌面、浏览器和移动终端等多个平台上,有多种商业模式并存,有形成多个垂直细分领域的可能。但无论哪种商业模式,都离不开用户体验的特性和基本功能。

微博信息获取具有很强的自主性、选择性,用户可以根据自己的兴趣偏好,依据对方发布内容的类别与质量,来选择是否"关注"某用户,并可以对所有"关注"的用户群进行分类。微博宣传的影响力具有很大弹性,与内容质量高度相关,其影响力基于用户现有的被关注的数量。用户发布信息的吸引力、新闻性越强,对该用户感兴趣、关注该用户的人数也越多,影响力越大。只有拥有更多高质量的粉丝,才能让你的微博被更多人关注。此外,微博平台本身的认证及推荐机制有助于增加被"关注"的数量。微博的内容限定为 140 字左右,内容简短,不需长篇大论,门槛较低;信息共享便捷迅速。用户可以通过各种连接网络的平台,在任何时间、任何地点即时发布信息,其信息发布速度超过传统纸媒及网络媒体。

10.1.2 微博的特点

微博刚问世的时候,大家只把它当成是一种特殊的博客,根本没想到这种新媒体平台会冲击很多传统产业,也让一些传统产业插上了"互联网+"的翅膀。微博能演变成新媒体营销的主要平台,与其自身的特点有关。

第一,微博平台本身采用了多媒体技术,用户可以以文字、图片、视频、音频等形式发布内容。

第二,在各种各样的互联网平台中,微博是发布信息最便捷的,能让营销者节约很多时间和成本。

第三,无论内容多么复杂的微博,都能被一键转发,这使得微博能在短时间内很快获得惊人的转发量。

第四,微博的信息是通过博主的粉丝来扩散的,容易通过裂变式传播产生广泛的影响力。

上述四大特点使得微博成为一个便于操作、成本低、传播力度大、能兼容多种应用、利于与用户产生密切社交关系的优良营销平台。微博作为一种社交媒体,最大限度地把品牌运营者与广大粉丝凝聚在一起,让营销活动变得更为个性化、精准化,故而微博营销几乎占据了新媒体营销的半壁江山。

10.1.3 微博营销的价值

不少自媒体把微博当成了增长粉丝的工具,其实微博的营销价值远不止这些,还包括以下几个方面。

1. 广告宣传

移动互联网让人们形成了随时用手机看社交媒体上的消息的习惯,这使得社交媒体上发布的信息比传统宣传渠道的曝光率更高。产品用户和潜在客户从企业官方微博上看到广告的概率比在企业官方网站上要高得多,这无疑大大提高了广告宣传的力度。

2. 市场调研

微博在营销领域的异军突起并不意外。它原本就是类似 Twitter(推特)的社交媒体,主要用来跟其他网友进行深度交流。运营团队可以利用微博的互动功能来完成产品的市场调研工作。比起传统的街头走访和网上问卷调查,微博成了运营者、产品设计师与产品用户沟通用时最短、最便捷的渠道,这使得微博运营团队能轻而易举地一次采集大量的用户数据,形成比较准确的市场调研报告。

3. 品牌塑造

由于新媒体平台逐渐成为人们的主要信息来源,因此企业的品牌形象与其新媒体平台的形象直接挂钩。企业官方微博本身就是一个人格化的品牌,成功的微博运营能让广大用户把企业官方微博视为生活中不可缺少的朋友,这也使得企业品牌形象更加深入人心。

4. 客户服务

许多用户习惯在官方微博的评论栏里留言,因为这比给公司客服打电话省钱、省力、省时间。这样一来,微博也就变成了天然的客服平台。运营者可以在第一时间发现用户在网络上表达的不满意见,及时回复并跟进,避免对方把负面影响扩大化,提高用户的满意度。

5. 危机公关

新媒体时代的舆论环境十分复杂,一个不起眼的纰漏就会让企业积累多年的名望一夜扫地。在传统媒体领域,企业的危机公关更多的是跟报社、电视台搞好关系,封锁不利消息。这一招在人人都是自媒体的今天难以奏效。通过官方微博来发布声明,开展危机公关活动,是现代企业运营的一项重要工作。

微博最初只是自娱自乐的新媒体平台,刚开始的时候大家只是将其视为一种特殊的博客。谁也没想到,微博竟然成为新媒体时代的宠儿,甚至颠覆了传统的互联网营销模式。而门户网站、贴吧、博客等传统互联网平台在微博的冲击下,昔日的辉煌已经不复存在。在网络营销时代,微博凭借其巨大的商业价值属性成为企业重要的网络营销推广工具。

Section 10.2 微博营销策略

微博营销因具备传播速度快、覆盖范围广、投入成本低等特点,成为企业和个人的新选择。虽然微博营销带来了方便,但是运用不当的话损失也是很大的。所以微博营销策略就显得尤为重要。本节将详细介绍微博营销策略,读者可以从这些技巧中深入学习微博营销的相关知识。

10.2.1 基本设置技巧

无论是个人还是企业,在注册微博时,都需要尽可能地完善资料,只有这样才能更多地获得用户信任,其中包括对昵称、头像、简介、基本信息、微博广告牌等进行系统完善。

1. 昵称

企业或商家在为品牌设置微博昵称时,应该选择一个合适的名字,这样才能够让微博粉丝更好地记住你。因此,在设置昵称时,一定要把握好原则和技巧。下面对微博昵称设置的原则和技巧进行具体介绍。

微博昵称设置有四大原则,具体内容如下。

- 字数不要超过7字,最好控制在4字以内。
- 在昵称中要体现出品牌价值。
- 在昵称中要体现出产品或服务的具体内容。
- 在昵称中要体现出明确的定位。

微博昵称设置有两大技巧,具体内容如下。

- 在设置微博昵称时,最好突出行业的关键词。为了获取更多被检索的机会,在符合用户搜索习惯的前提下,尽量增加关键词的密度。
- 在设置微博昵称时,可以按照"姓名+行业+产品"的格式来命名。

总之,微博的昵称设置首先要考虑到搜索的需要,注意用户的搜索习惯。用户一般都是搜索企业或产品,在昵称中体现行业或产品,可以方便消费者快速找到企业或产品。

2. 头像

企业或商家的微博头像一定要真实,最好能够直观地体现出企业、产品或品牌。例如,可以用品牌标识、店面或商品的照片等作微博的头像。如图10-1所示为尼康中国微博头像。这样可以让用户在搜索时对企业或产品一目了然,便于用户以此来与其他企业或产品进行区分。

图10-1

3. 简介

简介是微博账号设置基本信息里的最后一项内容。企业可以根据自己的产品准备很多词组，去掉个人标签用掉的几个，剩下的就写在简介里。注意，不要只是写一句话，更不要写成诗情画意的一句话，励志名言写在这里也是没用的。

简介的具体内容一般都是参照搜索的概率来写的。需要注意的是，词语之间要用空格隔开，不要用任何标点符号。另外，简介后面要加上企业的电话号码或微信号、QQ 号，但是最好不要写网址，因为对于手机用户来说，那些写在简介中的网址是无法直达的。图 10-2 所示为尼康中国微博的简介界面。

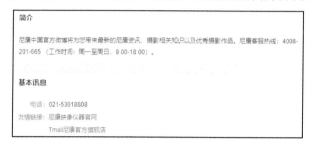

图 10-2

4. 基本信息

对个人微博来讲，用户还应该完善微博的基本信息，信息越完善，就越能让用户了解你，也更方便用户搜索到你，毫无疑问，也可以增加用户的信任感。此外，用户最好将微博与自己的常用手机进行绑定，因为与手机绑定的用户可以享受到很多高级的功能，这样更方便在微博平台开展业务。图 10-3 所示为个人用户的微博基本信息界面。

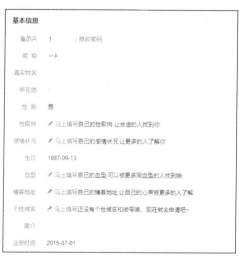

图 10-3

第 10 章　微博运营与推广攻略

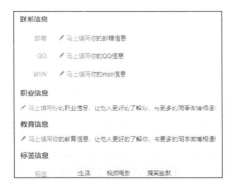

图 10-3(续)

5. 微博广告牌

微博广告牌主要用来进行宣传推广，它与 QQ 空间的背景设计类似。微博用户只要开通会员，就可以对背景进行自定义设置。用户在自定义设置时，可以将自己的二维码、微信号、QQ 号、电话号码、网店地址等具体信息添加上。这样的话，别人打开你的微博主页，就可以看见你所有的联系方式了，方便他人与你取得联系。

微博最好申请认证。微博的个性域名可以用官方网址，没有官方网址的可以用你的英文名字或微信号，这样能起到好记、互相支撑的作用。

10.2.2　推广内容的技巧

对于微博营销来说，只是做完前期的工作是远远不够的，它更需要的是后期内容的更新以及推广技巧的使用。用户不要注册好了一个微博后就放在那里当摆设，不去更新它。这样是不行的，因为根本没有发挥它的价值。但是，一天发几十条甚至几百条也没必要，这样只会让你的粉丝厌烦。对用户来说，每天平均发二十几条就差不多了。重点是，运营者发布的内容一定要有吸引力。

内容新颖的微博借助粉丝的转发可以让更多的人来关注你，这样就更加容易"吸粉"。"papi 酱"之所以能成为网络红人，最根本就在于她发布的每一条微博内容，对粉丝来说都具有很强的吸引力。如图 10-4 所示为"papi 酱"的微博界面。

微博所更新的内容应该是粉丝感兴趣的、有创意的内容，这样粉丝的忠诚度才会不断提高。微博内容的推广也是有很多技巧的，这里总结出以下几点。

(1) 坚持原创且适当进行转发。
(2) 增加发布次数，提高微博活跃度。
(3) 图文并茂，在图片上打上水印便于宣传。

(4) 重视直播报道和现场直播。
(5) 多发布与粉丝生活息息相关的内容。

图 10-4

10.2.3 标签设置的技巧

微博个人标签不但要能够让用户快速找到你,而且也要体现自身的产品或品牌。在设置时,尽可能地用 10 个词的形式展现,如图 10-5 所示。

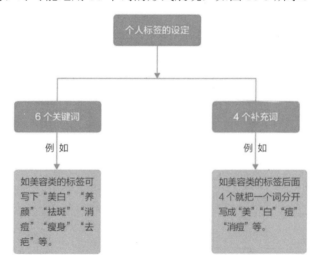

图 10-5

当然,微博个人标签设置也是有一定规则的,用户不能盲目地设置个人签名,否则,不仅取得的效果不佳,甚至还会阻碍微博的营销。

第 10 章 微博运营与推广攻略

智慧锦囊 微博的标签设置之所以用 10 个词的形式来展现,目的就是让用户能够更快地搜索到你。由此可见,微博标签词的匹配度与用户对微博的搜索及曝光的概率是成正比的。

那么,微博个人标签设置有哪些规则呢?下面对微博个人标签的设置规则进行图解分析,如图 10-6 所示。

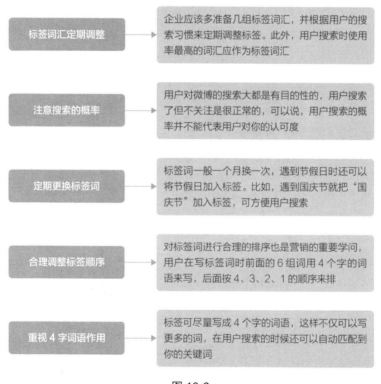

图 10-6

智慧锦囊 微博标签是用户搜索的入口,因此,要想做好微博营销的话,企业或商家必须重视对微博标签的设置。值得注意的是,微博标签不仅要体现产品或品牌,还要方便用户搜索。

10.2.4 提高粉丝量的技巧

微博营销是一种基于信任的用户自主传播的营销手段。企业在发布微博营销信息时，只有了解用户的兴趣并且取得用户的信任，才能够让用户愿意帮助企业转发、评论信息，进而使信息产生较好的传播效果与营销效果。

微博所处的不同阶段主要体现在微博的粉丝量上。企业要想提高粉丝量的话，首先要对自身微博进行管理，这是因为微博的每个账号最多只能加 2000 个关注。在粉丝量还没达到 1000 时，企业就应该诚信互粉；当粉丝量到 1000 时，企业就应该开始清理关注的人了，即把那些粉丝量少的关注人清理掉。企业在清理微博之后，可以开始对微博进行定位，并且每天要有计划地发布内容。就发布的内容来说，企业应该多发布一些原创的、有趣的、高质量的内容，不要发布一些没用的内容。只要这样坚持下去，粉丝量就会不断增长。当然，要想进一步提高粉丝量，还应该掌握以下几点技巧。

(1) 坚持原创。多发布一些原创的微博，以吸引更多志同道合的粉丝关注。
(2) 保持更新微博。多发布一些有内容的信息，不要半途而废。
(3) 多组织活动吸引更多的粉丝加入，从而提升微博的传播力。
(4) 多与粉丝进行互动。积极@别人并对其进行回复、转发、评论、点赞等。
(5) 积极向知名微博投稿，利用微博推广自己。

10.2.5 发布硬广告的技巧

硬广告是生活中最常见的一种营销方式，指的是人们在报纸、杂志、电视、广播、网络等媒体上看到或者听到的那些为宣传产品而制作出来的纯广告。

因为微博用户一般对硬广告有一定的排斥心理，所以在做广告时尽可能将广告软化，文字内容不要太直接，要学会将广告信息巧妙地设置得能够让用户产生转发的欲望，这才是微博广告营销的王道。微博中的硬广告传播速度非常快，涉及范围也比较广泛，最常见的就是图文结合的方式，也常常伴有视频或链接。下面详细对微博广告的特征进行图解分析，如图 10-7 所示。

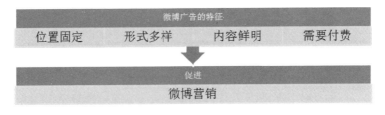

图 10-7

企业在发布微博硬广告时，最常见的也是最直接有效的方式就是图文结合。除此之外，企业在优化关键词的时候，也应该多利用那些热门的关键词，或者是那些容易被搜索到的词条，只有这样才能够增加被用户搜索到的成功率。

10.2.6 互动营销的技巧

微博互动营销最重要的一点就是与别人互动，当有人点评微博后要及时回复。还可以利用微博举办抽奖促销活动，设置抽奖条件，如转发评论等方式，进而增加与粉丝的互动。如图 10-8 所示为柳之味螺蛳粉官方微博发布的抽奖活动信息。

图 10-8

企业或商家只要不断地和粉丝互动，对粉丝发布的微博经常进行转发、评论，让粉丝感觉到自己的诚意，就可以获得粉丝的信任。获得粉丝的信任是企业或商家进行微博营销的第一步。与粉丝建立亲密的关系后，粉丝才会自愿转发相关的营销信息。

10.2.7 品牌营销的技巧

在微博的平台里，企业可以对用户进行实时跟踪，从而快速地了解用户对企业产品或服务发出的怀疑或请求帮助等信息。企业可以通过微博来回复用户的信息，以解决用户的问题，避免用户因为不满而大规模地在网络上传播负面信息。微博这个服务平台能快速解决用户的问题，有效地提高客户的满意度，并实现品牌真诚度的累积。

例如,著名的餐饮品牌海底捞就利用微博快速了解到用户的反馈信息,并通过即时回复解决了用户的问题,如图10-9所示。

图 10-9

10.2.8　话题营销的技巧

在微博上，一些企业或个人为了达到更好的营销效果，常常会制造一些话题，以引发更多人的关注。制造话题是微博营销中最常用的一种手段，一个好的话题往往能引发更多人的关注和讨论。在新浪微博上发起话题的时候，都是以"#"号标记开头，并以"#"号标记结尾，这些话题有的有社会价值，有的有娱乐价值，有的就是纯粹的调侃。

在微博中，关注你的人越多，你在微博中所发布的言论就越具有号召力，你的微博传播的范围就越广。世界正进入一个"关注率经济时代"，那么如何提升自己微博话题的关注度，让自己的话题从成千上万的议论中脱颖而出呢？下面详细讲解一些提升微博话题关注度的方法与技巧。

1. 短小的语言暗藏玄机

微博中的话题很显著的一个特点就是有话题性，不但要有深厚的文字功底，还要有足够的讨论空间。例如，在新浪微博中有过这样一个热门话题："#大不了回家开个店#"，参与这个话题讨论的人数众多，每个人的发言也是五花八门，如图 10-10 所示。

图 10-10

2. 在微博上巧妙使用图片

很多人在微博上参与讨论某个话题的时候，总会在发表言论的同时配上一些图片，有时候，他的发言往往并没有什么特色，但图片却吸引了大家的目光。一般来说，某条博文配有图片，那这条微博更容易吸引大家读下去，如图 10-11 所示为配有图片参与话题讨论的微博。如果你在参与话题或平时的微博写作上，能够做到每一条言论都能配上生动的图片，长此以往，那你的微博关注度一定会迅速提升。

3. 在微博上巧妙使用表情

在加入某一话题的讨论时，为了能在众人中脱颖而出，除了使用图片之外，还可以使用表情，比如新浪微博就设计有精巧的表情。如果你在发言的时候把表情插入其中，会让你说的话显得活泼；当其他用户看到你这些有意思的表情时，可能会有兴趣仔细浏览你的微博；当你的微博表情使越来越多的人产生兴趣，那你微博中的粉丝数量自然会迅速增加。如图 10-12 所示为加入话题讨论时，使用表情的微博。

图 10-11

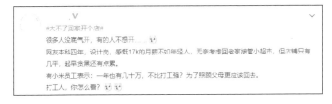

图 10-12

在加入微博话题的讨论中时，以上 3 种方法能够让运营者的微博特点更突出，吸引更多人的注意力。总之，一个好的微博话题不但能够快速聚拢粉丝，还能吸引大家的参与热情，最终收到不错的营销效果。

智慧锦囊　　话题营销是企业在进行微博营销时采用的主要方式之一。企业在进行话题营销时，一定要注意选择正确的话题，只有将品牌和产品的实际情况准确地融入正确的话题之中，才能够取得话题营销的成功，否则，只会让营销内容显得格格不入，既不能达到营销的目的，也不能让微博用户信服。这样，微博营销也就变得毫无意义了。

第 10 章　微博运营与推广攻略

Section 10.3　微博运营的常见误区

比起钻研成功案例，研究失败案例更能让微博运营者学到东西。如果我们能避开微博运营的常见误区，就算不能一飞冲天，至少也能保持不败的局面。本节将对微博运营危害最大的几个误区进行详细的介绍。

10.3.1　营销信息展示碎片化

一切新媒体工具都有其长处和短处。使用微博的用户都会注意到，微博平台上的戾气越来越重，任何一个细微的分歧都可能引起群体混战。而在其他新媒体平台上，人们的情绪化指数相对低一些，这是因为微博上的信息呈碎片化。非会员用户只能发 140 个字的内容，会员用户才能发几千字的内容。因为不能以长微博或长图片形式来发言，我们只能用短平快的话语来表达自己的心情，而无法像在博客上打字时那样字斟句酌、深思熟虑，这导致运营者发布的信息不完整，容易被用户断章取义。

微博上的产品推荐大多也是短平快的碎片化信息。运营者可以像聊天一样跟用户进行互动讲解，但不可能做到逐一回复所有的提问。而微博用户往往懒得自己去搜索运营者已经发过的信息，总是希望别人给现成的答案。运营者在重复回答的过程中会越来越恼火，工作积极性会被挫伤。

那么该如何解决这一问题？以下为应对策略。
(1) 利用"一图流"的表现形式来宣传完整的营销信息。
(2) 用视频教程等可视化手段来全面展示产品信息。
(3) 当用户发生断章取义式误解时，及时进行"科普"。
(4) 短平快内容与深度内容交替展示。

10.3.2　将微博平台作为唯一的营销渠道

营销活动不能拘泥于单一的渠道，新媒体时代的营销更不该局限于单个渠道，将微博平台视为唯一的宣传阵地。微博的信息传递速度快、影响范围广，但不玩微博只逛淘宝的网友并不会了解到微博上的消息，除非有人特意转发给他们。假如运营者只使用微博这个单一渠道，营销信息就无法传递给非微博用户，那些被忽视的大量潜在客户很可能被其他同行竞争者挖走。其应对策略如下。

(1) 使用第三方登录方式在其他网络平台上传播微博内容。

(2) 与其他网络平台联合举办线上活动。

(3) 在其他网络平台上发布带有微博网址链接的图片。

智慧锦囊　微博运营者不应该产生"微博万能"的错误观念。微博固然是新媒体平台中的佼佼者之一，但远远不能独霸天下，依然有渗透不到的传播死角。新媒体的精神是更畅通无阻地共享信息，传播死角的存在意味着运营者将失去很多潜在的机遇，也许其中隐藏着新的"黑天鹅"和未来的"独角兽公司"。

10.3.3　片面追求流量而不顾实际的宣传效果

这是微博运营中一个极为严重的误区。不少运营者怀着"一切向流量看齐"的观念来运作新媒体平台，不问过程和手段，只求表面数据好看。就实而论，许多新媒体运营团队的考核标准就是由转发数、评论数、点赞数以及粉丝增长数等构成的流量数据。虽然大数据思维对微博运营很重要，但是只管流量而不顾其他是个严重的错误。

在微博的生态环境中，"僵尸"号、抽奖专业户、"水军"账号大量存在。比如，新浪微博的许多会员每天都会收获数量不等的"僵尸"号，粗心的用户还以为自己一夜之间多了一大堆粉丝，其实真正的粉丝没几个。

此外，有些签约自媒体为了达到每月上百万的流量，故意发一些挑事的内容，引发微博平台上的群体骂战。这种以煽动对立情绪为核心的手段虽然能在短时间内赚取惊人的流量，而且比正面的优质内容更容易成为热门话题，但是这无助于提高微博内容的质量，并会加重微博平台的戾气，不过是一种竭泽而渔的伎俩。

其应对策略如下。

(1) 以提高真正粉丝率为目标，不要只看表面的粉丝数。

(2) 定期清理"僵尸粉"和"水军"号。

(3) 不要用故意挑事的方式制造网络群体分裂，小心事态失去控制。

(4) 通过"@某人"或其他积极的方式来争取更多的粉丝。

(5) 提高发帖的质量与评论水平,让微博的品牌形象与推广信息真正发扬光大。

10.3.4 对微博发布内容漫不经心

很多运营者看着自媒体用一两句话就能引发粉丝狂欢,于是把微博平台变成了聊天平台,天天与用户互动,但不太在乎发布内容的质量。应该说,会聊天是新媒体运营者的一项重要技能,但需要明白的是,跟用户聊天是一回事,能满足用户对优质内容的需求是另一回事。用户并不缺少能聊天的朋友,而且他们的朋友比你更懂得怎样哄他们开心。运营者在微博上发布的优质内容才是核心竞争力。

微博发布内容不贵多而贵精,最重要的是有内容。微博用户习惯碎片化阅读,喜欢短平快的微创意,喜欢能引发同理心的东西。微博运营者必须用心写出受大家欢迎的东西,这样才能真正获得"真爱粉"。

其应对策略如下。

(1) 运营者发布微博前想一个有趣、好玩的创意来带动用户的互动热情。

(2) 运营者尽可能在帖子里把所有的信息都表达清楚,不要落下重要信息,以免让大众产生误解。

(3) 运营者要注意标点符号和修辞手法的合理运用,不要把帖子写得像文盲写的一样。

(4) 运营者发帖的语气不可过于生硬,以免招致大众的反感。

10.3.5 认为每天发帖就算完成运营任务

这种观念在不少兼职运营者中非常流行。他们对新媒体营销工作缺乏足够的热情,不会像使用自媒体那样思路活跃,只是在机械地完成团队规定的每日发帖指标。事实上,每天发帖并不意味着这个新媒体平台足够活跃。运营者每天发几张自拍,转一段"岁月静好"之类的心灵励志话语,只不过是在完成发帖任务,但这些帖子显然与需要推广的产品或服务毫无瓜葛。

每天发帖自然是微博运营者必不可少的基础工作,但发帖之后的配套行动同样重要。当网友转发或评论了你的最新微博时,你应该选择一些精彩的评论进行互动,把气氛活跃起来。新媒体重视流量,而这种做法无益于增加流量。假如发完帖后万事不管,网友们的讨论兴趣就会直线下滑。运营者不可对此荒疏懈怠。

其应对策略如下。

(1) 围绕关键话题反复与网友进行互动。

(2) 当发出的帖子无人问津时，运营者要主动讨论，以引起大家的注意力。

(3) 对网友的精彩评论要转发出来予以表扬，让彼此都能增加点击量。

(4) 微博运营团队成员应该安排好不同时段的分工，以确保平台能全天候活跃。

10.3.6 微博适用所有企业及产品

可能有些所谓的社会媒体营销专家告诉你，微博是个很新、很有用的营销工具，不论你是哪类企业，也不论你销售的是哪类产品，都可以用微博进行营销。

其实，这里有认识上的误区。可以说，世界上没有哪个工具是适合任何企业的任何产品的，过去没有，今天没有，将来也没有，更何况是微博。

正确的做法是，运营者要研究对应企业及相关产品的特点，了解其产品定位及主要潜在客户的特点。起码这些产品的直接潜在客户或间接潜在客户要在微博中有一定数量，否则，你的营销活动就找错了地方，而应该找微博以外的平台。

同时，微博也有其短板，比如营销信息的碎片化，这一点就不如博客丰富、完整及清晰；又比如营销帖子中评论的关联性，许多事件评论中的前后关系会被搞混，这一点它就不如 BBS；再比如其一个帖子中图片、视频等都最多只能放一个，那么信息的表现能力自然要差一些。

10.3.7 奖品多又好，促销必成功

有不少企业为了在较短时间里通过为数不多的几个帖子在微博中搞促销活动，经常在帖子中使用只要关注自己并转发帖子的博友就可以参加抽奖的规则，而且提供足够数量的吸引人的奖品。

然而，不少此类帖子也许看起来挺热闹，但是却有一类人大量存在，即抽奖专业户，他们就专门找可抽奖的帖子，先关注并转发，看也不看帖子内容，就等着免费中奖。

试想，企业通过此类促销活动，也许在短时间里获得了不少关注及转发数量，但是这些关注及转发的价值并不大，相应的新微博粉丝对了解产品特性兴趣和对企业的忠诚度也不会高，甚至有些人为了增加自己的中奖可能性，还可能反复转发或运用若干个马甲账号。很显然，如果你的帖子中有大量这类人存在，怎么能算促销成功了呢？同时，更多的奖品，意味着更高的活动成本。

第 11 章

短视频的推广及营销

本章主要介绍短视频营销概述、短视频营销的特点、短视频营销的方式、短视频营销的现状及问题、短视频营销展望及建议方面的知识与技巧，同时还讲解了短视频推广引流、短视频营销策略。通过本章的学习，读者可以掌握短视频推广及营销方面的基础知识。

11.1 认识短视频营销

本节导读

随着移动互联技术的快速发展、智能移动终端的普及，新媒体时代已然到来。微信、微博、移动 App 等新媒体极大地改变了人们的生活和工作方式，也改变了企业传统的营销模式。近几年来，短视频凭借其制作简单、创意性与趣味性并存等特点迅速赢得了大批的用户，而短视频营销也成为当下炙手可热的营销模式。

11.1.1 短视频营销概述

在信息大爆炸的新媒体时代，普通的文字和图片类信息已无法满足人们对资讯内容的获取需求。此时，短视频凭借其独特的优势——时间短、内容新潮，迅速抓住了人们的眼球。自 2017 年以来，抖音、快手等短视频平台快速发展，不仅占据了人们大量的碎片时间，也成为各行各业火热开辟的营销渠道。企业如何利用短视频的价值优势开展短视频营销，值得深思和探索。

短视频是指在互联网新媒体上进行传播的视频内容，它将文字、图片、语音和视频融合，生动形象地向用户传递内容，一般视频时长在几十秒到几分钟之间。短视频营销则是企业利用短视频来开展企业的营销宣传活动。短视频宣传性价比高，不仅可以连接消费者与企业品牌，实现企业信息的传播，也容易让消费者接受并进行二次传播。可见，短视频营销是新媒体时代进行营销宣传强有力的武器。

11.1.2 短视频营销的特点

短视频营销的特点主要有以下几个方面，如图 11-1 所示。

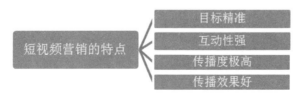

图 11-1

1. 目标精准

短视频平台利用大数据向用户推荐适合的内容和商品，帮助企业从海量的用户中筛选出其潜在的目标客户，将广告信息准确地传递给他们，实现精准营销。

2. 互动性强

用户可通过点赞、评论、关注、转发等平台功能与发布视频方或其他用户进行互动。

3. 传播度极高

在短视频平台上，每一位用户都是一个传播点，可以随时随地观看并分享短视频，所以某些爆款视频能够在短时间内被大量转发，传播速度快、范围广。

4. 传播效果好

短视频拍摄可使用美颜、视觉特效等功能，这使得视频更有吸引力，更容易引发用户情感共鸣，这是传统的文字、图片等宣传方式无法实现的，所以传播效果好。

11.1.3 短视频营销的方式

任何行业的发展都离不开营销，现在很多企业也想采用短视频营销，但是对于这种营销模式还不是很了解。短视频营销方式主要有以下几种，如图11-2所示。

图11-2

1. 品牌自主录制短视频

品牌主动参与短视频制作，在企业官网进行短视频推送或者在短视频移动平台进行推送。这里主要讨论后者，即企业或个人在短视频平台上注册账号，根据营销和宣传计划，定期发布短视频造势，达到吸引用户注意并进行互动的目的。企业依靠短视频平台本身巨大的关注度和影响力，可以最大限度地实现产品曝光率，达到营销效果。

2. 短视频病毒式营销

短视频的病毒式营销主要有两种类型：一种主要依赖于用户的第三方分享，用户在看到引起共鸣的短视频以后，自发评论、转发及分享到其他社交平台，进而实现多次传播。另一种则是通过吸引人的固定主题或相同背景音乐，进行相似但内容不相同的视频录制，内容虽不同，但标题和音乐却能在第一时间迅速得到用户的关注，以上都是引发短视频病毒式营销的条件。

3. 植入式短视频营销

消费者对单纯的广告有天然的抵触心理，且都会选择跳过。紧随情怀故事性的广告内容之后，植入式的短视频营销取得了不错的成效，硬性植入出现的方式比较直接，并不考虑观众的感受，亲和力比较差。而商家把广告语和产品顺其自然地植入到短视频内容中，或搞笑或感动，并不会让用户反感，相反，会让其不知不觉产生体验的意愿和兴趣，潜移默化地接受营销信息。

4. 用户互动创意短视频

用户互动主要是指用户和商家或短视频平台的互动，一般指由商家或者品牌发起活动，活动的主题一般与新产品或企业理念相关，并设置奖项，提高用户积极性，吸引大量用户参与活动，自主拍摄短视频，从而逐渐形成热门话题，进而充分利用该话题进行营销活动，实现营销效果。

11.1.4 短视频营销的现状及问题

短视频在国内虽然起步较晚，但短视频行业的发展迅猛。截至 2019 年 6 月，我国短视频用户数量已达到 6.48 亿。目前，国内多家互联网企业巨头纷纷进军短视频市场，形成了以今日头条的抖音、西瓜视频、火山小视频，腾讯的快手、腾讯微视、梨视频，新浪的秒拍、小咖秀，美图的美图秀秀、美拍为代表的市场格局。这些应用都拥有了庞大的用户群。就抖音一个短视频平台，2019 年 7 月的数据显示其日活跃用户数有 3.2 亿。

短视频营销价值很高，用户在观看短视频后受短视频内容影响，也容易转化为消费行为。很多企业看到了短视频的商业价值，纷纷加入到短视频营销的队伍中。当然企业在进行短视频营销时也存在些问题，主要有以下几点。

1. 内容低俗化

大多数的短视频都以搞笑为主，内容通俗简单，容易造成用户的审美疲劳，有些内容恶俗，违反道德甚至相关法律。有些企业为了获取流量和关注，从这些方面入手，而忽略了自身主题内容。

2. 内容同质化

很多企业在进行短视频制作时缺乏创新意识，喜欢模仿跟风，从而使用户失去兴趣，导致用户流失。

3. 视频制作良莠不齐

虽然短视频火爆，但很多企业缺乏专业的视频推广团队，没有系统全面地营销策划，很难达到预期的营销宣传效果。

4. 视频内容缺乏监督管理

现如今，网络上短视频的内容涉及情感、工作、生活各个方面，而短视频平台缺乏监督管理机制，企业在进行短视频制作时能否把握住视频的内容底线，是否会触及道德或法律的底线也值得关注。不然一旦出现类似问题必定会引发广泛的社会关注，对企业形象造成恶劣影响。

11.1.5 短视频营销展望及建议

抖音短视频采用用户、作者一体化的营销策略，使抖音短视频的发展趋势无限增大，从年轻人的专区扩大到了大众，所以在未来的发展中，短视频的应用会涉及更加广阔的领域。同时短视频如果采用更好的技术和更多的功能，可以满足更多消费者的需求，并且也可以面向更多的消费者，那么短视频就一定会成为最流行的娱乐平台和社交平台，同时也会成为更多商业赞助的品牌平台。对于短视频营销展望及建议有以下几点。

1. 增加内容创意

在政府和公众的关注下，很多短视频平台出现内容质量低、不符合社会主流价值观的现象，因此企业在进行短视频营销的过程中应主动承担社会责任，在谋取经济利益的同时兼顾社会效益，促进互联网良好风气的形成。在当今时代下，人们的需求日益提高，更加注重短视频的内容，因此，在短短的十几秒视频中准确完整地表达企业的营销理念变得尤为重要，一方面不仅要提高内容的质量和丰富程度，内容的创意性也是用户考量的重要因素，决定了顾客对品牌的好评度。企业需要对自身品牌进行深入挖掘，才能生产出有独特创意的内容。

2. 与传统媒体相结合

由于部分企业营销人员对于短视频营销认识不充分、短视频营销渠道缺乏权威性，加之传统媒体营销手段也需要紧跟市场大潮，突破现有发展领域，在当前环境下，单纯通过短视频平台或者传统媒体难以保证营销的受众覆盖面，进而影响企业综合效益的提高。通过两种方式的优势整合，可以发挥短视频营销上的特点和传统媒体行业权威的特性，打造立体化传播平台的模式，优化现有营销组织架构，利用多种营销模式不断优化自身的营销服务，进而促进企业营销能力和综合竞争实力的不断提高。

如"抖音美好奇妙夜"浙江卫视秋季盛典晚会，实际上就是传统电视行业与短视频移动平台的完美融合，经数据统计，当天某品牌的媒体指数大涨，相关话题登上抖音热搜榜。

3. 注入品牌文化

互联网时代，短视频作为兼具低成本、广传播且有爆发性的营销载体，给企业更好地与用户对话创造了条件，为品牌提供了崭新的内容分发地。因此，挖掘这种社交语言的潜力，为品牌打好消费者基础尤为重要。但是很多企业在利用短视频这一载体进行营销时，忽视了对于产品品牌文化的宣传，而仅仅把关注度放在视频的颜色光效上面。企业只有在宣传中融入其品牌文化，才能真正培育顾客忠诚度，取得良好的宣传效果。如"抖音美好奇妙夜"的赢家——爱驰汽车的抖音挑战赛"与爱驰行爱你八十秒"很好地宣传了品牌文化的同时，也为其进一步宣传做好了前期预热。

Section 11.2 短视频推广引流

企业或商家要学会如何利用短视频进行推广引流，并让这一效果尽量得到提升，从而提升网店的推广效果。本节将从基于用户需求提升关注度、使用妙招提升短视频推广效果和通过好内容赢得用户的更多点赞3个方面来详细介绍短视频推广引流的相关知识。

11.2.1 基于用户需求提升关注度

短视频火爆新媒体市场后持续升温，短视频营销生态愈加完善，短视频运营也越来越专业化。短视频虽然很火，但是相当大一部分运营者在制定短视频运营方案时，由于经验不足、缺乏创意、定位不精准等原因，导致账号无法正常运营下去。

对于如何提升账号的关注度，不同的人有不同的看法和见解。其实，解决问题的核心还是在于"用户为什么关注你"这一用户动机。下面详细介绍提升用户关注度的方法。

1. 营造愉悦气氛，满足用户对快乐的需求

喜怒哀乐是人们经常会有的情绪，而"乐"可以带给自身和周围的人以愉悦的感受。在抖音平台上，就有很多短视频营造出"乐"的情绪氛围，如图 11-3 所示。

图 11-3

在短视频运营的过程中，如果一个账号能够持续给用户带来快乐的感受，让他们持续关注就是一件轻而易举的事情了。那么如何才能持续满足用户对快乐的需求呢？主要有以下两点。

第一点是短视频题材的选择。既然是满足快乐的需求，那么我们的内容应尽量靠近搞笑、轻松、喜庆的氛围。第二点是保持表演风格、角色塑造等的一致性。风格与角色的一致性能够帮助用户朝固定方向联想，形成期待感，从而提升关注度及用户黏性。如果能长期保持一致性，随着时间的推移和内容的积累，用户会自然而然地对接下来的短视频内容中的角色有固定联想，并期待后续剧情的发生。值得一提的是，在保持这种一致性的情况下，即使某一天出现了不一样的角色塑造，用户也会在一定程度上沿着原有的角色塑造进行联想。

2. 抓住用户的好奇心理，满足好奇心需求

面对未知，人们总是会有不断探索的心理需求。例如，在孩童时期，我们对一些好玩的、未见过的东西有着巨大的好奇心。在这种普遍的动机需求下，推送能引发或满足用户好奇心的短视频内容，是一种非常有效的方法。

一般来说，能满足用户好奇心的短视频内容一般有3种：稀奇的、新鲜的、长知识的。如图11-4所示为通过稀奇的内容满足用户好奇心的抖音短视频案例。

图 11-4

这几类短视频利用人们认知上的反差引发好奇，或是利用新鲜内容为人们提供谈资，又或是利用长知识的内容提升优越感，这些都是能满足用户好奇心而引

发关注的好方法。

3. 视频内容满足用户学习模仿的需求

人在见到好的技巧和行为时，经常会不自觉地开始模仿。例如，喜欢书法的人，偶然在某处看到书法好的碑帖、字帖，就会细细观摩，并在练习的时候不自觉地开始模仿。如图11-5所示为能满足用户学习模仿需求的抖音短视频案例。

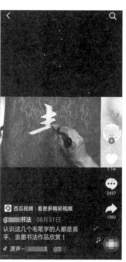

图 11-5

视频内容的出现，则为用户提供了更真实、生动的学习模拟平台。无论是有亮点的技能、特长，还是值得学习的某项行为，都有着巨大的吸引力。

4. 满足用户解决问题的需求

除了满足用户的快乐、好奇心和学习模仿需求外，短视频内容中如果能满足其他两项更进一步的需求——解决问题、自我实现，也能吸引用户关注。

智慧锦囊　如果说满足用户的快乐、好奇心需求还只是停留在心理层面的话，那么满足学习模仿需求已经上升到了行为层面。只是相对于满足解决问题的需求而言，满足学习模仿需求从一方面来说并不是生活必需的，而后者恰好相反，完全是生活能力和水平提升所必需的。

无论做什么事，人们总是在遇到问题和解决问题中度过的。因此，企业运营者如果能为用户提供解决某一问题的方法和技巧，满足人们解决问题的需求，并能帮助人们更好地完成任务，那么，获得更多的用户关注就很容易了。如图11-6所示为能满足用户解决问题需求的抖音短视频。

图 11-6

这类短视频有一个特点，它吸引用户关注的时长可能并不是某一个时间点，而是会持续一段时间。例如，当用户看到某一短视频时，当时觉得它有用而关注，一段时间后，在生活中遇到了需要短视频内容中提及的方法来解决的问题时，用户会二次关注或多次关注。

所以，能满足用户解决问题的短视频内容是工具化的，有着更长的生命周期。它能让用户"因为其他的事情而想起它"，这种结果的发生是必然的。这套短视频运营方案也能打造出一个指向性明确的短视频账号。

5. 根据用户想自我实现的心理需求制定方案

从心理层面到行为层面，再到更高层次的精神层面，有着跨越性发展。运营者在短视频运营的过程中，也可以按照这样的顺序来推出内容，吸引用户关注。

满足自我实现需求的内容，简单点说，其实就是"心灵鸡汤"。"心灵鸡汤"类的短视频之所以能引起用户的关注，最根本的原因还是在于其中所包含的正能量和积极的思想。如图11-7所示为"心灵鸡汤"类的抖音短视频案例。

第 11 章 短视频的推广及营销

图 11-7

生活中总会遇到挫折,而在遇到挫折时我们需要有积极的思想做引导。基于这种情况,我们推出具有正能量的内容,给用户以指引,从而提升用户的关注度。同时,"心灵鸡汤"类的短视频内容很多都是来自名人名言并蕴含着丰富哲理,因而可以利用其权威效应,提升用户的控制感,降低被控制的思想禁锢,让人生重新焕发生机和活力。

11.2.2 使用妙招提升短视频推广效果

随着短视频的发展,越来越多的商家和品牌选择短视频作为其宣传推广的重要渠道,同时加大在相关短视频平台上的投放力度,特别是抖音短视频,更是成为品牌推广引流的新战场。那么,如何才能提升在短视频平台上的推广效果呢?下面将详细介绍几个妙招。

1. 明星效应,自带流量

明星在短视频运营中的作用是不容忽视的,粉丝和媒体的力量十分强大,能够让短视频内容变得更加引人注目。从短视频诞生之日起,明星就已经参与其中了。在后来的短视频发展过程中,也有不少明星推出了短视频内容。

比如在进行抖音营销活动时,美特斯邦威邀请明星代言人出镜,身着亮色系新品,花样展示产品卖点,迅速打响名号。贴合竖屏的视听语言,美特斯邦威用抖音用户最喜欢的方式和他们"相见",快速锁住注意力,如图 11-8 所示。

图 11-8

2. 热点话题，引发热议

短视频如果想吸引庞大的流量，就应该有效地借助热点来打造话题，紧跟潮流，这样做的好处有两点，具体分析如图 11-9 所示。

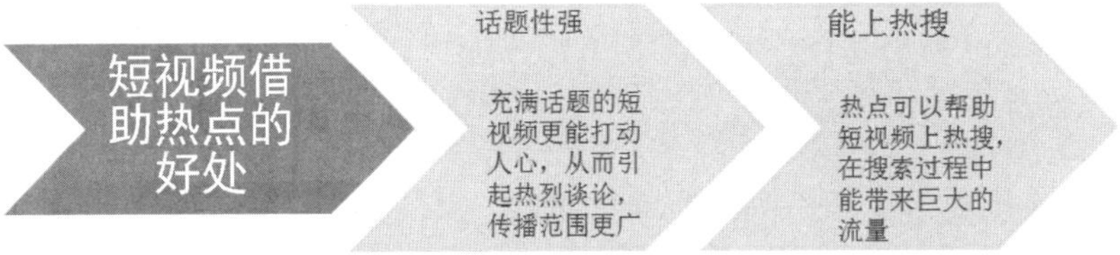

```
短视频借          话题性强              能上热搜
助热点的      充满话题的短        热点可以帮助
  好处        视频更能打动        短视频上热搜，
              人心，从而引        在搜索过程中
              起热烈谈论，        能带来巨大的
              传播范围更广        流量
```

图 11-9

而且热点还包括不同的类型，涵盖了社会生活的方方面面，比如社会上发生的具有影响力的事件，或者是富有意义的节日、比赛等，还有一些娱乐新闻或者电影、电视剧的发布也是热点的一部分。

吉列为打响品牌、推广产品而制作的短视频就是借助热点的典型案例。它紧扣"父亲节"这一热点推出了"这个父亲节，去请教父亲吧！"短视频广告。如图 11-10 所示为吉列"这个父亲节，去请教父亲吧！"短视频的画面截图。

3. 品牌人设，提升黏性

所谓"人设"，就是人物设定的简称，用来描述一个人物的基本状况，一般分为角色设计和人物造型等。而从具体的内容来说，人设主要包括人物的性格、外貌特征和生活背景等。

第 11 章 短视频的推广及营销

图 11-10

一般来说，人设是一篇故事得以继续下去和合理展现的重要因素，如果人设不合理，那么所展现出来的内容必然也是违反常规和逻辑的。人设如果设置得好，那么，在吸引读者注意力方面会起到画龙点睛的作用。因此，在进行短视频运营时，有必要通过建立品牌人设来进行推广引流。其原因就在于如果能打造别具特色的、专属的品牌人设，形成固定风格，那么在引导用户群体关注和提升忠诚度方面是非常有效的。

如图 11-11 所示为东鹏特饮塑造品牌人设的抖音短视频案例。

图 11-11

在图 11-11 中展示的两个案例中，都有"阿鹏"这一角色，他就是这一品牌塑造的清晰且年轻化的人设。在"东鹏特饮"抖音号的所有短视频内容中，"阿鹏"这一品牌人设就是一个狂热的球迷，并通过其在短视频中的各种表现以及与非球迷妻子之间的小故事，一方面确保了其与品牌调性的高度一致性——"年轻就要醒着拼"；另一方面，也通过阿鹏和相关人物的精彩演出，拉近了与东鹏特饮品牌的目标用户之间的距离，最终达到了扩大传播范围和提升用户黏性的目的。

那么，在品牌推广引流中，应该如何通过人设来提升效果呢？具体说来，其运营逻辑包括 3 大流程，如图 11-12 所示。

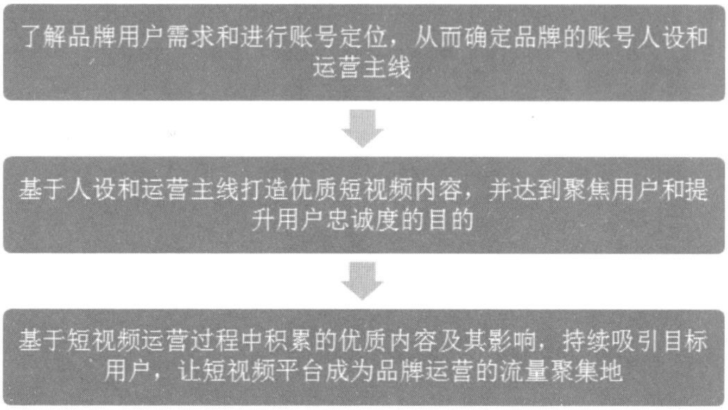
了解品牌用户需求和进行账号定位，从而确定品牌的账号人设和运营主线
基于人设和运营主线打造优质短视频内容，并达到聚焦用户和提升用户忠诚度的目的
基于短视频运营过程中积累的优质内容及其影响，持续吸引目标用户，让短视频平台成为品牌运营的流量聚集地

图 11-12

4. 挑战赛，快速聚集流量

抖音挑战赛的发起和参与，作为一种独特的短视频营销模式，是极易提升品牌认知度和获得消费者好感的方式。如图 11-13 所示为抖音挑战赛的运营推广分析。

抖音挑战赛的运营推广
通过每天不断更新挑战赛主题，实现了热点与短视频内容的结合
•激发用户的创作热情，让其尽量参与其中
•借热点进行内容传播，有利于扩大传播半径和影响力

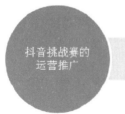

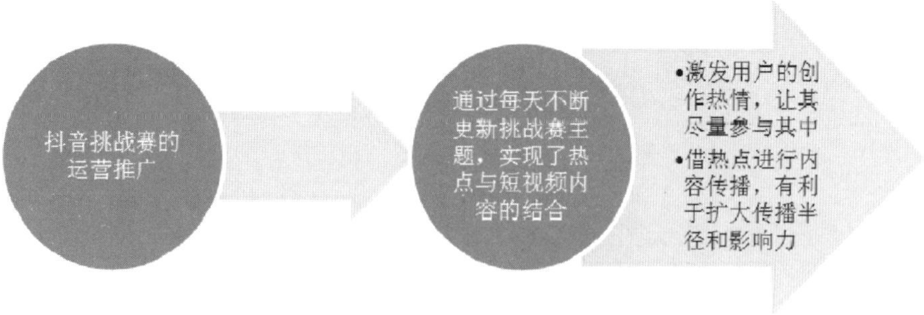

图 11-13

在抖音短视频 App 上，有参与人数多、点赞量多的挑战赛，运营者可以选择主题、风格合适的挑战赛参与其中。

如图 11-14 所示为奇多食品品牌发起的“#奇多奇葩吃挑战赛”案例。该挑战赛迎合了年轻人的喜好，与这一挑战赛相关的视频有 5.6 亿次播放。对于奇多食品这一品牌而言，不仅起到了传播品牌故事和宣传品牌价值的作用，还在某种程度上带动其他人玩起来，提升了他们对品牌的认知度和参与度。

第 11 章 短视频的推广及营销

图 11-14

智慧锦囊　　在抖音短视频平台的挑战赛玩法中，运营者要注意一点，即坚持好玩内容和低门槛、易模仿的结合。

5. KOL 合作，提升知名度

KOL 经常作为 Key Opinion Leader 的缩写来使用，中文中表示"关键意见领袖"。

有 KOL 参与的企业视频广告在推广方面效果显著，因为这类人一般具有 3 个基本特点，如图 11-15 所示。对于运营者来说，在短视频广告中找 KOL 进行合作，存在 3 大明显优势，如图 11-16 所示。

KOL的基本特点
- 在产品信息掌握方面，明显更多、更准确
- 在群体关系方面，为相关群体所接受或信任
- 在影响力方面，更容易让相关群体产生购买行为

图 11-15

图 11-16

可见，找 KOL 合作是一种有效的推广方法，是有利于提升产品品牌知名度和信任度的，并最终成功促进产品的销售。如图 11-17 所示为某品牌与时尚领域 KOL 进行合作的案例。

图 11-17

就是凭借这样的"短视频+KOL"内容营销的方式，增加了该品牌的曝光度，同时也使其在该受众群体中的品牌影响力得到了提升。

6. 创意广告，提升观感

在短视频运营中，创意是提升推广效果的关键。特别是在硬广的推广过程中，利用创意方式植入短视频广告，可以在很大程度上改变用户的观感和广告的契合度，如图 11-18 所示。

在广告创意方面，江小白算得上是玩得比较成功的。除了一些比较经典的广告文案外，它在短视频广告推广上也毫不逊色，如"他们非要我喝西瓜汁的时候酷一点"的短视频广告就是如此，如图 11-19 所示。

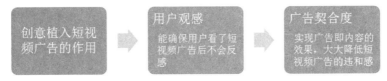

图 11-18

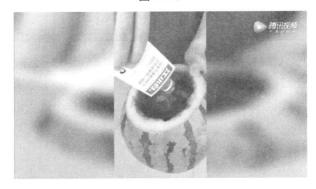

图 11-19

在这则广告中，关于江小白这一品牌的广告植入还是非常有创意的——紧扣"酷"这一字眼，将喝西瓜汁玩出了新花样：以西瓜本身作为容器并安上水龙头，在让西瓜果肉变为果汁并加入冰块的情况下，还添加了江小白，从而实现了江小白这一品牌和产品的创意植入。

7. 互动贴纸，提升好感度

利用短视频进行品牌推广，有两个层次的目标：一是能减少用户对广告的反感情绪，前面介绍的植入创意广告和找 KOL 合作就能达到这一目标。二是能实现双方互动，并促进短视频内容的二次传播，在更大范围内提升品牌好感度。

关于这两个层次目标的实现，"抖音短视频"平台的互动贴纸应用就是一个很好的方法。运营者可以在平台上发起挑战赛并定制创意贴纸，而用户可以在拍摄视频时选择贴纸下载。如果品牌和商家定制的创意贴纸吸引人，那么用户使用的频率就比较高，从而促进品牌的传播。

就如大家熟悉的餐饮品牌必胜客，就曾在抖音短视频平台上策划了一个名为#DOU 出黑，才够 WOW#的主题活动用来宣传其新品必胜客 WOW 烤肉黑比萨，并通过平台定制了多种含有必胜客元素的 BGM、360°全景贴纸和系列面部贴纸，如图 11-20 所示。

图 11-20

8. 剧情反转,带来惊奇感

在短视频的运营推广中要注意,剧情表达方式不同,其运营效果也会相应产生差异。特别是当一个短视频的剧情是平铺直叙地展开,另一个短视频的剧情却突然出现了反转,对受众来说,后一种剧情更能带给人惊奇感,也更能吸引人注意。

因此,运营者在安排短视频剧情时可以从反转的角度出发进行设计,打破常规惯性思维,提供给受众一个完全想不到的结局,能让受众由衷感叹剧情的曲折性和意外性。如图 11-21 所示为唯品会的剧情反转短视频广告。

图 11-21

在该短视频中,利用背景音乐"确认过眼神,我遇见对的人"营造氛围,在男主角以为女主角被自己吸引的时候,剧情突然反转——原来吸引女主角的是唯品会广告宣传内容。

不仅短视频广告可以安排反转的剧情，在平常的短视频运营中也可以运用这种方法来打造优质视频。特别是一些搞笑视频，就是通过剧情反转来营造幽默氛围的，如图 11-22 所示。

图 11-22

11.2.3　通过好内容赢得用户的更多点赞

短视频内容作为一种直观、真实的内容形式，在感染力方面明显比文字更胜一筹。而要想让短视频发挥出更好的推广效果，就需要在短视频内容上做功课，打造出受大众欢迎、让用户点赞的爆款内容。下面详细介绍几个制作好内容的方法。

1. 高颜值，满足爱美之心

关于"颜值"的话题，从古至今，有众多与之相关的词语，如沉鱼落雁、闭月羞花、倾国倾城等，除了可以形容其漂亮外，还体现了漂亮所引发的效果。可见，颜值高是有一定影响力的，有时甚至会起到决定性作用。这一现象同样适用于打造爆款短视频。当然，这里所说的颜值并不仅仅指人，还可以包括好看的事物、美景等。

从人的方面来说，除了先天的条件之外，要想提升颜值，有必要在形象和妆容上下功夫；让自己看起来显得精神、有神采，而不是一副颓废的样子。而化一个精致的妆容后再进行拍摄，是提升颜值的便捷方法。

从事物、美景的方面来说，是完全可以通过其本身的美再加上高超的摄影技术来实现的，如精妙的画面布局、构图和特效等，就可以打造一个高推荐量、播放量的短视频。如图 11-23 所示为有着高颜值的美食以及美景的短视频内容。

图 11-23

2. 萌属性，吸引用户注意力

在互联网和移动互联网中，"萌"作为一个特定形象，奠定了其在用户中重要的审美地位，同时也得到了很多用户的喜欢，无论男女老少，都有它的忠实粉丝。在短视频这一碎片化的视频内容中，特别是在抖音平台上，以"萌"制胜的视频类型和内容有很多，总的来说，包括 3 种，具体如图 11-24 所示。

以"萌"制胜的视频内容：
- 可爱的萌娃，是众多宝妈发布视频时所要展示的骄傲，他们随便的一个语音、一个动作或者一个笑容都能柔化众多用户的心
- 毛茸茸的猫、狗等小动物，也是众多用户喜欢的，它们能在很大程度上保证获得高流量，特别是选取的卖萌场景和角度足够好的情况下
- 各种各样的展现萌态的玩偶，也是众多观众喜欢的，然后再配上生动形象的内容说明和故事等，更能吸引人们的关注和购买

图 11-24

如图11-25所示为在抖音短视频上以"萌"为主要内容的短视频案例。在这些短视频中，不管是萌娃，还是小动物或者是玩偶，都尽情展现出了它们的可爱和萌态。

图11-25

3. 暖元素，让观众产生爱

在日常生活中，人们总是会被能让人产生归属感、安全感以及爱与信任的事物所感动，例如，一道能让人想起爸妈的家常菜，一个习以为常却体现细心与贴心的举动等。这些都让人心生温暖的正面情绪，当然，它们也是最能触动人心中柔软之处的感情，且是一份能持久影响人内心的感情。如图11-26所示为能让人心生温暖和产生爱的短视频案例。

4. 干货内容，放心地落地执行

随着短视频行业的快速发展和行业的调整，短视频在受用户欢迎的程度上可能会发生大的变化，但是对用户来说具有必要性的干货类短视频内容是不会随之湮灭的，还有可能越来越受重视。相对于纯粹用于欣赏的短视频而言，干货类短视频有着更宽广的传播渠道，且日益积累的结构化的内容输出，极有可能把账号打造成大的短视频IP。一般来说，干货类短视频包括两种，换句话说，也就是干货类短视频的内容具有的特征，即知识性和实用性。

所谓"知识性"，就是短视频内容主要是介绍一些有价值的知识。例如，关于汽车、装修等某一行业方面的专业知识，这对于想要详细了解某一行业的用户来说是非常有用的。如图11-27所示为专门介绍和讲解汽车知识的短视频案例。

图 11-26

图 11-27

所谓"实用性",着重在"用",也就是说,用户看了短视频内容后可以将它们用在实际的生活和工作中。一般来说,实用性的短视频是介绍一些技巧类的实用功能的。如图 11-28 所示为实用性装修厨房短视频。

5. 技艺牛,让用户衷心佩服

对于运营者来说,如果拍摄的短视频内容是专注于某一事物,且视频中展现的内容体现了主人公和其他人非凡的技艺,那么,这类短视频也是非常吸引人的,如图 11-29 所示。

图 11-28

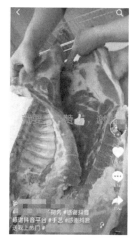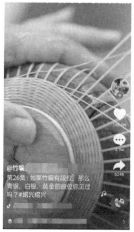

图 11-29

6. 各种恶搞与搞笑，创造新意

在抖音短视频平台上，人们在无聊和闲暇时间喜欢观看的视频除了上述几类外，还有一种就是搞笑、恶搞类的短视频，且这类短视频内容在各平台上还是比较受用户欢迎的。

用户在打造爆款短视频时，可以从搞笑、恶搞的角度着手，运用各种创意技巧和方法对一些比较经典的内容和场景进行视频编辑及加工，也可以对生活中一些常见的场景和片段进行恶搞似的拍摄和编辑，从而打造出完全不同的、能使人娱乐和发笑的短视频内容。如图 11-30 所示的"搞笑段子"就是一个专门制作搞笑段子的抖音号。

图 11-30

7. 正能量,点燃信念之火

"正能量"在如今被频繁提起。可以说,每个人心中都有着善良的一面。无论你的正能量是爱国的热血,还是街头走访帮助孤寡老人、小贩,抑或是勇于救人的英勇事迹,这类短视频,总会引起一些人的共鸣,让用户受到感染。如图 11-31 所示分别为消防队员奋不顾身救助被困夫妇和外卖小哥冒着暴雨盖上井盖的短视频,两个正能量短视频案例,获得了很高的点赞和评论转发。正能量能点燃人们心中的信念之火,使之熊熊燃烧,永不熄灭。

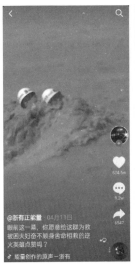

图 11-31

第 11 章 短视频的推广及营销

Section 11.3 短视频营销策略

当企业或商家学会和找到推广引流的方法后，接下来就是尽可能地加快自身产品的营销。本节将从短视频的内容形式、营销步骤、营销方法等方面入手，帮助大家利用短视频打造营销爆款。

11.3.1 快速传播内容引爆品牌营销

过去，品牌需要信息获取、唤醒、召回等链接才能接触用户，但是抖音通过短视频更有沉浸度，缩短了品牌和用户的距离，在这种情况下，用户的可转换性将大大提高。那么在以抖音为代表的短视频平台上，运营者应该如何依靠短视频内容来引爆品牌营销呢？通过系统分析，这里归纳出 5 种形式的品牌营销。

1. 戏精类：完美展示品牌特色

"戏精"内容是指通过自身的表演技巧和意想不到的情节安排，完美地展示品牌的特色，这种视频内容非常适合"挑战"。

创新营销思维认为企业在内容创作方面，也可以做一次"演技派"，运用歌曲演绎、自创内容演绎和多角度动作拍摄技术，将音乐转化为您的表演秀。"戏精"内容适合想要塑造或者改变形象的企业，例如一些品牌想要更年轻、更活泼、更有趣的形象。

比如，由抖音联合七大博物馆推出的"文物戏精"系列使文物被赋予了新的形象，甚至成为"潮流"的代表，重塑和展示了新的品牌意义，如图 11-32 所示。

2. 特效类：品牌形象插入视频

简单来说，"特效"内容就是使用软件制作特效，在视频内容中插入品牌形象和信息，再加上震撼人心的音效就可以了，这类视频就是一种科技秀，现在在短视频内容创作上还是挺火爆的。当品牌拥有者有口号和主题并想充分表达时，可以借助抖音达人来表达自己的原生影响力和品牌意识，并利用各种特效来充分展示自己的品牌理念。

图 11-32

3. 实物类：启动"货物交付"效应

这种类型，在抖音上是比较常见的，就是将产品软性植入拍摄场景，或者简单粗暴一点，直接将产品作为拍摄道具进行视觉展示，触发购买效果。

比如，视频聊天员可以在视频中添加企业日志、产品卡通形象等贴纸道具，并通过创意舞蹈使短视频达到完整的整体感。如图 11-33 所示为以人物虚拟螨虫的形式表演去螨虫产品以及以动画的形式为华为手机做广告。

图 11-33

4. 故事类：引发互动共鸣

即通过讲故事将品牌或产品信息带入到一个特定的短片情境中，并与用户产生情感共鸣，引发互动。在利用讲故事的方法进行品牌营销时，应该注意以下两个方面，如图 11-34 所示。

图 11-34

5. 动作类：潜意识渗透到用户的大脑中

通过身体动作来表达品牌或产品的个性特征，触发用户联想，并从潜意识渗透到用户的内心。视频本身就是一个动的画面，如果再在视频内容中通过肢体动作来表现品牌或产品的特征，就更能让受众印象深刻。

而且，动作一般是持续性的，因此，短视频中的一个肢体动作，是极易引发受众联想的。另外，既然是用来宣传和推广品牌的动作，那么一定是有鲜明特征的，这样的动作插入在进行品牌或产品营销过程中还是有着重大意义的。

如图 11-35 所示为一个制作手工红薯粉的动作类短视频案例。通过观看该视频内容，用户会自然而然地想到红薯粉，从而实现产品的宣传和营销。

图 11-35

11.3.2　收割抖音流量抓住短视频红利

在短视频营销中，抖音是一个既受企业和商家青睐，又受用户欢迎的短视频平台，那么在这个有着 8 亿用户支持的平台上，具体应该如何进行营销呢？下面详细介绍其相关知识。

1. 五大流程助力抖音号养号和成长

对于运营者来说，如果想要进行营销，首先就要积累粉丝，也就是大家所说的"养号"，在抖音平台上同样如此。关于抖音号的养号，主要包括以下几个方面，如图 11-36 所示。

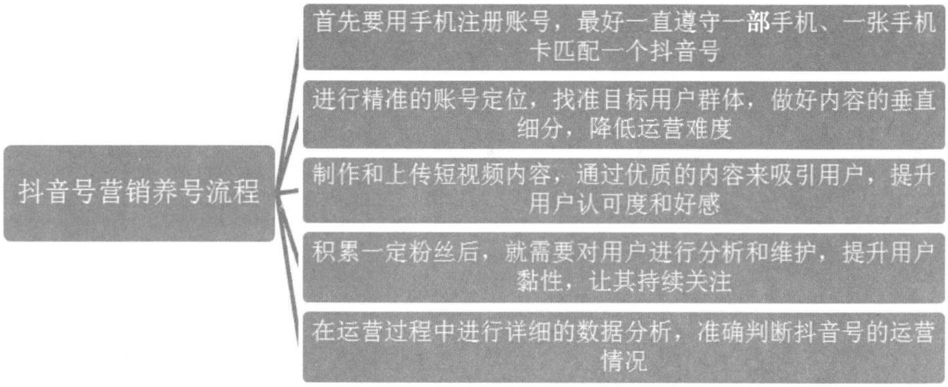

图 11-36

从图 11-36 所示的抖音号养号流程中，可以看出短视频内容是至关重要的，可以说，没有内容的养号操作是白费功夫的。当然，短视频内容的来源可以是多元化的，只要坚持账号定位这一基本方向即可。

运营者不仅可以自己拍摄和制作短视频内容，打造优质的原创内容，为抖音号建设提供养分，还可以做好内容搬运工作，分享其他平台和其他抖音号好的短视频内容，丰富平台内容，从而吸引用户关注，并助力抖音号成长。

2. 使用多种工具让抖音号运营更方便

在抖音号中，工具的使用很重要，特别是在短视频内容运营中，有很多工具需要用到，如视频剪辑、短视频解析下载、数据分析等。在此，主要从"伪原创"内容的角度进行介绍。

在"伪原创"内容的制作和编辑中，首先要下载不包含水印的短视频，这就需要用到抖音短视频解析下载工具。运营者运用这个工具，可以做到两点，具体如图 11-37 所示。

图 11-37

运营者在运用这一工具时，应该如何操作呢？其实非常简单，下面详细介绍其操作方法。

第1步 在抖音 App 中，选择一个短视频，点击【分享】按钮，如图 11-38 所示。

第2步 在弹出的窗口中点击【复制链接】按钮，如图 11-39 所示。

图 11-38　　　　　　　　　图 11-39

第3步 将复制的链接粘贴到【抖音短视频解析下载】（网址为 http://douyin.iiilab.com/)的文本框中，点击【解析视频】按钮，如图 11-40 所示。

第4步 弹出相应选项，然后点击【下载视频】按钮下载视频，如图 11-41 所示。

第5步 即可得到无水印的抖音视频，如图 11-42 所示。

图 11-40　　　　　　　　　图 11-41

图 11-42

接下来，就要对解析出来的短视频内容进行编辑了——修改短视频的 MD5 (Message-Digest Algorithm，消息摘要算法)，这样才有可能获得系统推荐。在这一过程中,运营者可以使用的工具是"批量修改 MD5"。经过"批量修改 MD5"工具批量修改后的短视频,不会再被机器识别出来是搬运过来的"伪原创"内容。

3. 不断升级和促成爆款

运营者学会打造优质的"伪原创"内容和个性化的原创内容后,接下来就要学习如何打造短视频营销爆款了。而要做好这一点,打造个人 IP 才是可持续的短视频营销之路。在个人 IP 成长道路上,内容的新奇性和实用性是关键。当然,运营者可以基于这两个关键点不断升级短视频爆款玩法,提升品牌影响力。如图 11-43 所示为打造爆款的抖音号案例介绍。

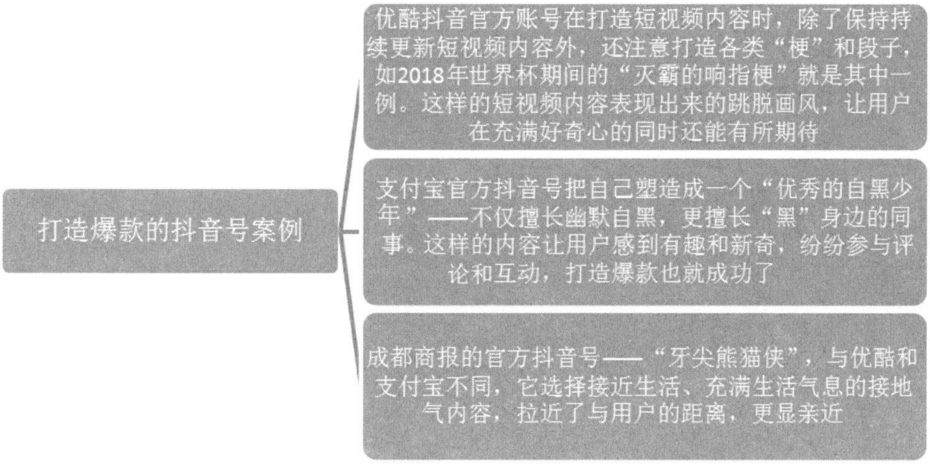

图 11-43

图 11-43 所介绍的 3 个抖音号的爆款打造过程,各有特色和方向,可见,只要找准定位,选择一个颇有特色的垂直领域进行运营,并制作优质的、能带来惊奇感或能让人感到实用的内容,那么打造爆款也就胜利在望了。

11.3.3 提高产品曝光度和打造口碑

利用抖音平台进行营销,是符合时代的能够快速收益流量红利的营销方法。那么,在短视频平台上,运营者应该如何利用这样的平台进行营销呢?其实,主要还是在于产品和品牌的曝光与口碑打造。下面基于这一策略方向,详细介绍一些营销方法。

1. 产品要有特色或自带话题

在短视频平台上,运营者应该根据自身品牌和产品的特点来选择呈现方式。短视频的播放时间都比较短,要想在短短的 15 秒内让用户对品牌和产品产生兴趣,视频至少要有一个亮点。

对于专门展示品牌和产品的短视频,运营者可以从两个方面打造亮点:一是直接呈现,二是侧面烘托。

如果产品本身有亮点——特色和趣味,或是自带话题,那么即使直接展示产品,也是会吸引用户关注的。如图 11-44 所示为有特色的饰品产品展示短视频画面。在该视频中,展示了一款有特色的耳环,因为这款耳环本身对女性有吸引力,该条短视频获得了 25.2 万个点赞和近 5000 条评论,很多人在评论中对视频中的产品感兴趣,纷纷询问:"我看上这个耳环了,怎么买啊?""求购买链接"。

如图 11-45 所示为自带话题的婴幼儿产品展示短视频画面。在该短视频中,展示了一个让婴儿感到有趣的、再也不会抗拒洗澡的婴儿便携洗澡盆,用户看了之后纷纷表示:"这个好,第一次见""我也想要一个"。由于婴儿便携洗澡盆自身带有话题,因此直接展示产品,也会让用户忍不住去点击播放。

图 11-44　　　　　　　图 11-45

总的来说,如果产品具有一定特色或具有话题性,那么可以通过直接展示的方法来促进销售。特别是一些经营电商品牌的短视频号,那么利用这种方法来进行产品推广——找到产品的卖点和特色并通过短视频展示出来,营销也就成功了。

2. 策划周边产品形成联动效应

除了直接展示有特色或具有话题性的产品外，还可以通过视频进行侧面烘托，制造话题和亮点，以便更加全面地展现品牌和产品。

在通过视频进行侧面烘托的展示方法中，运营者所选择的烘托的产品也需要注意，它必须与被烘托的产品有一定的关联。比如，短视频要展示的是化妆品类的产品，那么其关联的产品也应该是化妆类产品或能搭配的产品，如首饰、发带等。

如图 11-46 所示为沐浴露产品的侧面烘托展示。该视频中出现的沐浴露、化妆棉都与洗化有关，在营销沐浴露时通过策划与其相关的产品——化妆棉，来传递产品的功效。

图 11-46

3. 创新性挖掘扩大产品需求范围

在用短视频运营和营销时，可以从产品功能的使用方面进行挖掘，找出更多对用户来说"有用"的内容，这样也能吸引用户的关注，扩大产品的需求范围。

图 11-47 所示为利用湿巾的盒子让薯片没吃完也不变潮的例子。在该视频中展示了"乐事"薯片和湿巾的同时，还挖掘了湿巾包装盒的额外用途。这个视频吸引了 22 万人的点赞。

当然，运营者如果想要进一步提升营销效果，最好还要继续对宣传的产品进行使用功能的挖掘。图 11-48 所示为延伸拖把旋转桶功能的案例。在该视频中，主人公将衣服放在旋转桶中,然后再旋转拖把将衣服拧干,从而对拖把旋转桶的功能进行了延伸。

图 11-47

图 11-48

4. 在短时间内聚焦优势进行宣传

产品的营销,其要点就在于特色优势的展示。运营者可以在 15 秒的短视频中聚焦其优势进行宣传,如图 11-49 所示。

图 11-49

第 11 章　短视频的推广及营销

在图 11-49 所示的短视频中，作者想要介绍的是一款超强涂料，利用多个试验进行对比，突出了涂料的超强黏性和抗压力——展示了西瓜在没有利用涂料之前的脆弱和涂抹涂料之后的抗摔与抗压，充分体现了该涂料的优势，起到了宣传产品的作用。

5. **借用场景提升产品宣传效果**

在进行短视频产品营销时，一般有两种情况借助场景进行营销：一是与产品相关的场景宣传，如制作场景、使用场景等；二是产品的特定场景植入。这两种借助场景的方法都是在短视频营销中比较常见的，运营者可以拿来借鉴学习。

1) 与产品相关的场景宣传

在短视频运营中，如果将制作产品的过程和场景展示出来，或是介绍产品的使用场景，则能增强内容的说服力，让用户放心购买。当然，在展示与产品相关的场景时，也是有选择性的：如果是一些手工产品，最好选择其制作场景进行展示；如果是一些生活用品，最好是将其功能场景展示出来。

如图 11-50 所示为与产品相关的场景宣传的短视频案例。前者为手工巧克力的制作场景，后者为智能家居的使用场景。

图 11-50

2) 产品的特定场景植入

这一方法在影视剧中很常见，是很多企业和商家乐意选择的营销宣传方式。即在进行营销宣传时将产品软性植入拍摄场景或是将产品当作拍摄道具使用，如图 11-51 所示。

图 11-51

6. 侧面烘托营造产品的良好口碑

有时候,商家和企业不会直接说自己的产品有多好,而是通过产品营销的火爆来侧面烘托出这一点,如排队购买、卖断货等,营造出良好的口碑,这样会更有利于说服受众,如图 11-52 所示。

图 11-52

7. 让品牌文化扎根于用户心底

用户更愿意选择大品牌、大企业的产品，除了产品本身在质量和服务上有保障外，未必不是企业文化影响的结果。一般来说，形成了知名品牌，也就慢慢形成了企业和品牌文化。

而企业正是凭借形成的文化底蕴，让用户心里也有着一分文化归属感，如时尚、创新、休闲等，用户更加愿意购买符合自身属性的产品。

基于这一点，短视频运营者可以不断更新内容，塑造企业和品牌形象，传播企业和品牌文化，让品牌及其文化扎根于用户心底。就文化的打造和传播而言，小米就做得很成功。它通过其抖音账号之一"小米员工的日常"发布视频来展示企业和员工的日常，全面呈现其员工之间的平等和伙伴似的关系，以及崇尚创新、快速等互联网文化，如图11-53所示。

图 11-53

第 12 章

社群运营与实用技巧

社群是移动互联网时代的产物。企业、个人看到了社群的巨大潜力,都想布局社群,抓住风口。通过本章的学习,读者可以掌握社群运营与实用技巧方面的知识。

Section 12.1 全面认识社群运营

本节导读　现如今，社群营销已然成为一种极为火爆的营销方法。它的核心就是企业与用户建立起"朋友"之情，不是为了广告而去打广告，而是以朋友的方式去建立感情。本节将详细介绍社群运营的基础知识，进而更全面地认识社群运营。

12.1.1　什么是社群运营

目前，就社群的概念来讲，可以说是见仁见智。这里将社群理解为基于互联网社区与移动互联网社交 App 发展起来的以同好而聚集的虚拟社交团体。然而，社群营销指的是企业或商家为满足消费者需求，利用微博、各种微信群、社区等推销自身的产品或服务，而产生的一种商业形态。如图 12-1 所示为社群营销商业形态，它的主要特点都是基于相同或相似的兴趣爱好。

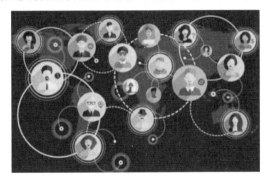

图 12-1

企业和消费者之间早已不再是卖方与买方的关系了。消费者对产品的要求不再局限于产品功能的本身，也开始注重产品所具有的口碑、形象，甚至是文化魅力。企业只有在这些方面做得好，才能更好地赢得消费者的信任。

企业让更多的消费者对品牌产生信任之后，就可以让更多有着共同兴趣爱好、认知、价值观的用户组成相应的社群，从而使其产生群蜂效应。这样，消费者在相应的社群里都会营造出 4 个氛围，如图 12-2 所示，进而对企业的品牌产生价值反哺。

第 12 章　社群运营与实用技巧

图 12-2

这种企业与消费者之间所建立的信任与价值反哺的关系，正是企业进行社群营销的体现。值得一提的是，企业品牌在未来的道路上，若没有社群的支持，是很难调动推广势能的。随着商业形态的不断发展，社群营销也是企业进行产品或服务推广的主要方式之一。因此，在未来，每个企业都应该建立自己的社群。只有这样，才能够更好地把握住消费群体。

总之，社群经济正在开启一个全新的经济发展趋势。具体来说，以后做产品和品牌出身的传统行业的从业者，在拥有自己的粉丝的同时，还会有一个巨大价值的社群，他们会利用这个社群开展一系列的营销推广活动。

12.1.2　构成社群的五个要素

想要成为一个健康的社群，有 5 个要素必不可少。社群的构成要素包括 5 个方面：同好(Interest)、结构(Structure)、输出(Output)、运营(Operate)、复制(Copy)，如图 12-3 所示。根据这 5 个方面的英文首字母，可简称为"ISOOC"。

图 12-3

1. 同好

同好是社群构成的第一要素，也是社群构成的前提。同好，顾名思义，就是共同的爱好，是群成员对某种事物的共同认可。作为个体，每个人都有自己的兴趣爱好或者思维方式，我们不能强加自己的理念而不顾别人的感受，应当在某一个层面达成共识,为了一个基本的目标走到一起,也愿意为了这个目标而共同努力。

这些共识可以体现在对某个产品的喜爱,如苹果手机、小米手机;可以是一种行为,如爱旅游、爱阅读;可以是一种标签,如宝妈、粉丝;可以是一种空间,比如某生活小区的业主群;可以基于某种情感聚集到一起,如老乡会、校友会、班级群;也可以基于某一种三观,比如:"有种、有趣、有料"的"罗辑思维",如图12-4所示。

图 12-4

2. 结构

结构决定了社群的存活,它是一个社群的主体框架,就像建造房屋要有主体结构,社群有了这个主体结构才能安全稳定,才能抵抗强风暴雨。很多社群之所以最终走向沉寂,往往是因为社群建立之初没有对结构进行合理规划。社群的结构包括组织成员、交流平台、加入原则和管理规范,如图12-5所示。

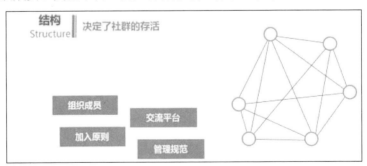

图 12-5

- 组织成员:发现、号召那些有"同好"的人抱团形成金字塔或者环形结构,最初的一批成员会对以后的社群产生巨大影响。
- 交流平台:找到人之后,要有一个聚集地作为日常交流的大本营,目前常见的有 QQ、微信、YY 等。
- 加入原则：有了元老成员，也建好了平台，慢慢会有更多的人慕名而来，那么就得设立一定的筛选机制作为门槛，一是保证质量，二是会让新加入者由于感到加入不易而格外珍惜这个社群。
- 管理规范：人越来越多，就必须管理，否则大量的广告与灌水会让很多人选择屏蔽。所以，一是要设立管理员，二是要不断完善群规。

3. 输出

输出决定了社群的价值。没有足够价值的社群迟早会成为"鸡肋"，群主和群员要么会选择解散群或者退群，要么一些人再去加入一个新的社群或选择创建一个新群；要么群员不珍惜该群，乱发广告、随意灌水。

为了防止这些情况发生，好的社群一定要能给群员提供稳定的服务输出，如图 12-6 所示，例如提供知识干货、咨询答疑、信息资讯以及利益回报等，这才是群员加入该群、留在该群的价值。另外，"输出"还要衡量群员的输出成果，全员开花才是社群，如果仅仅是一枝独秀，那走的还是粉丝经济路线。

图 12-6

社群能否为用户持续输出有价值的内容，是评判社群价值高低的标准之一。所有社群在成立之初都有一定的活跃度，但如果不能持续提供价值，社群的活跃度就会逐渐下降，最终沦为广告群。同样，没有足够价值的社群，群成员也会自行退群或者屏蔽群，然后选择加入其他对他们来说有价值的群。因此，为了防止出现以上情况，社群需要能够持续不断地为成员提供有价值的输出。

4. 运营

运营决定了社群的寿命。不经过运营管理的社群很难有比较长的生命周期，一般来说从始至终运营要建立"四感"，如图 12-7 所示。

图 12-7

1) 仪式感

社群的仪式感是通过一些特定的形式和动作来彰显社群的特征，比如加入要通过申请、入群要接受群规、行为要接受奖惩等，以此来保证社群规范。建立仪式感能够让群成员感受到社群的正规性和专业度，也能对新入群的成员产生一种强烈的自我暗示，提高他们在社群中的专注力、反应力和行动力。

2) 参与感

社群参与感的打造对社群的运营具有重要的影响，可以从增加成员的互动、设置具有吸引力的奖励机制、社群线下活动等方面着手进行，既能够方便社群管理，又能够弱化中心，增强整体意识。

3) 组织感

每个社群成员在组织中都有对应的"职位"，他们通过有组织的分工合作，完成一次又一次的社群活动，从而保证社群的战斗力。

4) 归属感

归属感的形成会让群成员对社群产生一种"家"的认可，使他们更加认可社群文化、依赖社群文化，比如通过线上线下的互动、活动等，以此保证社群凝聚力。所以，提升社群的归属感并让每个社群成员真正感受到，社群与成员之间就会建立一条纽带，将二者牢牢拴在一起。

5. 复制

复制决定了社群的规模。当社群的管理、维护都日趋规范和成熟时，可以快速进行社群复制，从而让社群越做越大。当社群规模越来越大时，社群内感情分裂的可能性也会越大，因此在复制社群时，需要考虑是否真的有必要通过复制来扩大社群规模以及是否有能力维护扩大以后的社群。复制不能即兴，而应当综合人力、财力、物力等多方面进行考虑。

一个社群能够复制多个平行社群,会形成巨大的规模,在做出此举之前,需回答 3 个问题:是否已经构建好组织?是否已经组建了核心群?是否已经形成了亚文化?如图 12-8 所示。

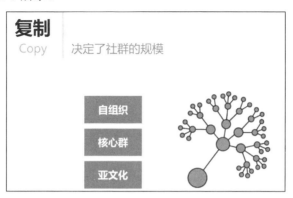

图 12-8

- 是否已经构建好组织:考虑是否具备充足的人力、物力、财力。不能过于围绕中心展开,但也不能完全缺乏组织。
- 是否已经组建了核心群:要有自己一定量的核心小伙伴,他们可以作为社群中的种子用户加入,引导社群往良性的方向发展。
- 是否已经形成了亚文化:要形成一种群体沟通的亚文化,比如大家聊天的语气、表情是否风格一致?这都是社群生命力的核心。

12.1.3 社群运营的特点

在互联网时代,不管是移动端还是 PC 端,社群营销都已经成为市场营销中不可或缺的一部分。特别是对于企业,社群营销可以帮助他们获取某个特定的群体,是一种比较有效的营销方式。想要做社群营销,就需要了解社群营销都有哪些特点。

1. 多向互动

社群营销是群内成员的多向互动式交流模式。这种营销方式下,社群内的成员既可以自己发布信息,也可以传播分享信息,无形之中为企业营销创造了很多机会。

2. 弱化中心

社群营销中每一个成员都拥有发言权,每一个成员也都是传播的主体,但是这个群体也是有中心的，中心就是社群的建立者和管理者，虽然他们是中心，但是却是弱中心化的。

社群是一种自由组织、分布式的蜂群组织结构。社群的建立也是有一定规矩的。一般来说，规矩是由领导者建立的，社群里的每个人员，都有自己的话语权和信息获取途径。他们可以在社群里共同交流、互动，通过在话语中博弈，来逐步构建大家都认同的、想要的规矩，而不单单由领导者来决定整个社群里的运作。

一般社群营销去中心化的特点，主要体现在以下3个方面，如图12-9所示。

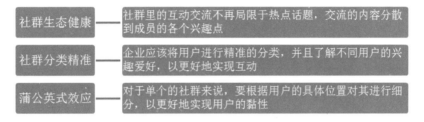

图 12-9

3. 情感营销

社群情感营销是指社群内能够给人们传递价值、趣味的情感，促使群内人员因为受到感染，进而不断地增加群内成员，以达到社群营销的目的。

社群营销和别的营销方式最大的区别也就在这里，社群可以进行情感营销，它可以通过传递价值、趣味的内容，让群内成员受到这种有趣味性的氛围的影响而更加喜欢这个社群，最后自愿成为社群的推广者，不断增加社群成员以达到社群营销的目的。做情感营销采用这种方式，首先要摆正企业的观念，树立企业的形象，然后要在运营过程中注重累积，提高营销能力。下面是对社群情感营销方法的图解分析，如图12-10所示。

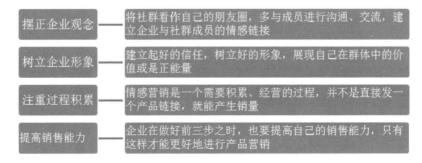

图 12-10

4. 自行运转

社群营销很大的一个特点就是社群成员可以自主创作分享信息，从而实现社群营销的自行运转。社群成员的参与度和创作力不仅可以促进社群营销实现自我运转，也可以催生出多种企业产品的创新理念及完善企业产品、服务的功能建议，这样可以使企业的成本得到大幅度降低。

5. 利益替换

社群营销的这种形态要想长期得到生存发展，就必然使每一个群内的成员产生价值，为社群做贡献。具体的方法是，群内如果有不产生价值的群员，可以进行替换，这样能保证群血液的新鲜，更保证了群价值的形成。

6. 范围较小

社群营销的范围是比较小的，所以可以称作范围经济。它通过小众化的社群自生长、自消化、自复制能力来实现运转，并以社群每个成员的思想、话语权作为永动机牵引整个社群的发展方向及社群营销的效果。

7. 碎片化

因为社群具有多样性的特点，所以社群成员的组织创造能力，可以为社群进行信息发布、产品设计、内容服务等，呈现出一种碎片化的形态。但只要合理利用，社群营销的价值就能够得到最大化的展现。

8. 独有要素

社群营销有一套自己独有的核心要素，主要表现为以下3个特征，如图12-11所示。

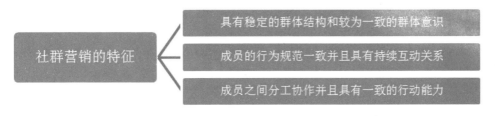

图 12-11

12.1.4 社群运营的优势

社群运营是现代企业常用的营销手段之一，通过打造自己私域流量池来实现对用户的运营，保证企业的收益。在社群中，无须企业挨个询问各自的喜好、对产品的意见等信息，社群成员会主动谈及自己的看法、意见并引起讨论，这样企业就能轻而易举地收集到社群成员的想法、建议等信息。当然，社群营销对企业的好处远不止这些，下面详细介绍社群营销的优势。

1. 成本低利润高

传统营销的模式需要投入的成本都比较高，社群营销的方式借助互联网范围广、传播快、流量多的优势，使用更低的成本获取流量，通过运营实现用户的转化和变现。

传统营销模式主要是让更多的用户了解产品，完成用户转化和用户变现是主要工作。社群营销模式除了实现营销之外，还能够通过用户去自发性地进行传播和推广，为企业带来更高的效益。

2. 营销更加精准

社群营销根据用户的需求去进行内容的输出，是一种直击用户心底需求的营销模式。面对的用户更加精准，传播的方式也由硬广转为软广，更容易被用户接受，不仅节省了成本，而且还带来了众多的精准客户。

3. 有效口碑传播

为了企业能够长远地发展下去，良好的口碑和企业形象是必不可少的，被用户认可的品牌一般会被用户优先选择。良好的口碑能够在短时间内提升产品的销量，对于塑造企业形象和打造品牌IP、实现企业的长远发展有非常重要的作用。

4. 打造推广氛围

社群的本质是，通过手机端和电脑端共同创建营销环境，它打破了空间和时间的限制，将企业与用户、用户与用户联系起来，而且这种联系通常是一种基于熟人的联系。在此基础上抓住用户的诉求点，对内容进行包装，推送用户需要的内容，那么用户自然也愿意去进行转发传播，在社群中消费者出现了购买行动，那么这一购买行动很有可能迅速感染周围其他人，形成小范围的购买高潮。

5. 及时掌握信息

社群营销是与消费者面对面的沟通，所以通过社群活动不仅可以宣传企业的产品知识，还可以及时了解消费者对产品、渠道、价格、设计、营销手段等各种营销要素的认知和建议。企业可以针对消费者需求，及时对宣传战术及以后的产品研究进行调整。

6. 人群黏性高

基于社群的互动、问答和评论,更容易使社群人群建立起对企业产品或服务质量的动态评估,增加产品与品牌的附加值,形成很强的品牌忠诚度,从而建立起消费黏性和信誉。

7. 时效性长

社群营销的主要特点是以人际关系、口碑、兴趣为核心。企业只要将这三者处理好,就能够在社群中获得更好的口碑,并且这种良好的口碑还会长久地流传下去。

8. 独有生态

社群可以凭借多元化的社交来建立独有的生态,并且生态里的人群都有一个共同的喜好或特点。一般来说,兴趣类社群占所有类型的社群比例高达 66.4%,其中,有 6 类细分社群占据主流,如图 12-12 所示。

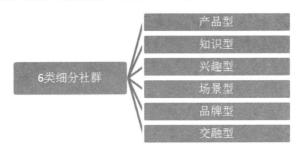

图 12-12

9. 品牌效应大

社群营销需要有品牌知名度的支撑,随着社群活动的开展,消费者能从中得到不少益处,也真正地解决了消费者的一些问题。由此可见,品牌的知名度不仅可以提高企业的美誉度,扩大品牌的影响力,也能够促进社群营销的开展。

10. 延伸价值强

社群营销所涉及的人群一般都会通过朋友圈进行宣传,甚至还能将其营销内容延伸到更多的陌生群体,最后形成一个庞大的市场。因此,社群营销具有很强的营销价值。

12.1.5 社群运营的方式

随着互联网的迅速发展，企业运行社群营销的方式也多种多样，下面对企业运行社群营销的方式进行图解分析，如图12-13所示。

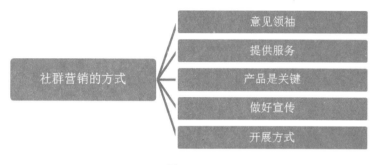

图 12-13

1. 意见领袖

拥有一个可靠的意见领袖是企业进行社群营销的关键，能够成为企业意见领袖的人一般是某一领域的专家学者或者是相关权威人士。拥有意见领袖，比较容易树立信任感，有助于传递一些有价值的内容。

2. 提供服务

企业在进行社群营销时，一般是通过提供产品或服务这两种方式进行营销的。为满足社群成员的需求，企业在社群中进行营销的最主要方式是提供服务，具体包括招收会员、感受某种服务、接受专家咨询等。

3. 产品是关键

企业做社群营销的关键是产品。企业需要一个有创意、有卖点的产品，而这里所提到的产品并不单指企业所要卖的产品，还包括企业为社群人员所提供的服务。

4. 做好宣传

企业有了好的产品，就得通过创作好的内容来进行有效传播。在这个互联网大爆炸时代，通过朋友圈之间的口碑传播，就像一条锁链一样，一条套一条，信任感较强，比较容易扩散，且能量巨大。

5. 开展方式

社群营销的开展方式是多种多样的。就拿小米来说，它选择的方式是将一群

第 12 章　社群运营与实用技巧

发烧友聚集起来，共同开发小米系统，并且共同参与研发高性价比的手机。这种方式吸引了一些原本不是米粉的消费者来购买小米手机。因此，企业在开展社群营销方面还是要多花些心思，才能达到好的社群营销效果。常见的企业社群营销开展方式如下。

- 组建相应的社群，做好线上线下交流的各类活动。
- 与目标社群进行合作，支持和赞助社群活动，鼓励社群成员积极参与。
- 与社群中的意见领袖合作，用合作的方式来传播企业的品牌价值与文化。
- 建立相应的社群数据库，帮助企业实现精准营销。

Section 12.2　社群运营管理

本节导读　目前"社群"是任何公司或者个人都想做的一件事情。从企业到个人，从知识精英到平民小 V，都在做社群，不管你是叫俱乐部，还是某某圈，或者这个会、那个社，总之，社群风起云涌。本节将从社群的日常管理、促活管理和裂变管理这 3 个方面详细介绍社群管理的相关知识。

12.2.1　日常管理

社群运营者最主要的工作是进行社群的日常管理。一个社群，无论是微信群还是 QQ 群，如果不加以维护，一般都会经历建群、聊天、广告泛滥这 3 个阶段，最终走向死寂。因此，社群建立后，运营者需要通过各种方式和手段维持社群的生命力，最终达到期望的社群转化结果。如图 12-14 所示为社群日常管理的主要 3 个方面。

图 12-14

1. 群成员维系

群成员维系工作包括邀请新人及新人入群欢迎、群昵称管理和成员移除，下面将分别予以详细介绍。

1) 邀请新人及新人入群欢迎

在群管理员的日常管理工作中，一项基础的管理就是邀请新人，尤其是发展期的社群更需要新鲜血液的加入来壮大社群。社群管理员会设置不同的好友邀请机制，以激励现有成员不断邀请新成员加入。新成员入群之后，为了快速让新人融入社群，很多社群会设立一套完善的欢迎仪式，让新成员感受到社群很正规以及自己被重视。

2) 群昵称管理

为了方便管理群成员，使群成员之间相互熟悉，社群管理员可以设置群昵称的命名方法(通常有规定的模板)，让成员按照统一的格式来进行命名。

3) 成员移除

对于管理者而言，社群中总会有一些群成员是与社群文化不相符合的，群管理员需要对这类人进行及时的移除，以保证社群内成员的目标一致性。对于在群里从不发言、从不参与社群活动、经常发表反面言论、经常发送广告或违反群规的成员，管理员需及时进行移除。

2. 群消息管理

进入社群后，群成员开始接收社群内的内容。这些内容有的来自群管理员，有的来自其他群成员。管理员需要做的就是管理这些消息，一方面以管理员的身份来制约他人的发言，如规定发言的方式、类型，指出明确禁止发言的内容；另一方面可以对群成员进行每日早晚问候，维持社群活跃度。管理员也可以发布一些与群主题相关的内容，以起到吸引成员的作用，如图12-15所示。

3. 用户答疑

用户加入社群的目的是满足自己的某些需求，如兴趣方面的需求、学习方面的需求、社交方面的需求。为了满足他们的需求，用户有时候会在社群里提出问题。因此，运营者应当时刻关注社群内的信息，解决成员的问题、了解成员的意向，并提供解决方法，通过这些行为维系成员之间的关系，为接下来的社群转化做铺垫，如图12-16所示。

第 12 章　社群运营与实用技巧

图 12-15

 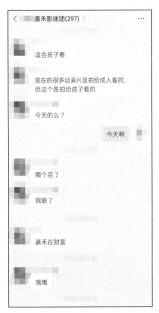

图 12-16

12.2.2 促活管理

除了社群的日常运营，运营人员还须考虑如何提高社群活跃度，提高社群粉丝黏性，让社群的意义名副其实，而不仅仅是一个"微信群"或者"QQ群"。

1. 社群打卡

很多社群为了激活社群活跃度，采取了打卡模式，比较多的是早起打卡，也有晚上任务打卡，在社群打卡是激活社群、建立互相激励环境的绝佳武器。

1) 表明态度

在社群中打卡代表一种态度，代表这件事情的重要程度，也代表成员对这件事情的执行程度，所以很多时候也决定了这件事情的结果。

2) 宣誓承诺

在社群中公开打卡对很多群成员来说是一种公开宣誓和承诺。这种公开的承诺很多时候比实际生活中宣称接受朋友监督更加贴近宣誓者的内心，能够激励他们将诺言进行实现。

3) 习惯养成

在社群中打卡有助于帮助群成员养成好习惯。打卡本身就是一种习惯的培养，例如，某些学习群就是通过每天定时定点打卡来帮助成员培养学习习惯的，从而克服了懒惰的缺点，如图12-17所示。

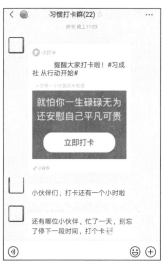

图 12-17

社群打卡规则的设置可以从以下几个方面进行，如图12-18所示。

图 12-18

2. 福利分发

不同的社群会有一些差异性的福利分发，有的来源于社群本身的基金，有的来源于赞助商，也有的来源于其他方面，但总体而言，社群的福利分发也是激发社群活跃度的有效方法。社群的福利主要有以下几种，如图12-19所示。

图 12-19

3. 红包激励

一般情况下，在群里发红包主要有以下几个原因，如图12-20所示。

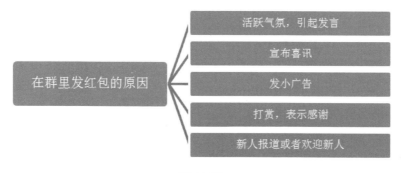

图 12-20

如图12-21所示为发红包奖励的微信社群截图。

图 12-21

4. 线下交流

很多时候，人与人之间的信任需要建立在互相见面的基础上。很多人觉得，虽然我们都在一个社群里，但是隔着遥远的互联网，看不见，摸不着，谁也不能保证什么，还不如线下的一场见面会来得直接。因此，很多社群会为群成员提供线下见面的机会，通过线下交流的方式拉近群成员之间的感情，促进社群的活力，如图 12-22 所示。

图 12-22

为了保证线下交流的安全性和有效性，一般线下聚会按照以下 3 种主题来举行，如图 12-23 所示。

第 12 章 社群运营与实用技巧

图 12-23

12.2.3 裂变管理

社群裂变的本质是价值传递,也就是把社群所提供的价值传递给更多的人。社群发展到一定阶段以后,就会希望通过复制来扩大社群规模,从而向更多的人传递社群的价值。要实现这一目的,必须通过系统性的组织行为来进行;或者由社群创建者带领社群成员一起行动,向周围圈层扩散;或者让社群的核心成员组织人员去完成任务,群成员在社群规则和整体架构中向下复制,形成类似分群或者分舵的形态,这就叫裂变。

1. 裂变准备

裂变准备包括裂变时机和裂变临界点两个方面,下面将分别予以详细介绍。

1) 裂变时机

社群不能一味地为了扩大规模而扩大,需要运营者综合考虑社群的发展现状,然后判断社群是否真的需要进行裂变。一般来说,当社群出现以下几种情况时就可以考虑进行裂变了,如图 12-24 所示。

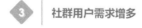

图 12-24

2) 裂变临界点

在社群发展的过程中,成员的角色会不断发生发化,如"种子用户"会变成普通用户,"抗辩分子"会变成核心用户……这些变化都是为了让社群达到裂变的临界点。具体来说,社群裂变的临界点有两个,如图12-25所示。

图 12-25

2. 裂变模式

社群同样存在临界点,一旦超越即将引爆小宇宙。是什么造就了大社群、大传播、大价值?关键因素就是裂变。如果运营者的社群无法快速裂变,走得一定不会太远。但具体该如何实现快速裂变呢?这里总结出社群裂变的四大驱动力,如图12-26所示。

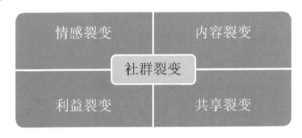

图 12-26

1) 情感裂变

情感具备强大的穿透人心能力,因此社群可凭借情怀、价值观、服务口碑进行传播。

2) 内容裂变

持续输出实用或有趣的内容,组织会员或大 V 广为转发,这应成为社群运营的例行要务。这方面的典范是小米社群、吴晓波社群等。

3) 利益裂变

把会员变为代理商,业绩优秀者甚至提拔职位。以利益分成强力驱动裂变,但必须把握分寸,否则容易涉嫌传销。

4) 共享裂变

以社群资源共享的模式,每增加一位新会员,都会提升其他会员能获得的价值,自然会推动大家积极引荐新人。

3. 裂变流程

裂变流程包括用户裂变流程、用户参与流程、运营操作流程3个流程，下面将分别予以详细介绍。

1) 用户裂变流程

社群在裂变的过程中首先需要找到用户与用户之间传播的路径。

在用户裂变的过程中，父节点的影响力越大，衍生出来的子节点就会越多，就能够影响到越多的人，因此在社群裂变的过程中，需要找到具有强大影响力的节点，如图12-27所示。

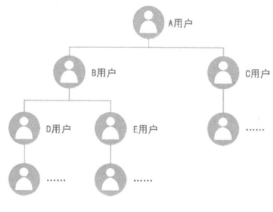

图 12-27

2) 用户参与流程

以当前社群裂变最常见的用法为例，一般情况下，用户参与裂变的流程如图12-28所示。

图 12-28

3) 运营操作流程

社群运营人员为了让用户参与社群裂变活动时有良好的用户体验，需要对裂变活动进行全流程的规划和实施，具体如图12-29所示。

图 12-29

- 活动策划：包含活动目的、时间、奖励、流程、推广渠道等，和其他线上活动并无太大差异，它的作用是帮助运营者厘清思路、分清重点，从而从容不迫地按照计划执行活动。
- 设计裂变海报：根据活动方案，提炼出海报文案，然后设计裂变海报。裂变海报六要素包括主标题、副标题、卖点、背书、促销行动、活码。依据六要素，下面分享一个常见裂变海报的版式供参考，实际的版式形式不限于此，可由设计师自行设计，如图12-30所示。

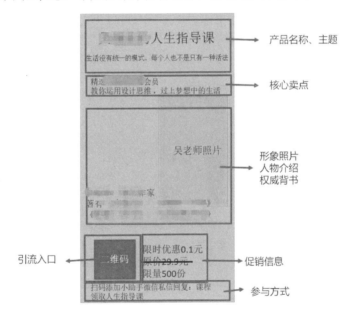

图 12-30

- 群内话术准备：群内话术包含入群话术、审核话术、提醒话术、踢人话术。
  ➢ 入群话术：指用户进群时，机器人@用户后，给用户发送的话术，通常建议分两段发送：第一段表示对用户的欢迎，以及介绍任

第 12 章 社群运营与实用技巧

务；第二段是需要用户转发的文案，将需要用户转发的文案单独放一段是为了方便用户复制粘贴。其实还有第三段，但第三段是一张裂变海报。

- ➢ 审核话术：指用户完成转发/邀请任务后，机器人自动发送的话术，用于告知用户通过审核。
- ➢ 提醒话术：当入群人数越来越多时，必定会有部分人由于某些原因而没有做任务，这时就可以利用提醒话术，@所有没有做任务的群成员，提醒他们做任务。
- ➢ 踢人话术：当用户因违反群内规则或者发广告被踢时，就会触发踢人话术。

● 后台设置：按照前面的步骤准备好物料，就可进入社群裂变工具的操作后台，进行活动相关的设置。不同的产品，设置的方法会有不同，这里不一一介绍，但有几个容易被忽略的点，在此提醒大家。
- ➢ 注意群是否够用。
- ➢ 设置好以后，将活码下载下来，放入裂变海报中。
- ➢ 不要混淆活码和群二维码，需要放入裂变海报中的二维码是活码，而不是群二维码。
- ➢ 设置完成后要亲自测试一遍流程，查漏补缺。
- ➢ 自己人一定要进群，留心用户反馈的问题，关键时引导舆论。

● 活动推广及数据监控：将裂变海报推广出去后，运营人员需要跟进活动，不仅需要在宏观上了解活动进展的情况(通过数据反馈)，还需要深入活动现场(也就是群内)，观察用户的反馈、发现用户的需求、发现其他可以完善的点，能优化的立即优化，不能优化的记录下来，思考下次活动如何规避相同问题。

Section 12.3 社群营销变现

做社群是需要付出很多精力和时间、财力和物力的(视用途和规模而定)，最后的目的自然还是赚钱。社群营销变现，是社群发展的终极目标，也是社群形成商业闭环的关键环节。本节将结合相关实战经验，详细介绍社群变现的相关知识。

12.3.1 社群变现的模式

很多人说社群变现就是赚到钱了,其实这里说的社群变现不是现金的"现",这个"现"不一定就是现金,也有可能是品牌、认知、流量等你想要的"东西",只要是将流量有效地转化,都是社群变现。目前,社群变现的方式有以下几种,如图 12-31 所示。

图 12-31

1. 产品变现

产品变现是大多数产品型社群的主要变现方式,通过社群运营的方式让用户参与到产品的设计、制作等环节,并且与用户进行深度联系和沟通,让用户产生更强的信任感。无论是具体到实物的产品,还是培训、咨询、教育等服务,都可以理解为一个产品,通常这种类型的社群用户在认可社群价值的同时,也会认可社群品牌的自有产品。社群产品主要分为两类,具体如图 12-32 所示。

图 12-32

针对实物类产品,社群可以在运营过程中通过各种方式展示实物产品的特点和优势,让用户对产品有更加深刻的了解和认可。

针对内容类产品,社群可以通过打造知识 IP 来塑造老师的个人形象和社群的专业形象，从而推出相关的专属知识内容。

2. 会员收费变现

通过收取会员费来实现社群变现，这是最简单、最直接的变现方式。例如，"罗辑思维""彬彬有理"等社群都是通过会员收费的模式成功实现社群变现目的的。

会员收费就是群成员想要加入社群时必须向社群支付一定的费用，成为社群会员后才能参与到社群活动中，享受社群提供的服务。因此，会员费既是社群的门槛，也是社群的变现渠道。

3. 电商变现

移动互联网时代最大的特征就是碎片化，因此随之出现了一些不同的碎片领域，如社群电商。如今，电商成为很多人做社群的目标和动力，社群是他们的工具，可以帮助他们进行电商的推广，如常见的母婴社群、美妆社群等。

社群不需要有很大的规模，有时候靠一个人就可以驾驭和运作，通过做好一个社群的群主，让群里的人相信社群的专业度，然后去购买相关的产品或服务，就能够为社群带来收入。

例如，"罗辑思维商城"主张社群走电商的思路，也在身体力行地卖货，如图12-33所示。

图 12-33

4. 服务变现

把基础的社群运营活动以免费的方式展现出来，尽可能多地聚集精准粉丝，然后通过增值服务的方式对部分有需求的人进行收费，这就是服务变现。

这种模式一般用来进行企业品牌的塑造，不需要在短期内直接带动销售，但需要花费一定的时间和精力来维系品牌社群，已经具有了核心竞争力。

5. 合作变现

合作变现的方式很多，常见的换粉互推、资源交换、合作产品等都是可以尝试的合作方式。

通过合作进行变现的时候，最重要的是要处理好本社群与合作社群之间的关系：一方面不要越过对方的合作底线，给对方带来不好的影响；另一方面，合作前要把推广、分成等事项商量好，否则不仅容易合作失败，还会对双方社群的声誉造成不良的影响。

6. 流量变现

社群规模和流量达到一定程度以后，可以通过广告投放来实现变现。社群本身是一种媒体，有媒体就可以有广告，因此可以通过社群渠道费的方式来做广告或者代理产品，从中获取分成。无论是实物产品还是虚拟产品，都可以采用这种方法。同样，如果一个产品足够好，但缺乏推广渠道，也可以采用这种方式从别的社群获取流量。此外，社群是某种同类人群的集合，对于很多商家来说就是精准的用户聚集体。

12.3.2 社群变现的路径

对于每一个做社群运营的人来说，不管前面铺了多长的路，其最终目的一定是奔着变现去的。所以做社群，除了流量获取、日常运营以及用户留存等方面的工作内容，最重要的便是进行社群变现。下面将详细介绍关于社群变现路径的知识。

1. 创建社群

在社群经济的模式下，社群要想实现其应有的商业价值，首先要经历"社群创建"这个过程。这个过程并不仅仅是建立一个社群，还需要解决社群生存的问题，只有建立起一个垂直细分、具有一定特色的社群，即社群 1.0，在此基础上才能够在此后的社群生命周期中进一步实现社群的商业化，升级到 2.0。

2. 实现商业闭环

升级到 2.0 的前提是：在这样的一个社群中，能够找到潜在的运营对象，或者说未来商业运营的潜在用户，并且能够实现一定的商业闭环。

例如，一个拥有 10 万人规模的母婴社群(诸如由上百个微信群组成的一个简易的社群，社群诞生后一般是依托社会通用的社会化媒体和社交工具进行关系维护和互动，QQ、微信等都是主要工具，而 QQ 群和微信群又是主要的互动载体)。此社群内一定拥有诸多的妈妈、准妈妈，以及闻风而来的诸多对该群体提供服务的供应商。在一个简易的微信群或者 QQ 群中的人群，已经能够借助微信群的信息传播功能和社交功能，进行供求信息的提供和供给，并且进行各种线上或者线下的勾兑，最终创造价值。

如此一来，这样的一个社群就具备了可以进行商业运营的初步条件，进行 2.0 模式的提升就理所当然。

此时，有必要研发或者借助一个统一的平台，将分散在微信群或者 QQ 群中的用户需求和商业闭环过程在一个线上平台上实现。如果这个社群中的用户需求集中体现在标准化的商品消费需求，则一个微店系统就可以实现此功能。如果不只拥有直接电商的需求，还需要更多的信息发布交互需求，则需要一个社区产品连带一个可以进行电商交易的微店系统等，这就是所谓的商业闭环的再次上线过程。

无论需求的技术产品形态如何，最终要实现的都是对接社群组织内部人和服务的连接需求，形成以社群为支撑、技术工具为手段，才能连接社群内比较集中的需求和服务提供商，并实现需求和服务配对的过程。这样一个最简单的社群运营平台就搭建完成，并且实现了基本的交易，从而完成了松散社群运营到 2.0 社群运营的升级，如图 12-34 所示。

3. 升级为对外开放运营平台

社群要实现社群运营的更大价值，必须通过扩大工具平台的供给双方的数量和质量以及品类来实现更大商业价值的挖掘，包括对服务自有社群的工具平台向服务同类或者更为广泛的人群需求的扩大。真正对外开放，实现工具平台到真正意义上的开放服务交易平台的升级，即所谓社群经济 3.0 的升级。

以一个母婴社群为例，在完成一个技术产品开发之后，可以满足社群内部部分用户的需求。如果搬到一个自己开发或者改造的工具平台上，可以实现更多人需求的满足，并整合和匹配相应的服务。在此基础上，必须开放对外、横向推广这样的一个工具平台，让更多的增量的母婴社群用户能够用上这样一个具有标准化普适性属性的工具平台，并最终升级一个内部的社群运营平台为开放的社群运营平台，实现真正意义上的社群运营平台的建立。

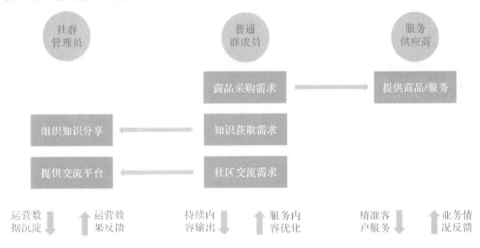

图 12-34

Section 12.4 粉丝运营实用技巧

> **本节导读**
>
> 随着粉丝经济的不断发展，对于企业或商家来说，社群粉丝运营也越来越重要了，它甚至关系到某类产品或品牌的生死存亡。因此，在进行粉丝运营时，一定要考虑粉丝是否能从中获得价值或者是用户想要的服务体验。只有这样，这个平台才能对粉丝产生持久的吸引力。本节将详细介绍有关粉丝运营的实用技巧。

12.4.1 使用网络工具，增强粉丝凝聚力

随着移动互联网的不断发展，各种新媒体平台也开始横扫大街小巷，走进更多普通人的生活之中。但是，各种新媒体平台因此铺天卷地而来，无疑也影响了粉丝对平台的忠诚度。

因此，对于企业来说，粉丝的凝聚力一直是企业发展的一大难题。那么，企

业该如何增强粉丝的凝聚力呢？下面对企业增强粉丝凝聚力的方法进行图解分析，如图 12-35 所示。

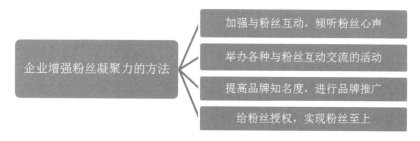

图 12-35

一般来说，粉丝较高的凝聚力会给品牌带来更大的影响力。从外在来看，粉丝的凝聚力主要表现在粉丝对品牌的热爱度以及荣誉感，是粉丝对品牌向心力的一种表现。从内在来看，粉丝的凝聚力主要表现在粉丝之间的融合度以及亲和力，有利于缩短企业与粉丝的磨合期，进而提高品牌的知名度和影响力。

12.4.2 加强与粉丝的互动，增加粉丝

众所周知，在微信或微博平台上，加强与粉丝的互动是增加人气、打造真实粉丝的重要方法。加强与粉丝的互动，是增加粉丝的基础。微信、微博等平台有很多种与粉丝互动的方式，下面进行图解分析，如图 12-36 所示。

图 12-36

总而言之，在微博、微信等平台上与粉丝互动的方式是各种各样的，企业或商家要学会巧妙地运用各种技巧与粉丝进行互动。在此基础上，听取并收集粉丝的意见也是非常重要的。这不仅是对粉丝的一种尊重，也是了解粉丝需求进而调整营销策略的重要方法。

智慧锦囊 　企业或商家在利用以上方式与粉丝进行互动时，一定要注意把握分寸，不管运用哪一种方式，都不要运用得过度了，否则只会引起粉丝的反感。这种方式也不是单一的，企业或商家可以根据具体情况而定。

12.4.3　互联网时代，如何运营好自己的粉丝

在互联网时代，粉丝运营方式是可以移植到产品运营中的，让核心用户感受到品牌的价值与产品魅力，让他们从普通用户转化为产品粉丝，为产品的后续发展提供强有力的动力。如何运营好自己的粉丝，这里总结出以下几点，如图12-37所示。

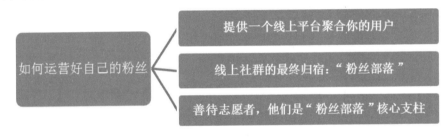

图 12-37

1. 提供一个线上平台聚合你的用户

运营粉丝最基础的一条就是提供一个线上平台供自己的用户进行交流，同时产品团队可以通过这个平台不断接触到最真实的用户，透过他们进行产品测试、产品角色构建、需求分析等工作。通过线上平台，运营者可以做很多运营粉丝的事情。所以，请建立好自己的线上平台，聚合自己的用户。

2. 线上社群的最终归宿："粉丝部落"

"部落"原意是指原始社会因为血缘较近的关系居住在一起并共同生活的团体。在互联网时代，"部落"是指因为共同爱好或兴趣集结在某个社交平台上的用户，他们会在平台上分享关于兴趣或爱好的点点滴滴。

在互联网时代，真正的"粉丝部落"应该是线上交流与线下活动相结合的组织，只有这样，运营者才有足够的力量去撬动粉丝，让他们为自己的产品提供一把助力。

3. 善待志愿者，他们是"粉丝部落"核心支柱

志愿者最大的特点就是没有报酬，没有所谓的雇佣关系，仅仅是因为认同你的产品理念进而希望能为自己热爱的产品做点事情，例如奥运志愿者、助教义工以及最原始的论坛版主。

志愿者是"粉丝部落"的重要构成，通过志愿者，运营者的部落能形成一个小型社交圈，通过一个个线下活动构建出更大范围的社交圈，而这种圈子会通过各种人与人的链接，最终连成一片。同时，运营者也可以将许多工作外包给志愿者，让自己专注于最核心的地方：产品价值与产品魅力。只要产品价值与产品魅力不褪色，运营者就能持续不断地吸收新用户，获取新粉丝，形成一个"粉丝部落"的循环。与志愿者交流要遵循以下两个原则。

(1) 不强迫。志愿者不是你的员工，他没有义务帮你做事情，所以不强迫是一个非常大的前提。一旦出现强迫的事情，就意味着你将丢失这位志愿者，所以，请记住："粉丝部落"是一个靠权威维持的社群。

(2) 成就感。成就感是维持一个稳定团队的核心，这个团队做出来的事情有意义、有价值才能让团队成员感觉到成就感。所以在团队建设上，不断回顾过去的成果是一个非常重要的环节。而在"粉丝部落"中，则需要侧重宣传大家共同参与而达成的目标，让大家觉得加入这个团队是有价值的、有意义的。

12.4.4 电商营销如何玩转粉丝运营

很多人认为引流好了，有了流量就会给商家店面带来一定的曝光，但是流量是一个可操作的产物，就算精准度再高，没有一个好的运营，流量始终只是流量，精准流量最后也会变成泛流量。

电商营销过程中首要考虑的因素是什么？答案就是产品。如果将产品比喻为大树的根系，它支撑着大树在地上成长而不受环境的侵害。但想要让我们的大树长成参天大树，其养分就是存在于我们身边的粉丝群体所给予的。重视粉丝的运营，才能让营销这件事成立。所以想要电商营销长久地走下去，一定要学会玩转粉丝运营。下面详细介绍几种粉丝运营的技巧。

1. 店铺前端设计及文案的重要性

可能很多人将工作的重心放在了产品和用户之上，往往却忽略了用户与自己的店铺，很多人对店铺产生第一印象的地方就是我们的主页，那么在这种情况下，首先要注意的就是自己店铺前端主页的设计，其美工的特点就是需要做到足够吸引人并且不臃肿。

大家逛商城如果不是目的性很强，以更随意的心态去逛的话，被吸引目光的一定是鲜艳的色彩，画面更为丰富的商品更吸引人的眼球，但是这并不是说要你把商城装扮得花里胡哨，更多的是要有美观性和产品特色。

而文案则更为重要，通过简洁的文字让用户清晰明了地了解到我们的店铺优势在哪，主要销售的产品是什么，而且对于目前的活动又是什么。完善前端的搭建，为我们后期的运营和操作提供更方便的场景和条件。

2. 客服环节同样可以出彩

同样，客服环节也是很多人在粉丝运营过程中常常被忽略的一个角度，但是客服环节对于粉丝群体的影响却是十分巨大的，因为当粉丝群体与我们的店铺产生产品购买的订单时，避免不了的就是产品可能会出现一定的问题和未满足用户购买预期时的销售情况。

在这种情况下，就需要客服来帮助我们进行销售环节的调解和更改。规范化的客服服务同样也可以为我们带来更多出彩的粉丝运营条件，如图 12-38 所示。

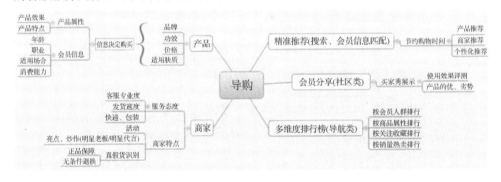

图 12-38

3. 多渠道引流至粉丝群

想要自己的粉丝基数持久并且长期增长的话，也可以通过对接不同渠道来实现粉丝引流。在这种引流过程中，需要借助店铺的活动以及产品自身的优势来做更多的文章，让粉丝们了解到自己的商铺与众不同。

第13章

朋友圈运营与促销攻略

本章主要介绍朋友圈吸粉助微信公众平台营销成功、朋友圈好友信任的建立方式、商品营销软文写作方面的知识与技巧。通过本章的学习，读者可以掌握朋友圈运营与促销信息方面的知识。

Section 13.1 朋友圈吸粉助微信公众平台营销成功

本节导读

微信公众平台营销的成功,最重要的就是分享。那么主要分享到哪里?自然是朋友圈。少了朋友圈,微信公众平台就少了最重要的宣传平台。随着微信的用户越来越多,微信公众平台也越来越多,随便打开一个朋友圈,总能看到来自各微信公众平台的信息。在众多信息中,只要用户能够点开查看,就是为平台做了最好的宣传。本节将详细介绍朋友圈吸粉的相关知识。

13.1.1 朋友圈吸粉营销布局

在微信朋友圈中,几张图片、一段文字就可以形象地表达用户的情感和经历。这些功能虽然在微博上同样可以做到,但朋友圈内更侧重的是熟人关系,主要是熟人与熟人之间的互动。有了熟人这层关系后,营销时就不用再刻意地去建立关系。运营者虽然是在微信公众平台上做生意,但想要被圈子里的好友转发,首先要自己进行转发。这时,运营者可以申请几个微信号,然后把平台上的内容分享到自己的朋友圈。朋友圈吸粉营销布局的图解分析如图 13-1 所示。

图 13-1

1. 给朋友圈主页布局

每个人微信号的朋友圈都是一个独立的主页。当好友点击查看这个页面的时候,页面上所呈现的信息起着关键的作用。如果页面没有好的布局,那么就达不到宣传的效果。因此,把每个账号设置成微信公众平台相同的布局是非常有必要的。运营者可以根据以下内容来设置自己的微信号。

1) 头像设置

设置头像的时候,最好与微信公众平台账号的头像保持一致。因为好友在刷朋友圈的时候,看到的就是这个图标。设置成一样的头像后,也能加深好友对于微信公众平台的印象。

2) 个性签名

个性签名可以设置成企业的核心广告语。如果是运营者,也可以设置成自己喜欢的句子,突出自己的个性。

3) 相册封面

当好友点击查看页面的时候,首先映入眼帘的就是相册封面。设置这个封面的时候,如果是企业,可以将企业的理念、网站首页、产品等创建在这个地方,让好友们第一时间明白这是一个怎样的账号。

2. 给朋友圈的内容布局

在朋友圈内营销的方法是多种多样的,可以随意、个性、专业、搞笑等。但如果运营者想要通过朋友圈传达微信公众平台的理念、风格和内容,就需要将朋友圈里的内容统一起来,当好友访问朋友圈时,就像查看微信公众平台上的"历史消息"一样,这样好友立刻就会知道这是一个什么样的朋友圈了。

微信号和 QQ 号一样,人数是非常重要的。运营者想要达到良好的吸粉效果,还需要添加更多的好友,只有这样才能被更多的用户看到信息,然后帮助转发,达到应有的目的。

13.1.2 朋友圈吸粉营销技巧

提到朋友圈,人们再熟悉不过了。几乎每一位习惯了用手机上网的用户,都会在闲暇时拿出手机刷朋友圈。正是因为朋友圈聚集了大量的人气,使朋友圈变成了一个宣传基地。因此,如今的朋友圈成了电商销售的新平台。那么作为微信公众号,在朋友圈里应怎么吸粉呢?朋友圈吸粉营销技巧的图解分析如图 13-2 所示。

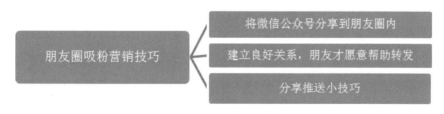

图 13-2

1. 将微信公众号分享到朋友圈内

每一个朋友圈都是一个圈子,每个圈子背后又有着许许多多的圈子。如果一个好内容能被朋友、朋友的朋友分享,那么这个内容背后的微信公众号就会被很多个圈子所熟知。因此,想要让微信公众号在朋友圈里有一个良好的传播,首先要把这些内容分享出去，增加曝光率。只有让更多的用户看到，他们才有机会转发，才能够吸引更多的粉丝关注企业平台。

例如，在微信朋友圈里有一位用户，他用自己的账号分享了公司公众号上的内容。该内容的标题是"新的一年，也许你会因为其中某一段话而变得不同⋯营销读物强烈推荐！【向营销人推荐的9本书】"。在朋友圈内，有许多做销售、电商和参加工作的好友看到这样的帖子之后，一般会点击查看、分享、收藏，无论哪一种，都能增加曝光率。当有一位朋友分享时，这个内容又会被另一个圈子的用户看到，然后会继续传播下去。

2. 建立良好关系，朋友才愿意帮助转发

在普通用户的朋友圈里，大多数是认识的朋友。当他们需要推广某个内容时，完全可以通过私信得到朋友的帮助。但想利用朋友圈来吸粉，就需要添加大量不认识的好友。想让这些用户分享平台上的内容，那是很困难的。因此，必须让陌生的好友对运营者的微信号印象深刻。这时，运营者可以主动点赞、评论朋友圈内的动态，让这个微信号给用户留下好印象。甚至还可以主动打个招呼、发送一些节日的问候、说一些让人容易记住的话等，这些都是能够给好友留下印象深刻的方式。

当有了一定的"名气"积累，就可以着重分享微信公众号上的内容了。为了让更多的用户关注企业的平台，运营者公众号的内容必须跟用户有关系，只有这样他们才会愿意将内容分享到自己的朋友圈，才能吸引更多的粉丝。例如，"【博大书画|知识百科】为什么要贴春联？""一定要学会的几件事。""霸道微商的7种绝技，一般人学不会？"，用户看到这些内容时，很多人会点击查看微信公众号的历史消息，如果微信公众号上的内容能够让他们满意，就会关注企业的平台。

3. 分享推送小技巧

由于微信公众号每天推送的内容并不多，所以在次数上并不会对好友造成困扰。但如果在相同的时间里一连分享了好几条信息，确实会对好友们造成困扰。同时，即使这几条信息在不同时间分享，如果不是最佳时间，那么也不会起到良好的效果。

分享内容时，最佳时间在晚上 8:00～12:00，在这个时间段，好友们已经吃过晚饭，正是可以静下心来刷朋友圈的时候。

如果平台上有消息公布或有案例与故事，那么一定要及时分享，争取在第一时间借力好友形成营销裂变。每天发布的消息应控制在 5 条左右。如果当天推送

的内容不够，可以发一两篇与生活有关的内容，例如"今天逛了一天的街，回到家就累趴了。"有了这样的内容，也能拉近好友与运营者之间的距离。

13.1.3 朋友圈里的广告也能吸粉

没人喜欢看广告节目，所以许多企业选择了其他捷径：制作微电影、设置互动游戏等。在朋友圈内也是如此，能积极地去做营销固然不错，但是必须知道好友们到底喜欢什么样的广告信息，如果分享的内容不是好友喜欢的，很可能会影响好友的心情，导致好友们屏蔽其发送的消息。

1. 推送好玩的信息

现在的生活节奏非常快，人们大多各忙各的，朋友、同学、家人之间见面的次数越来越少。人们查看朋友圈、QQ 空间一大部分是为了了解好友最近的生活动态，还有一部分是为了休闲放松。无论哪种方式，只要是好友发送、分享的，都能引起自己的注意。但是大多数用户是不喜欢广告的，还有一些用户怕经常分享广告信息会给自己带来不好的名声，从而不会分享广告信息。运营者如果想要在朋友圈中占有一席之地，就得学会找到好友喜欢分享的内容。

运营者如果在生活中遇到了好玩、搞笑的场面，可以制作成视频发布到微信公众平台上。这样的内容即使推送得再多，粉丝们也不会厌烦，而且会非常喜欢。当然内容里一定要有平台的二维码或公众号的账号，这样即使其他平台推送了该内容，依然会帮助自己的平台打广告。

2. 奖品多多的有奖转发

在朋友圈内，粉丝也不是不能转发广告信息，只要广告做得好，粉丝们是愿意支持的，但推出的活动必须足够吸引人。

"吧啦原创文学"是一个叫吧啦的作者创建的个人平台。该平台上聚集了大量的作者朋友。当朋友有新文章写出来的时候，就会放到这个平台上。因为每位作者都有一定的人气，当读者想要看作者的文章时，就会关注该平台。为了增加平台上的粉丝量，该平台经常开展赠书活动。例如，有作者出新书的时候，为了让书的销量更火，该平台推出了"送书活动|话梅访谈录：在确实中塑造完整"的活动。这类活动在微信公众平台上并不少，但这个平台承诺赠送 100 本书，这让粉丝们觉得自己的机会非常大，于是抱着试一试的心态分享了该活动。想要参与该活动，首先需要关注该平台，然后进入公众号内回复"等不到的冬天"，最后关注作家话梅的微博，并将关注微博、分享活动的截图上传到平台上，然后就可以等待公布获奖名单了。

赠送礼品的活动非常多，但许多都是赠送几个礼品，这让粉丝觉得自己没有这样的运气。如果赠送的礼品让粉丝觉得人人有希望的时候，这个活动就会瞬间扩散。

点开朋友圈后，可以看到新闻、时事、搞笑信息、知识型信息等来自各微信公众平台的内容。运营者平常刷朋友圈的时候，也要注意研究为什么好友乐于分享这样的内容。只有将分享的内容进行整理，才能知道哪些内容是可以被用户接受的。在推送内容的时候，运营者也可以借鉴这些内容。

Section 13.2 朋友圈好友信任的建立方式

很多微商行业的从业者都会遇到客户的质疑以及不信任。在朋友圈进行营销活动，由于一些不恰当的刷屏，会常常受到好友的排斥、屏蔽、拉黑，不但使营销活动大打折扣，还会影响与好友建立的情感。本节将详细介绍一些实用的建立相互信任的方式，打造良好的营销氛围。

13.2.1 关怀式

微商朋友们如果想要在朋友圈赢得好友的信任，那么首先需要提升的就是存在感，主要关心购买意愿比较强的客户去促成交易。点赞和评论是最有效的方法之一，如图 13-3 所示。

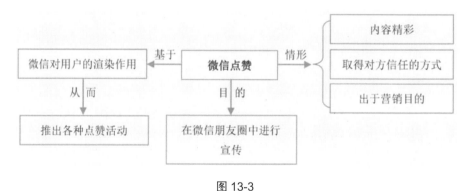

图 13-3

微信点赞评论的原理就是：先付出，再有回报。

如果好友的朋友圈类型与自己的产品产生关联的时候，在朋友圈下点赞评论会让客户有一定程度的想象产生，比如我用了他的产品之后会怎么样？我买了他的衣服去这个地方拍出来的照片会不会更好看？等等。

13.2.2 幽默式

幽默，是常常与"笑"相关联从而制造欢乐氛围的话语、动作等形式的概括，通过各种不同的方式达到幽默效果，如图 13-4 所示。我们借助幽默的方式，可以轻松调动客户的交流乐趣，从而产生交易效果。因此微商行业的朋友们，不仅仅是要在朋友圈内宣传自己的产品，还要多发一些段子或者是幽默故事，作为自己朋友圈的调味剂。

也可以试着发一下幽默的猜谜圈，然后奖励一些小产品，这很容易吸引好友的互动，引起注意，从而带动你朋友圈的浏览量。

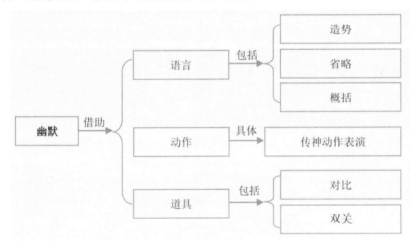

图 13-4

13.2.3 服务式

服务式是生活上的温馨提醒。个体企业和商户的实体营销途径就是产品和产品服务的提供，准确地说，产品本身就是一种服务的类型。关于服务提供的范围，具体内容如图 13-5 所示。

在我们的朋友圈里，人们想看到的是新鲜有趣的生活周边的人或者发生的事，同时希望看到有价值的消息。那么生活提醒既实用，同时又能拉近与客户之间的距离，增进客户之间的情谊，知道有人关心会让人感觉到温暖。

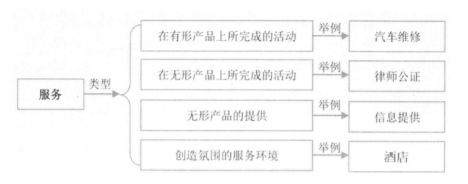

图 13-5

在微信界面上,通过朋友圈这一服务插件,也可以获得多种服务,而信息服务是其主要服务方式,这是由其用户的需求决定的。像小程序或者脚本都可以实现圈内或者群发天气情况,或者路况信息。

13.2.4 热点式

"热点"就是可以引起大众密切关注的中心事件或者信息等,如图13-6所示。

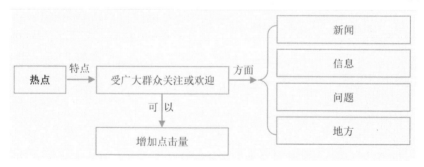

图 13-6

就目前来说,通过朋友圈这一途径关注新闻以及社会热点的群众流量都是很大的。尤其是每天关注新闻热点的用户,在朋友圈内看到了热点事件或者信息的动态,都会主动点击浏览的。

13.2.5 原创式

所谓的"原创",简单地说,就是创作者自己的作品。在网络信息时代,这一概念有了发展,如图13-7所示。

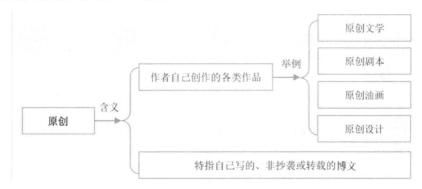

图 13-7

在这个抄袭、转发横行的时代里,标明了原创的故事或者是文章就显得极其宝贵,并且有着很大的吸引人眼球的能力。原创是好友希望看到的属于自己独立的东西,容易引发用户的共鸣或者是阅读兴趣,从而提高用户的信任度,以及好感度的养成。

同时,与自己的品牌互联之后能极大程度上提升用户对于产品或者品牌的认知。现今原创式的方法主要体现在微信公众号上面,很多小说、漫画、教程类的公众号都打着原创的旗帜招揽用户。

13.2.6 分享式

高效的分享性本身就是微信朋友圈的特性,特别是在插件和脚本的帮助下能使分享更加广泛,如图13-8所示。

在朋友圈发文注重经验的分享或者是有价值的正能量观念是非常好的,微信好友基本不会排斥这种形式的朋友圈,比如,分享好听的音乐歌单、看书的感悟。根据用户的年龄段去进行不同的内容分享,会给自己的收入带来不错的提升。

13.2.7 精准式

大部人对微商反感,主要是对刷屏广告感觉厌烦,一打开朋友圈全是广告,真的让人忍不住去屏蔽。这种情况是不可避免的,但是我们要努力减少这种事情的发生。

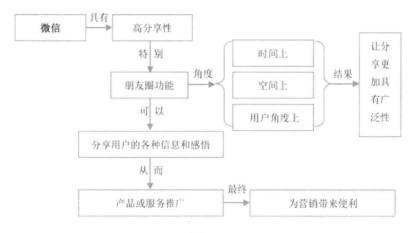

图 13-8

刷屏虽然会让好友对自己的产品有一定的了解,但是被屏蔽、拉黑的概率太大了,得不偿失,好友就会慢慢地流失,可能连朋友都没得做了。为了避免这样的情况恶化下去,应该另想办法。

我们可以根据用户的兴趣爱好、年龄高低、收入水平等进行详细的划分。(现在微信没有分组功能,感觉这一点相对于 QQ 来说有点儿不方便,但是可以给用户制作标签来达成相似的操作,又或者添加备注)

这样有了精准的用户分类,我们就可以规避恶化的消息推送。其实,基于 LBS 的微信是能够实现精准营销的途径,如图 13-9 所示。

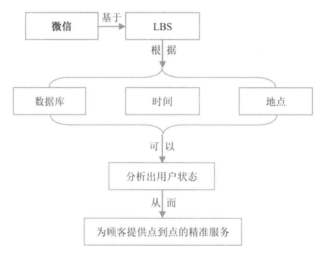

图 13-9

13.2.8 社群式

因为社群的细化分类解释有很多,这里简单说一种,如图13-10所示。

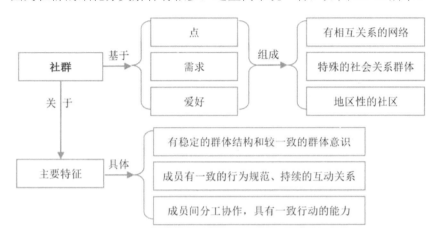

图 13-10

微商行业是最离不开社群的,朋友圈讲究的就是人脉关系的维护。一个成功的微商,一个热卖的产品,它肯定是有着自己的核心社群的,无论是线上还是线下。

我们做社群除了要保证内容丰富程度和专业程度之外,最重要的就是用人脉来打造线上或者是线下的活动,从而提升用户的活跃程度,然后用户反哺,让自己的社群圈子名气越来越大,如图13-11所示。

图 13-11

另外需要注意的就是,参加圈内社群活动时,要想办法和行业大咖合影或者是同框,为自己制造话题。用户也会对名人感兴趣,没有人会愿意买一个名气不大的产品,毕竟品牌这个东西已经深入国人的内心了。

除了参加活动以外,还要多举办活动。线上活动可以吸引粉丝,线下活动可以提升用户友谊,稳定核心客户,为自己的产品建立优势。

Section 13.3 商品营销软文写作技巧

文字的力量是强大的，在朋友圈进行营销推广时，软文营销是必不可少的。随着硬广的推送越来越难，软广的优势也慢慢凸显。软文是营销，营销是为了最大化地争取客户。树立良好的企业和品牌形象，提高品牌知名度、美誉度和特色度，让品牌形象丰满起来，使之广为流传，可以赢得人心，赢得市场。本节将详细介绍商品营销软文的写作技巧，来帮助微商学到实用的方法，促进商品销售。

13.3.1 好的标题成功了一半

都说看一个人漂不漂亮，要看她的脸，而看一个人的脸，最重要的是看她的眼睛。而如何写软文，如何写朋友圈标题也是如此。一篇软文好看不好看，首先我们看的就是标题，标题有没有吸引力，能不能抓住读者的眼球至关重要，特别是网络上的软文，没有吸引力的标题就没有点击率。所以从软文写作来看，软文标题怎么写是最重要的一个环节。

1. 以"利"诱人

与其他类型文章不同，软文一般都是商家发布宣传产品、品牌的文章，所以一定要以"利"诱人，在标题中就直接指明你的利益点。例如《留下你的 1 块钱，也留下你的雀斑》《注册××网站会员，即送 100 元现金券》《小微商年收入 10 万不是梦——我的奋斗历程》。

2. 以"新"馋人

人们总是对新鲜的人、新鲜的事物感兴趣，这是人之常情，把握住这个特征，制造出具有新闻价值的软文，往往会引发巨大的轰动，特别是在网络传播的时候，可以获得更多的转载。这里新闻标题常用的词语包括惊现、首度、首次、领先、创新、终于、风生水起、暗流涌动，例如《我市惊现"日光盘"》《记者观察：网上项目外包风生水起》《终于，多功能车开始用安全诠释豪华》等。

3. 以"情"动人

人都是有感情的动物,亲情、友情、爱情,在这个世界上我们被"情"所包围着。所以借助这个特性,在软文标题中抓住一个"情"字,用"情"来感动读者,写此标题的时候作者一定要投入自己的感情,例如《19年的等待,一份让她泪流满面的礼物》《为了这个网站,我和女朋友分手了》《老公,烟戒不了,洗洗肺吧》等。

4. 以"事"感人

从小的时候开始,我们就听爸爸妈妈们讲故事;长大一点,认识了汉语拼音和简单的字,我们开始阅读故事;成年了,我们喜欢看《知音》之类的故事性杂志。可见从小到大"故事"一直陪伴我们身边,而故事型标题也更容易感动人,吸引人阅读,例如《那些年,我走过的弯路》《一个襄樊汉子和他的世纪华峰装饰品牌梦想》《我和采茶美女的邂逅》等。

5. 以"悬"引人

电视剧《潜伏》播出当年,收视火爆,为什么这部剧会吸引众人关注,很大程度是因为一个接一个扣人心弦的剧情,因为你总猜不出下面一集剧情会走向何方。写软文也是如此,从标题上就埋下伏笔,使读者由于惊讶、猜想而读正文。此类标题应具趣味性、启发性和制造悬念的特点,并能引发正文作答,例如《是什么让他的爱车走向了不归路》《十年里发生了什么》《高端乳酸猪肉是忽悠吗》《我是如何从失败中奋起,进而走向成功的》等。

6. 以"密"迷人

和悬疑一样,大家最喜欢听到各种真相,人类的求知本能也让大家更喜欢探索未知的秘密。于是揭秘的标题往往更能引发关注,如果大家留意中央电视台春节联欢晚会,会发现每年的魔术只要一结束,网上就会兴起揭秘潮,而相关的帖子也被炒得火热。这类标题常用的关键词有秘密、秘诀、真相、背后、绝招等,例如《半个月瘦身10斤,秘密首次公开》《爱美肌热销的背后》《让销售业绩提升三倍的九种方法》《小心被宰!低价做网站的惊天秘密》。

7. 以"险"吓人

恐吓式标题最早见于保健品软文中,通过恐吓的手法吸引读者对软文的关注,特别是有某种疾病的患者,看到相关软文后更能引发共鸣。后期,这种恐吓手法也开始转变,转为陈述某一事实,而这个提供的事实,能让别人意识到他从前的认知是错误的,或者产生一种危机感,例如《高血脂,瘫痪的前兆》《天啊，骨质增生害死人》《30 岁的人 60 岁的心脏》《一生有三分之二的时间，是在床上度过的，为什么不选个好床垫呢》等。

8. 以"问"呼人

软文标题如何让读者感觉更亲近，最简单的方法莫过于打招呼，就如中国人见面就会问的一句话"吃了吗"。显然，以对话、发问的形式或者直呼其名的方式往往更能吸引读者的目光，甚至可能一些不是你发问的人群会因为好奇关注到这篇软文，例如《××，××他们都来了，你呢？》《喜欢上海，非得坐飞机过来？》《1982 年出生的人来聊聊》《还有谁想要雅思、托福、GRE 学习资料？》等。

9. 以"趣"绕人

一个好的软文标题，读者阅读后往往会过目不忘，这个就得益于软文创作者所使用的语言。生动、幽默、诙谐的语言，可以将标题变得活泼俏皮，恰当地运用修辞手法和谐音，可以令读者读后回味无穷，甚至乐意进行口碑传播，例如《赶快下"斑"，不许"痘"留》《有"锂"讲得清》《不要脸的时代已经过去》《打得火热的男女也不会出汗，因为有××冷气机》等。

10. 以"议"动人

建议性的标题是我们经常看到的，特别是做促销活动的时候，这样带有鼓动性的标题更为多见。但是建议性的标题要想跳出常规，需要下一番苦功夫，建议可以从人们都有的逆反心理着手，不让他干什么，读者往往都会想着干什么，例如《千万不要为了当老板而去创业》。

11. 借"名人"

名人的任何事情都是大众所关注的，无论是他们的工作，还是他们的生活，或是他们的兴趣等，如果你所宣传的事物或者产品能和名人靠靠边，借着名人的噱头，定会吸引不少读者的眼球。记得北京奥运会的时候林丹夺冠后把自己的鞋扔向观众席，第二天淘宝即出现不下 1 万个链接的林丹冠军鞋，这就是明星效应。例如《赵雅芝年轻 20 岁的秘密》《李冰冰最喜爱的几款包包》《巩俐：欧莱雅，你值得拥有》等。

12. 借"牛人"

在信息化的社会里，除了公众的名人外，各行各业都有一些公认的牛人，借助这些牛人，从他们口中发出声音，可吸引大家的关注。例如《一天收益上万元，创业牛人的生意经》《PS 大师××告诉你怎么画一个西瓜》《PHP 高手教你怎么隐藏文件》等。

13. 借"热点"

抓住社会上的热门事件、热门新闻，以此为软文标题创作源头，通过大众对社会热点的关注，来引导读者对软文的关注，可提高软文的点击率和转载率。软文撰写者可以借助百度的搜索风云榜来关注最近热门事件，这里的热点大到奥运会、世界杯、神六登天，小到社会上的用工荒、圣诞节的鲜花预订潮等。例如《神六采用爱国者U盘，能重复擦写百亿次》《面对"用工荒"，企业如何借力电子商务》《圣诞节鲜花预订火爆鲜花网》等。

14. 借"流行"

在网络的世界里，每隔一段时间就会有一些流行词汇出现，从前两年的Hold住、你懂得、伤不起、100块钱都不给，再到最近的成龙口头语DUANG~~DUANG~~，使用这些频率高的流行词汇，在一定程度上也能吸引读者的关注。例如《彻底粉碎"疯狂的石头"》《DUANG，房价真的降了》《iPhone 7抽奖进行时，你怎能Hold住》等。

15. 借"文化"

借助诗词、成语典故、古汉语、谚语、歇后语、口语、行业内专业术语、军人常用语、外语和方言土语、人名地名、影视戏曲歌曲等来创作软文标题，可提升软文的"文化涵养"，降低其广告味道。例如《第一视频叫板央视：同根不同命，相煎已太急》《房价下跌百姓只问不买，中介只求"非诚勿扰"》《"双汇"掉泪了》等。

16. 夸大型软文标题

通过对某件事情或者某个观点夸大，甚至是过激的看法，来吸引读者的注意力，进而对软文宣传的内容产生兴趣。例如《30岁的人60岁的心脏》《上万市民"夜袭"××家电卖场》《200万人的健康和这个观点有关》等。

17. 数字型软文标题

数字的威力有多大，数字能给人什么样的心灵碰撞，巨大数据产生的效应会多大，这些问题不需要去解答，我们只需要认真思考当我们遇到数字的时候我们的心到底有多震撼。从数字中震撼一个人的心灵，从数字中寻找好奇心的答案，从数字中得到一种力量。例如《快看，他就是第90000个M-Zone人》《5天时间，赚足3800元》《素材中国：五分钟PS出一个漂亮的LOGO》等。

18. "史上"型软文标题

中国的历史上下 5000 年，一提及××历史、××朝代上最××的事情，往往会引起轰动和关注。利用这个特点，在软文标题写作的时候可以借助史上最××事情来达到吸引读者的目的。例如《史上卖得最疯狂、N 次断货的女装》《史上最省钱的团购就在今夜》《史上人气最高的软文培训教程》等。

19. 对比型软文标题

这类软文标题通过与自己或同行进行比较，来显示自己的优越性，使读者对软文所要宣传的产品或服务的独到之处有深刻的认识。从对比型软文标题，我们还可以演化创作变化型软文标题、选择型软文标题。例如《××品牌服务，超越国家三包服务范畴》《中国公关面临十字路口：向左走，向右走？》等。

13.3.2 图文并茂的写作方式

再动人的文案也不如一张有说服力的照片，长篇大论不如图文并茂地解说。商品文案不是写作，你可以把它理解成"单页的电子型录"。图片底下可斟酌加上一小排说明小字。新闻学研究已经证明，图片与图片底下的图说阅读率远胜过内文许多倍。另外，记得要用小标题提纲挈领，令阅读效果更佳。

下面我们就来看看"辽宁联通"微信公众号怎样在微信营销中运用图文并茂的写作方式。

该微信公众号每次发的消息都是有主题的，一般一次发好几条消息，以主题的形式展现给用户，其中有一个主题为"2020 再见，你好 2021"，将"你好 2021"制作成文字图片，虽然不华丽，却不失吸引用户的注意力，如图 13-12 所示。

图 13-12

13.3.3 描述商品的第一印象

对于网购来说，用户通常都是以自己的第一印象来确定是否进行消费的。因此，好的商品描述能够以简单的文字和图片道出商品的特色，吸引广大消费者产生购买欲望。描述商品是比较简单的，主要需要注意以下几点。

第 13 章 朋友圈运营与促销攻略

1. 描述商品的基本属性

商家店铺在添加商品时,可以选择商品的型号、价格、库存等基本信息,同时还要展示商品的品牌、包装、重量、规格、产地等基本属性,一般商家对这些商品属性的描述越详细,买家就越容易购买,如图 13-13 所示。

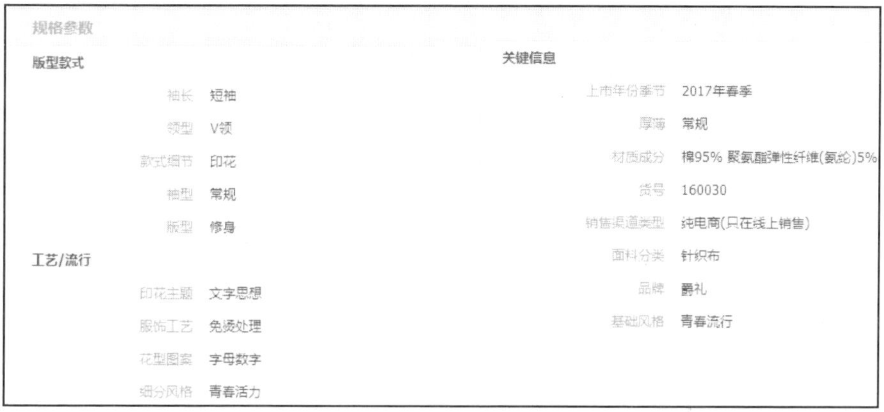

图 13-13

2. 推荐信息

作为消费者都会有货比三家的心理,因此商家在描述一件商品时,还可以推荐其他的商品信息,比如正在进行的折扣优惠活动的商品、近期热销的商品,这样可以有效地扩大交易面,切记推荐的商品需要与产品有关联性,这样才能显得不突兀。

此外,商家可以对自己的商品进行主动推荐,或者标注哪些商品是值得推荐和购买的,当顾客决定购买商品时,再看到其他推荐商品,很有可能产生购买意向。在描述中可以添加"买一送一""新品折扣""包邮"等字样,不但能提升店铺的销售量,还能增加产品的宣传力度,如图 13-14 所示。

3. 文字+图像

在进行商品描述时,最好采用"文字+图像"的形式,这样看起来更加直观,能够第一时间抓住消费者的心,如图 13-15 所示。

在描述商品时,感官词和优化词是增加搜索量和点击量的重要组成部分,但也不是非要出现的。大量的文字说明,让买家看得很累,不愿意阅读,浏览者更想看到的是图片和文字的组合,这种方式能让人在浏览时很轻松,同时也能更形象地将产品展示出来。

图 13-14

图 13-15

13.3.4 如何抓住好友的心理

人群是企业进行软文营销的核心点，只有抓住了人群的心理，才能使软文营销成功地运行下去，企业才能有可能获得收益。

而企业如何才能捕获人群的心理呢？其实只要将软文扣住人们想要"成功""学习"等对他们有益处的方面即可。

例如，软文以"发财致富"来做标题，这样可以吸引正想要发财的人们的眼球，他们想知道别人是怎么发财致富的，并且正文以主人公真实的经历来串联文章,以一个小故事的形式向读者讲述。由于故事具有知识性、趣味性,甚至情节性,因此很容易受到读者的喜欢。

13.3.5　如何突出商品价格

价格是影响客户消费的一个重要因素,做微营销也是如此。在营销的过程中,对于消费者来说价格的高低,在是否选择购买产品时,能起到很重要的作用。所以,商家可以抓住这一点来一场价格战,抓住价格的优势,来吸引消费者的眼球,如图 13-16 所示。

图 13-16

实惠的价格更容易使读者购买产品,而购买量的增加是提升产品忠诚度的有效策略,如图 13-17 所示的标题——《晚报:只卖 99?小米路由可能没那么便宜!》,采用的就是一种很"狡猾"的疑问式,来突出产品价格,这样很容易吸引客户的关注。

图 13-17

13.3.6 制造吸引顾客的情景

“羊群效果”是如今购买者的特点之一，大多数人都喜欢跟风，看到哪里人多就会去哪里瞧，热卖的东西人们喜欢跟着抢，很多人说好的东西就相信是好的，这是很明显的从众和跟风心理。

所以商家更要抓住这种心理，制造热卖情景的软文营销，用来吸引客户的眼球。如图 13-18 所示是一篇制造热卖情景的营销软文。

中秋节将至 普洱茶热销

中秋将至，各种中秋礼品销售也进入白热化阶段。近日，笔者走访了今年的中秋礼品市场发现，除了传统的中秋月饼，象征中秋团圆的圆饼普洱茶，也受到人们的青睐。

正在北京西单商场选购普洱礼盒的朱先生说，月饼没有新意，很想给朋友送些有新意的礼品，选来选去，最后决定送普洱茶。过去中秋节，自己都会买月饼送给朋友，也会收到朋友们送的各种月饼，送来送去，有些月饼到最后吃不了都放坏了。而普洱茶却不一样，不仅是健康礼品，还是文化礼品，最重要的是，普洱茶不会过期，越陈越香。

中秋前夕，一些精明的普洱茶生产商纷纷推出了具有吉祥、喜庆寓意的普洱茶礼盒。如云南龙生茶业此次特别推出的"五福""鸿运""祥瑞"三款礼盒，目前在市场上销售非常火暴，供不应求。

据一位老茶客介绍，中秋月圆之夜，当我们吃月饼时，不妨来壶茶，茶与月饼是非常搭配的。一来，当月饼的甜腻遇上茶的甘冽，口感相得益彰；二来，从养生角度而言，去腻消脂降糖的普洱茶也是赏月夜的健康之选。近年来，月饼多被冠以油腻高脂的名号，而普洱茶解油腻也逐渐为众人所识。

图 13-18

当然，虽然打造热卖景象能够最大限度地吸引客户关注，但想要保持客户的关注度和实现营销引流，使热卖景象持续下去，就需要具备两个基本条件——产品品质保证和市场宣传的持续性。

13.3.7 展示企业品牌文化

对于商家来说，软文营销的内容必须有血有肉，商家可以通过介绍一些企业文化来增加用户对企业的了解程度，比如说企业的发展历史、品牌理念、企业内部的一些好玩有趣的事、产品背后的故事等。

充分展示企业的品牌文化，能够在营销过程中起到非常重要的作用，例如，“上好佳”将品牌故事放在官网首页上，可以体现出“上好佳”食品的发展史以及种类等，使消费者更进一步了解企业文化，这是一种很聪明的做法，如图 13-19 所示。

第 13 章　朋友圈运营与促销攻略

图 13-19

13.3.8　晒出成功交易单

微商在朋友圈销售产品，除了发布产品的图片和信息以外，还可以晒出一些成功的交易单，或者快递单，但是在晒单的过程中也要注意适度和真实这两个方面。

因为现在大家对刷屏和晒单是比较反感的，但是晒单其实是有必要的，好友看到成交量也会动心，但切记不要使用虚假的手段。

在晒单内容和信息上要确定真实性，即尽量用最真实的图片和数据展现给好友，这才是正确的晒单做法。

在朋友圈发走单广告，图文并茂，并可带有聊天记录和转账记录，如图 13-20 所示。

图 13-20

13.3.9 制造神秘气氛

微商在做软文营销时，可以运用“揭开面纱”的方式，利用用户的好奇心心理，制造神秘面纱即将要被揭开的气氛，给读者一种不看的话一定会后悔的错觉。该方式容易产生强大的点击量，获得不少的注意力。

例如，神州行微博在长期不活跃的状态下，突然发布“太开心”的表情并@中国电信官方微博而组成的消息，立刻就引来了众多电信用户的询问。

结果在第二天就出现了一篇文章《神舟突然挑逗电信，或有不可说的秘密》，如图 13-21 所示。

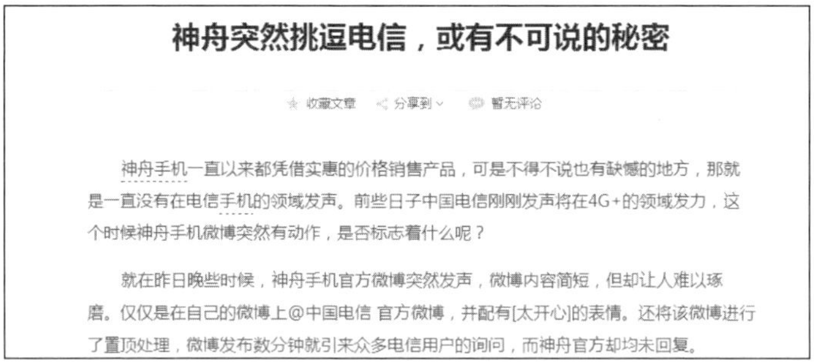

神舟突然挑逗电信，或有不可说的秘密

收藏文章 分享到 暂无评论

神舟手机一直以来都凭借实惠的价格销售产品，可是不得不说也有缺憾的地方，那就是一直没有在电信手机的领域发声。前些日子中国电信刚刚发声将在4G+的领域发力，这个时候神舟手机微博突然有动作，是否标志着什么呢？

就在昨日晚些时候，神舟手机官方微博突然发声，微博内容简短，但却让人难以琢磨。仅仅是在自己的微博上@中国电信 官方微博，并配有[太开心]的表情。还将该微博进行了置顶处理，微博发布数分钟就引来众多电信用户的询问，而神舟官方却均未回复。

图 13-21

这篇文章就神州行的微博内容进行了分析，在最后推出：“神舟电脑将本周四在北京召开#我本轻薄#主题新品发布会，而神舟手机看来是打算借这个机会给广大的电信用户送去一份大礼。”通过制造神秘气氛的软文，通常都能带来和客户很好的互动与推广。

13.3.10 充分利用明星效应

明星效应已经对我们的生活产生了重大的影响，电视里明星代言的广告对我们会产生潜移默化的作用，如图 13-22 所示。

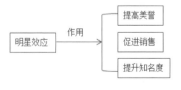

图 13-22

所以，商家决不能放过明星效应，这种效应可以带动人群，特别是会引起粉丝们的强烈关注。

第 14 章

二维码营销攻略

　　本章主要介绍认识二维码营销、制作与使用二维码等方面的知识与技巧。通过本章的学习，读者可以掌握二维码营销方面的知识。

Section 14.1 认识二维码营销

二维码时代已经来临,它正在成为中国商家进行营销推广的新方式。它输入速度快、准确率高、成本低、可靠性强,而且能容纳大量的信息,动静皆宜,是人们网上购物、网上支付、网上浏览商品的方便入口。与此同时,二维码的形态能激发消费者的好奇感和浏览欲,当消费者闯入到这个神奇的世界里,离订单的生成就靠近了一步。本节将详细介绍一些二维码营销的基础知识。

14.1.1 二维码概述

二维码英文为 QR Code,QR 全称为 Quick Response,是近几年来移动设备上很流行的一种编码方式,它比传统的 Bar Code(条形码)能保存更多的信息,也能表示更多的数据类型。

二维条码/二维码是用某种特定的几何图形按一定规律在平面(二维方向)上分布的黑白相间的图形上记录数据符号信息的编码方式。二维码在代码编制上巧妙地利用构成计算机内部逻辑基础的"0""1"比特流的概念,使用若干个与二进制相对应的几何形体来表示文字数值信息,通过图像输入设备或光电扫描设备自动识读以实现信息自动处理。二维码具有条码技术的一些共性:每种码制有其特定的字符集;每个字符占有一定的宽度;具有一定的校验功能等;同时还具有对不同行的信息自动识别功能及处理图形旋转变化等。

14.1.2 二维码的作用

二维码正在成为中国商家进行营销推广的新方式。用户利用手机二维码对商品或服务进行搜索和浏览,通过扫码还可以查询、打折,方便地进行网络购物和网上支付,目前较成熟的二维码应用为电子支付凭证。随着移动互联网时代的到来,位置服务、机票订购、酒店服务和团购等都可以利用手机二维条形码实现,这既方便用户检索、存储商品信息,也方便用户消费。二维码主要有以下 5 个作用,其图解分析如图 14-1 所示。

第14章 二维码营销攻略

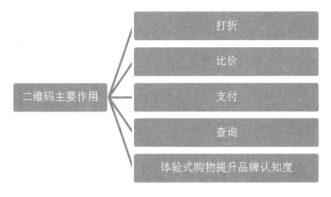

图14-1

第一，打折。用户通过扫描手机二维码，在移动互联网上即时获得商户详情、打折信息、产品介绍等内容。

第二，比价。二维码瞬间可扫描出商品结果，速度非常快，之后即可联网查看相关信息，如简介(包括商品名、封面、主要内容等)、评论和网上售价等，用户可以分别在比价记录和浏览记录中查看。

第三，支付。商家可把账户、价格等交易信息编码成二维码，并印刷在各种报纸、杂志、地铁等载体上发布；用户使用手机扫描二维码，便可实现与商户支付宝账户的支付结算。

第四，查询。消费者只需通过带摄像头的手机拍摄二维码，就能查询产品的相关信息，查询的记录都会保留在系统内，一旦产品需要召回就可以直接发送短信给消费者，实现精准召回。

第五，体验式购物提升品牌认知度。二维码凭借其一键连接线上线下的功能，可以大大提升营销活动的趣味性和参与的便捷性，从而吸引众多消费者参与品牌的活动，进而与之建立互动关系。用户通过手机摄像头扫描二维码或输入二维码下面的号码、关键字即可实现快速手机上网，快速便捷地浏览网页，下载图文、音乐、视频，获取优惠券、参与抽奖、了解企业产品信息，为消费者省去了在手机上输入 URL 的烦琐过程，实现一键浏览。此外，条码识别应用也为平面媒体、增值服务商和企业提供了一种与用户随时随地沟通的方式。

在线上营销方面，微信所表现出的即时性、个性化、互动性更强的优势，无疑使微信走在了时代的前端。"移动新媒体+二维码"的全新品牌推广模式，将精准消费群从店面引导到线上，再在线上不断地推进与消费者的互动，传达企业信息，培养新的消费习惯，这对于提升品牌价值意义非凡。随着合作商家的增多，"微信+二维码"的模式必将形成新的消费方式和时尚。加上公众平台，微信正为企业提供一个双向沟通、多样化的品牌推广和渗透平台，也将反向拓展亿级消费空间。

14.1.3 二维码的分类

在现实生活中，随处都有二维码的身影，二维码营销已经成为一种很常见的营销方式。二维码对微信公众平台来说，也是非常重要的一种吸引读者的图片，同时它也是微信公众平台的电子名片。

运营者在运营自己的平台时，可以制作多种类型的二维码进行平台推广与宣传，吸引不同审美类型的读者。将我们生活中见到的二维码进行分类，可以分为 5 种类型，即黑白二维码、指纹二维码、彩色二维码、Logo 二维码和动态二维码。下面将分别详细介绍上述 5 种二维码的相关知识。

1. 黑白二维码

在我们的日常生活中，比较常见的二维码都是黑白格子的，如图 14-2 所示。这种单一的形式已经不能够满足喜欢尝鲜、喜欢创新的消费者了。

图 14-2

2. 指纹二维码

相信很多人对于这种指纹二维码都不会感到陌生，这是之前很流行的一种二维码类型。它的特色是一张正常的普通的二维码旁边带一个指纹型的动图。相对于一般的二维码，它给人的感觉会比较有趣。如图 14-3 所示是一张指纹二维码。

图 14-3

3. 彩色二维码

彩色二维码是一种非常有特色的二维码,不同于黑白二维码那么单调、呆板,它是亮丽、有活力的。这种二维码能够吸引大批追求新颖与特色的读者,能够使微信公众平台变得更有个性。如图14-4所示就是一张彩色二维码。

图 14-4

4. Logo 二维码

Logo 二维码是指企业将自己公司的 Logo 设计到二维码中,使得读者在扫码或者阅读时能够看到自己企业的 Logo 形象,加深读者对企业的印象,也达到了提升企业知名度的目的。

这种类型的二维码是企业型运营者进行微信营销与推广时很常用的一种二维码,其效果也是很不错的。如图14-5所示就是一张 Logo 二维码。

图 14-5

5. 动态二维码

动态二维码也是微信公众平台运用得非常广泛的一种二维码类型,它相对于静态二维码来说能够带给读者更多动感,能给看见的人留下非常深刻的印象。一张动态微信二维码就是一张动态名片。如图14-6所示使用的就是动态二维码。

图 14-6

14.1.4 二维码营销的具体实施步骤

除了方便信息传达之外,手机二维码营销手段的第二个优势就是可以监控营销效果,从而作为之后营销策略的借鉴。

企业二维码营销的主要目的是扩大营销面、开发移动网络市场、推广品牌,除此之外还有实现线上线下互动、追踪分析客户的真实需求、缩小营销范围等功能。二维码的营销解决方案具体实施该如何进行呢?如图 14-7 所示。

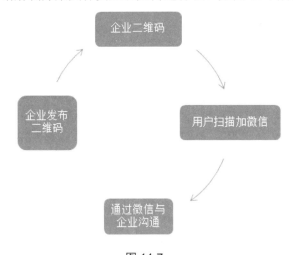

图 14-7

二维码无疑是在 O2O 模式基础上执行的,利用双线推广的方式,有效地把线上和线下结合起来,形成新的用户消费体验,达到商家电子商务的交易。

(1) 建立电子商务行业手机移动网站。随着智能手机的普及,更多的用户通过手机来浏览信息,建立移动网站可打开新的销售之门。移动网站的优势在于便捷、随时随地化、广泛、投入小等。

(2) 功能开发。如"点呼叫"功能，一键点击即跟客服通话，便捷时尚；手机支付功能，通过简单操作就可完成支付。

针对企业特点推广手机网站，便于用户随时查看信息，用有针对性的推广增加业务曝光率，大幅度提升销售业绩，给企业带来更多利润。

通过数据分析，了解用户的真实需求，调整推广策划，做有效果的营销。

联合线下媒介，把用户从线下带到线上，增添更多有效用户。

针对老客户和准客户发送短信或彩信，提升企业业绩。

开发手机客户端，为企业带来固定的消费群体，利于企业做大做强。

(3) 社交平台。由于社会化媒体的普及，将二维码连接到企业的网页或者社交媒体，如微博、微信等，通过这种方式，用户可以得到企业传达的信息。

(4) 新闻事件发布。这里所谓的新闻事件其实就是大家所关注的事件。企业在稿件中要学会利用二维码，尤其是增加二维码的能见度。这样客户在读完新闻内容之后，就会有兴趣关注你，从而引发他对企业的关注。

(5) 印刷品广告。可以在名片等平面介质上放置二维码，将客户导向企业或产品促销信息页。这种方法的操作性非常强，你想让客户扫描什么内容，即可在生成二维码之前编制什么样的内容。

综上所述，二维码可以更好地为运营者开拓客户，只要留心观察就会有所发现，越来越多的企业都在它们的传单、明信片、广告牌、咖啡杯等，几乎所有用于营销的工具上都放置了二维码，用户只要扫描二维码，就可以随时获得想要的信息。

14.1.5 二维码在商业上的十大用途

随着移动互联网和智能手机的快速发展，黑白相间的二维码逐渐进入我们的视野。因其信息容量大、制作容易、成本低、持久耐用、容错能力强等特点，应用已非常普遍。据统计，目前全国每月扫码量超过 1.6 亿次，移动运营商、IT 巨头已经抢得先机。那么，如此神速发展的二维码，究竟可以应用在哪些方面呢？这里列举了二维码的 10 种应用模式。

1. 网上购物，一扫即得

国内的二维码购物最早起源于一号店。目前国内一些大城市的地铁通道里已经有二维码商品墙，消费者可以边等地铁边逛超市，看中哪个扫描哪个，然后通过手机支付，分分钟下单。如果是宅在家里，家里的米、面、油、沐浴露用完了，只要拿起包装，对着商品的二维码一扫，马上可以查到哪里在促销、价格是多少，一目了然。而且通过二维码购物，产品的二维码中标示了产品的身份证，保障了购物安全。将来二维码加上 O2O(网上到网下)，实体店将变成网购体验店。因此，实体店可能更多的是要设在顾客方便的地方，如公交站甚至是居民区，而不是商业中心。

2. 消费打折，有码为证

凭二维码可享受消费打折是目前应用最广泛的方式。比如，商家通过短信方式将电子优惠券、电子票发送到顾客手机上，顾客进行消费时，只要向商家展示手机上的二维码优惠券，并通过商家的识读终端扫码、验证，就可以得到优惠。例如，有一年海南蕉农在香蕉滞销时，与淘宝合作进行网上团购促销，网友在网上预订，网下凭手机二维码提货成功化解滞销危机。腾讯也推出了针对iPhone 和安卓的微信会员卡，会员只需用手机扫描商家的二维码，就能获得一张存储于微信中的电子会员卡，享受折扣服务。

3. 二维码付款，简单便捷

支付宝公司已经推出二维码收款业务，所有支付宝用户均可免费领取"向我付款"的二维码，消费者只需打开手机客户端的扫码功能，扫描二维码，即可跳转至付款页面，付款成功后，收款人会收到短信及客户端通知。乘坐出租车到目的地后，顾客拿出手机，对车内的二维码车贴扫描，手机自动跳转到支付页面，然后按照计价器上的车费输入金额，整个付款过程只要 20 多秒。在星巴克，可以把预付卡和手机绑定，通过扫描二维码快捷支付，不用再排长队付款。

4. 产品质量追溯、防伪

在产品溯源中引入同城二维码，使二维码溯源系统可获取现产品溯源系统中的数据。将二维码制成标签，粘贴在产品包装上；消费者购买产品时，只需手机扫码即可随时随地查询产品源与质量认证等信息，并可及时举报虚假、错误信息。

(1) 二维码对消费者的好处：随时随地使用手机扫码查看产品详细信息。

(2) 二维码对管理机构的好处：促进消费者对虚假信息进行举报，有效完善对食品质量、假冒伪劣商品的监督管理。

(3) 二维码对企业的好处：利用二维码对自身及产品进行更多的宣传活动。如给猪牛羊佩戴二维码耳标，其饲养、运输、屠宰及加工、储藏、运输、销售各环节的信息都将实现有源可溯。

5. 二维码管理生产，质量监控有保障

条码在产品制造过程中的应用已非常普遍。二维码因为可以存储更多信息，在产品制造过程中的应用更为深入，使得生产加工质量得以全程跟踪，同时

由于跟踪了生产过程中的加工设备，使得其原生产线变成了柔性生产线，可生产多品种产品，并为 MES(制造执行系统)管理的实现提供了完整的数据平台。

6. 食品采用二维码溯源，吃得放心

将食品的生产和物流信息加载在二维码里，可实现对食品追踪溯源，消费者只需用手机一扫，就能查询食品从生产到销售的所有流程。在青岛，肉类蔬菜二维码追溯体系已在利群集团投入使用，市民用手机扫描肉菜的二维码标签，即可显示肉菜的流通过程和食品安全信息。在武汉，中百仓储的蔬菜包装上，除了单价、总量、总价等信息外，还有二维码，扫描后可以追溯蔬菜生产、流通环节的各种信息，如施了几次肥、打了几次农药、何时采摘、怎么运输等。

7. 会议签到二维码，简单高效成本低

目前，很多大型会议由于来宾众多，签到非常烦琐，花费很多时间，也很容易有会虫混入其中，混吃混喝混礼品。如果采用二维码签到，整个过程无纸化、低碳环保、高效便捷，省去了传统的签名、填表、会后整理信息的麻烦，可大大提高签到的速度和效率。

8. 执法部门采用二维码，有利于快速反应

广州番禺区的管理部门启用了"出租屋智能手机巡查系统"，出租屋管理员在上门巡查时，用智能手机读取门牌上的二维码，即可即时、准确获取该户址的相关信息。同理，如果在商品、检验物品上附上二维码，政府执法部门人员则可以通过专用移动执法终端进行各类执法检查，及时记录物品、企业的违法行为，并且可以保证数据传输的高度安全性和保密性，有利于政府主管部门进行监管，规范市场秩序，提高执法效率，增强执法部门快速反应能力。

9. 防伪二维码，无法轻易复制

20 世纪 90 年代，国内的商品激光打标防伪曾经风云一时，但现在非常普遍，不再具有独特性了。目前，随着荧光粉等印刷技术的发展，一些重要物品开始使用二维码，美国的科研人员也正在试图把这些编码应用到玻璃、塑料胶片、纸质产品、银行票据上。这些二维码用肉眼是看不到的，必须通过红外激光照射才能进行扫描验证。目前，此类二维码需要商家提供红外激光扫射设备，然后再让智能手机扫描验证，或者使用安装有红外激光摄像头的智能手机才能验证。

10. 高端商品用二维码互动营销，有助于打击"山寨"产品

世界著名葡萄酒之一的新西兰南极星葡萄酒，掀起了葡萄酒业应用二维码技

术的新风潮，以南极星黑皮诺葡萄酒为例，只要用智能手机扫描产品背标上的二维码，就能立即显示出该产品的信息详情链接，点击链接，可以看到该产品的原产地、生产年份、葡萄品种、酒精度、产品介绍、获奖荣誉等信息。消费者在选购葡萄酒时能够更加轻松、全面地了解产品的各项信息，可以更好地与品牌互动，让购买变得简单有趣，而且可以准确辨识真伪，打击"山寨"产品。

Section 14.2 制作与使用二维码

了解了二维码的一些基础知识之后，我们就可以为自己的店铺制作有创意的二维码并使用二维码了。通过市场上的二维码生成器来制作有创意的二维码不需要花费成本，还能根据自己的需要做出符合自己定位的二维码。本节将详细介绍制作与使用二维码的相关知识及方法。

14.2.1 生成与美化二维码

制作二维码的方式有两种：一种是如果企业有自身的程序员，可以开发属于自己的二维码生成程序；另一种就是通过市场上的二维码生成器来制作。第二种方式要简单易操作很多，只要搜索一个二维码生成器即可。二维码的使用已经不仅局限于微信平台，越来越多的平台开始使用二维码作为互联的渠道。但是，传统单一的黑白方块二维码，其美观性往往不足，平台生成的二维码缺乏个性化。鉴于此，下面将详细介绍两个具有二维码生成和美化服务的平台。

1. 草料二维码

通过"草料二维码"这个网站，不论是链接、文字、图片，还是文件，都可以生成二维码。输入相应的内容后，单击【生成二维码】按钮，就可以在右侧生成一张二维码图，如图14-8所示。

单击生成的二维码下方的【下载其他格式】按钮，可以下载各种尺寸及格式的二维码，也可以单击【二维码美化】按钮对生成的二维码进行美化，如图14-9所示。

"草料二维码"同时支持生成活码。活码理论上是一个网址，网址里面的内容可以随时变化，可以放置包括图片、视频、音频等多媒体内容。活码不会随着内容的变化而变化。相比较而言，活码的内容具有更大的可扩展性，灵活性也更强。

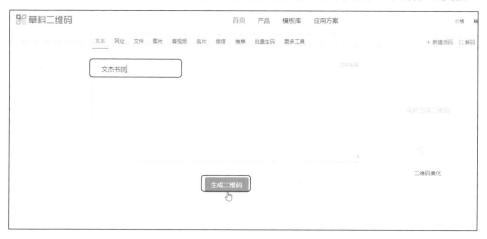

图 14-8

图 14-9

2. 第九工厂

"第九工厂"在二维码美化上更为出色，它支持对上传的普通二维码进行美化和普通链接生成美化二维码，其网站首页如图 14-10 所示。

网站同时支持美化二维码付费定制服务，具体可以到其官方网站体验。例如使用该平台美化后的二维码效果如图 14-11 所示。

图 14-10

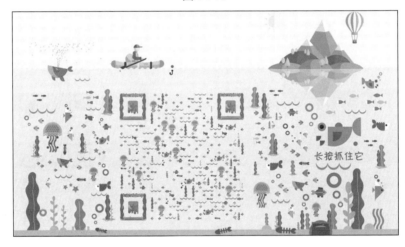

图 14-11

14.2.2 使用二维码促进销售

二维码不仅方便了我们的移动社交和支付,而且在营销上也给我们带来了新的方式和思路。二维码营销以二维码为主要传播工具,通过合理利用互联网资源,实现快捷方便的传播效果和目的。那么企业或商家该怎么样才能玩转二维码促进销售呢?

1. 碎片化推送打折优惠信息

对于碎片化时间和碎片化场景,企业完全可以通过二维码进行市场投放,采取同步优惠活动吸引用户参与。作为用户，二维码已经被大家熟知，在这个渠道消费，通常可以带来更大的利益。这种两全其美的营销方式，在能够带动更多消费者的情况下，还能提高企业销量。

1） 扫码享优惠，顺便增加 App 下载量

我们在乘坐高铁、飞机、客车等出行工具时，会看到座位后面贴有企业宣传的二维码，其中送优惠券的活动最多。当然，如果想使用就需要扫描二维码下载官方的 App，注册以后才可以使用优惠券，这种方式的确很受用户喜欢。

企业在 App 客户端，可以随时随地发送优惠券或者折扣信息。如此一来，安装了该企业 App 的客户，就会在手机上看到这些折扣信息，从而享受到手机购物带来的优惠。

有很多企业都运用扫描二维码下载安装 App 的方式为客户送上优惠券，这是企业在二维码营销方面的一种实际应用。

2） 简单扫描即送优惠券

除了下载 App 的这种方式，也可以通过二维码直接设置优惠。很多企业并没有开发自己的 App，但也可以利用二维码来推出优惠政策。例如当当网的服装频道，无论是在线上还是线下，都经常会看到这样的二维码广告宣传，直接通过扫描二维码就可以享受优惠，在这样的活动政策下，销量会高于平时几倍。

2．整合相关信息，建立网络数据库营销

二维码作为数据库营销的入口，企业可以通过这个入口收集客户资料，以便利用这些数据资料和客户进行交流及沟通。二维码可以存储大量的信息，并且能够搜集和保存用户的资料，企业可以利用二维码矩阵进行全方位推广。企业通过这个流量入口建立属于自己的用户数据库，将会得到更大的收益。

数据库营销在市场逐渐地被大家认可，任何企业如果想做好网络营销，一定要有属于自己的数据引流入口、数据引流渠道、数据留存平台、数据营销后台。二维码在数据库营销中能起到关键的作用。

1） 企业与用户更方便地沟通

如果有了用户数据库，通过数据库可和用户一对一地交流和沟通。衔接纽带如果是二维码，完全可以把用户的资料信息和他在平台的操作行为整合到一起，将用户和企业紧紧相连。比如一些电话营销公司，把重要的用户资料全部制作成二维码，每一位用户都会有专属的二维码，在方便员工查找资料的同时，也能通过二维码和客户增加感情。

2） 数据库+二维码让企业营销更方便

当我们在亚马逊网站购物时，每一次交易的过程，企业都会自动记录我们的

所有资料信息和购买信息，后期会不断地推送和我们购买过的东西相关的产品，这样使得亚马逊在销量上有很大的提高。现在通过二维码作为入口，如果是自己企业开发平台，只要用户通过二维码进入平台，在平台里面产生的所有行为都会有记录，这样就可以通过用户浏览的记录来推送相关的产品，增加精准度，提高销售额。

  3）用户专属服务升级

  对每一个用户制作专属二维码，让用户更有存在感。例如，美容院对每一位用户进行资料收集整理，制作用户专属二维码，只要用户扫描二维码，就可以看到自己之前做过的服务项目的详细信息，这样不仅使用户能够更加清楚地知道自己的美容记录，企业还能够根据以往的服务有效地推送新的服务内容。

3. 让线下媒体效果更好

  企业做线下品牌宣传，利用二维码能够在很大程度上进行创新，并且告别之前的流量品牌模式，走向既有流量品牌又有流量引入的新模式，真正实现传统媒体和新媒体的互通，帮助企业做好 O2O 模式。当然，这种方式不仅仅在传统模式上，在电视等媒体上也一样能收到很好的效果。

Section 14.3 二维码营销秘籍

使用二维码营销能够实现顾客随时随地取得销售信息、丰富商家的广告内容、增加客户搜集渠道以及实现同行竞争差异化等功能。但是实现这些价值的前提是学会如何利用二维码进行营销，本节将详细介绍相关内容。

14.3.1 使用二维码营销能实现哪些功能

  在互联网时代，二维码广泛地应用于各个领域，如企业的防伪、管理、推广，商家的营销宣传，以及可以代替传统的会员卡，等等，二维码可以带动上千亿甚至上万亿的大产业。

  二维码如同一条纽带，把所有线下完成的工作全部转移到线上，顾客只要通过智能手机就可以随时随地查询到产品信息、服务信息与咨询问题。那么使用二维码营销具体能实现哪些重要功能呢？其图解分析如图 14-12 所示。

第14章 二维码营销攻略

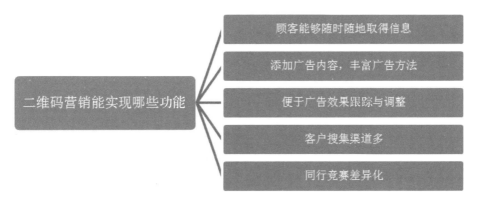

图 14-12

1. 顾客能够随时随地取得信息

企业的顾客能在任何时刻、任何地址，从任何媒体上，取得企业信息，乃至直接下订单。对于企业而言，谁离顾客最近，谁就更容易得到顾客的重视；第一时间与顾客交流，能取得更多订单时机。

2. 添加广告内容，丰富广告方法

有限的、单调的平面广告已经成为历史，现在，只要在拇指大的地方印上一个二维码，就能在您的顾客面前展现无限多的文字、精巧的图片，乃至清晰的声音和动画、视频。宣传内容不再受到版面限制，从而使企业达到添加广告内容的意图，节省了广告的成本。

3. 便于广告效果跟踪与调整

企业投放了不同的广告或宣传单，经过每个二维码的访问数据比较，能够轻松判别出性价比最高的宣传方法和宣传时段，协助企业把钱花在刀刃上。二维码是基于智能手机媒体的营销，能够准确地跟踪和剖析每一个媒体、每一个访问者的记录，包含访问者智能手机机型、话费类型、访问时刻、地址、访问方法以及访问总量等，为企业挑选最优媒体、最优广告位、最优投放时段做出准确参考，这是其他媒体无法做到的。

4. 客户搜集渠道多

经过方便快捷的短信互动，会聚客户资源，使用移动平台搜集会员，积攒人脉，进行精准、高效的互动营销。

5. 同行竞赛差异化

现阶段的同行竞争十分激烈。想要吸引客户的眼球，首先你一定要创新，拿

出更有吸引力的东西去吸引他们。在你的展厅、宣扬册上都印一个二维码,把客户都吸引到你的展厅里来。让他们第一时刻就能够了解到你的产品,让他们更相信你的产品,从而刺激购买愿望。

14.3.2 如何利用二维码进行营销

二维码营销的最基础应用就是:引导用户进入你的手机网站,直接看到你希望消费者看到的内容。从这点出发,你必须在制作、展示、用户扫描、查看的每一个环节,充分考虑用户的习惯和心理。毕竟掏出手机,找到扫描软件,对准二维码扫描,也是一件很麻烦的事情,你不为用户考虑,用户就会抛弃你。不管你的营销方案怎么设计,以下几点是二维码营销必须考虑的因素,其图解分析如图 14-13 所示。

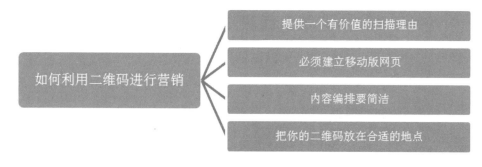

图 14-13

1. 提供一个有价值的扫描理由

你的手机网站必须有足够的吸引力,能解决顾客的问题,例如售后、优惠以及大量顾客需要阅读的信息。

2. 必须建立移动版网页

当顾客已经被吸引,扫描完二维码后,满怀期待地等待着,内容却迟迟无法打开,好不容易打开后,居然是电脑桌面版的网站,那你的营销还有机会么?移动版网页是必需的,且必须是专业的移动版网站平台,整个网页为手机设备优化,能快速加载页面,并且适应不同的手机浏览器类型和屏幕大小。如果不能提供这些功能,简单地放一段文字和微博链接等内容也比电脑版网站强。

如果你不想那么费事做移动版网站,可以用草料的商用二维码,其本质就是一个为二维码扫描设计的、能够快速生成的移动网站。如果手上有素材,轻松就能搞定一个看起来很专业的移动版网站。

3. 内容编排要简洁

不是有移动版网页就万事大吉了，要记住用户是有明确目的的，他们不想探索你复杂的手机版网站，他们需要立即在他的小屏幕中找到他需要的内容。对移动设备的心理学调查表明，用户只喜欢一个维度的内容，稍微复杂的分类，用户就很可能关闭网页。所以，牢记一个原则：简单而清晰。

4. 把二维码放在合适的地点

你准备把二维码印在哪里呢？高速公路边上的广告牌吗？这是为超人准备的。过道广告牌、路边橱窗上的二维码，匆匆而过的人群很少会停留。楼顶灯箱广告就更不靠谱了，你自己扫一扫就知道有多难。最适合的地方就是休闲场所，人流量大且需停留的场地，例如公交车站的灯箱、餐厅的桌角、电影院排队的地方。此外，在没有手机信号覆盖的地方，如果你的手机网页加载不出来，除了挨用户骂以外，不会有任何效果，所以电梯上如果没有覆盖手机信号的话，那就排除掉吧。

Section 14.4 二维码营销案例

一般来说，二维码营销的基本原理和运作过程就是将企业品牌和产品的信息记录在二维码当中，再用各种方式让消费者扫码从而达到营销效果。所以，这种营销方式中，如何让消费者心甘情愿地进行扫码是最为重要的，二维码营销中的难点也在于此。如何进行有效、高效的二维码营销，令更多的消费者在短时间内接收到二维码中的信息呢？本节将通过一些案例了解这一营销方式中的难点与要点。

14.4.1 美诺彩妆财富币创意二维码

2012年广州的网货交易会上，美诺彩妆凭借着现场发"钱"的"抢钱"活动成功吸引了大众的目光，对于这一活动的好奇也令很多人持续将注意力转移到这一品牌上来。但美诺彩妆发出的"钱"却并不是真正的人民币，而是叫作"财富币"的一种宣传单，它制作成钱币的模样和款式，并融合了美诺彩妆的各种元素，加入了创意二维码，如图14-14所示。活动的内容就是现场发放财富币，通过领取财富币获得优惠券,而扫描并且收藏二维码,就可以获得美诺彩妆的天猫商城兑换券;此外,二维码中还详细记录了美诺彩妆品牌和产品的详细信息,通过扫描二维码登录就能够在交易会现场即时了解美诺彩妆的信息。

图 14-14

"抢钱"这一噱头足以引发每一个人的兴趣,而财富币将纸币、美诺元素和品牌二维码结合在一起的创意也让很多人感到好奇和有趣,通过扫码获得线上线下消费的优惠,可以吸引目标群体的参与和消费,而借助二维码获取品牌产品信息也有助于大众在短时间内对品牌有所了解和产生印象。

14.4.2 Emart 超市隐形二维码

发挥创意吸引人们对于二维码的关注,可以有效提升扫码概率。韩国 Emart 超市为了在人流稀少的中午时段提高超市的人流量和销售量,别出心裁地在户外的一些地方设置了一个非常有意思的二维码装置,那就是在一般的情况下这个二维码是无法显现并扫描获得链接的,只有在中午太阳照射时产生了一定的投影,才能正常显现出来。而当中午太阳照射时,二维码出现,此时扫描不仅有效获得一张超市的优惠券,并且还可以在线进行消费,提供一定的配送到家服务,可以说是非常方便了,如图 14-15 所示。

隐形二维码只有在中午太阳照射时才会出现,这本身就充满科技感和趣味感,能够吸引路人的好奇和注意,并在中午时特地去扫描二维码探究。获得超市的优惠券是常见的福利手段,借助隐形二维码的途径获得对消费者来说是有意思的福利,而在线购物送货上门也提升了顾客在这一时间段进行消费的意愿。

图 14-15

14.4.3 《最美的》街头巨型创意二维码

沈阳中街的《最美的》巨型二维码和 Emart 超市的隐形二维码有着异曲同工之妙，都是在二维码上充分发挥创意，让大众注意到二维码本身而产生扫描的想法。2013 年的十一期间，沈阳中街的这一巨型二维码成了微博、微信中的热门话题，在中街步行街和朝阳街路口的建筑上悬挂着一张巨大的二维码，由于过于显眼，使来往的路人不得不注意到它。在好奇心的驱使下扫描二维码，便可以进入一个叫作《最美的》手机时尚杂志，里面的信息正是这一杂志推出的栏目内容，包括美食、旅行等一些热门话题的文章，受到了很多人的欢迎和关注。而正是这样一种简单粗暴却格外具有存在感的方式，让很多人认识了《最美的》这一杂志，也成功在十一期间为杂志获得了上万的粉丝，如图 14-16 所示。

图 14-16

不管采用什么方式，只要让大众意识到二维码的存在，吸引他们的注意力，那么扫描二维码、接收品牌信息的概率也会得到大大的提升，可见，让二维码本身拥有吸引力是二维码营销中非常有效的一招。

14.4.4 维多利亚内衣"诱惑"二维码

著名内衣品牌维多利亚制作了一个很有范儿的户外广告，在模特前胸盖上二维码，广告文案更是赤裸裸地充满诱惑——"Reveal Lily's secret"（Lily 的真实秘密），让你迫不及待地拿起手机扫描二维码，原来二维码的后面是维多利亚的秘密内衣，真的如广告语所说的那样——"比肌肤更性感"，如图 14-17 所示。

图 14-17

广告效果的成败在于对眼球的吸引力，只有给予最大的吸引，广告才能发挥它最大的价值。在企业的户外广告中加入二维码广告，不但使原有广告内容信息得到了延伸，还延长了广告时效，增加了客户与广告间的互动，加强了客户对广告的记忆。

14.4.5 Turquoise Cottage 酒吧用二维码做入场印章

Turquoise Cottage 是印度新德里的一个酒吧，为了让顾客度过一个美好的夜晚，他们在进店的印章上下了功夫，将以前传统的图案换成了二维码，如图 14-18 所示。

顾客只要用智能手机对准二维码，就能访问 Turquoise Cottage 的网站。当顾客在晚上 8 点到 10 点扫描二维码的时候，他们能享受到夜店某些饮料的折扣，如果扫描时间是早上 6 点到下午 4 点，它还能提供宿醉提示。超过 85%的夜店达人使用智能手机扫描了二维码，并且积极将这一独特的体验分享到脸书上。

图 14-18

  这些案例无不结合了二维码的趣味性和实用性,让人眼前一亮。在未来,二维码能做的事情会更多,在各种场景、各种物品上都可能看到二维码,二维码的标记需求十分旺盛。